Valeur relative de la monnaie et taux de change

Collection « L'esprit économique »

fondée par Sophie Boutillier et Dimitri Uzunidis en 1996
dirigée par Sophie Boutillier, Blandine Laperche, Dimitri Uzunidis

Si l'apparence des choses se confondait avec leur réalité, toute réflexion, toute Science, toute recherche serait superflue. La collection « L'esprit économique » soulève le débat, textes et images à l'appui, sur la face cachée économique des faits sociaux : rapports de pouvoir, de production et d'échange, innovations organisationnelles, technologiques et financières, espaces globaux et microéconomiques de valorisation et de profit, pensées critiques et novatrices sur le monde en mouvement...
Ces ouvrages s'adressent aux étudiants, aux enseignants, aux chercheurs en sciences économiques, politiques, sociales, juridiques et de gestion, ainsi qu'aux experts d'entreprise et d'administration des institutions.

La collection est divisée en six séries :

Dans la série *Economie et Innovation* sont publiés des ouvrages d'économie industrielle, financière et du travail et de sociologie économique qui mettent l'accent sur les transformations économiques et sociales suite à l'introduction de nouvelles techniques et méthodes de production. L'innovation se confond avec la nouveauté marchande et touche le cœur même des rapports sociaux et de leurs représentations institutionnelles.

La série *Economie formelle* a pour objectif de promouvoir l'analyse des faits économiques contemporains en s'appuyant sur les approches critiques de l'économie telle qu'elle est enseignée et normalisée mondialement. Elle comprend des livres qui s'interrogent sur les choix des acteurs économiques dans une perspective macroéconomique, historique et prospective.

Dans la série *Le Monde en Question* sont publiés des ouvrages d'économie politique traitant des problèmes internationaux. Les économies nationales, le développement, les espaces élargis, ainsi que l'étude des ressorts fondamentaux de l'économie mondiale sont les sujets de prédilection dans le choix des publications.

La série *Krisis* a été créée pour faciliter la lecture historique des problèmes économiques et sociaux d'aujourd'hui liés aux métamorphoses de l'organisation industrielle et du travail. Elle comprend la réédition d'ouvrages anciens, de compilations de textes autour des mêmes questions et des ouvrages d'histoire de la pensée et des faits économiques.

La série *Clichés* a été créée pour fixer les impressions du monde économique. Les ouvrages contiennent photos et texte pour faire ressortir les caractéristiques d'une situation donnée. Le premier thème directeur est : mémoire et actualité du travail et de l'industrie ; le second : histoire et impacts économiques et sociaux des innovations.

La série *Cours Principaux* comprend des ouvrages simples, fondamentaux et/ou spécialisés qui s'adressent aux étudiants en licence et en master en économie, sociologie, droit, et gestion. Son principe de base est l'application du vieil adage chinois : « le plus long voyage commence par le premier pas ».

Camille Sari

Valeur relative de la monnaie et taux de change

Vers la fin de l'étalon dollar ?

L'Harmattan

5-7, rue de l'École-Polytechnique, 75005 Paris

http://www.editions-harmattan.fr

ISBN : 978-2-14-049453-6
EAN : 9782140494536

Du même auteur

Taux de change, rôle économique de l'État : à propos de modèles, Paris, Cabrera éditions, 2009.

Politiques des taux de change au Maroc et en Algérie : une étude comparative, Paris, Cabrera éditions, 2010.

Algérie et Maroc : quelles convergences économiques ?, Paris, Cabrera éditions, 2011.

Déséquilibres structurels, politiques monétaires et financières internationales : les causes réelles, Paris, Cabrera éditions, 2012 (en arabe).

L'Intégration économique maghrébine : un destin obligé ? (avec Abderrahmane Mebtoul), Paris, L'Harmattan, 2013.

Monnaie et finance : du boom au krach, Paris, L'Harmattan, 2014.

Quelle gouvernance et quelles institutions au Maghreb face aux enjeux géostratégiques ? (avec Abderrahmane Mebtoul), Paris, L'Harmattan, 2014.

La Communauté économique maghrébine : une œuvre à construire, Paris, L'Harmattan, 2015.

Afrique/Machreq/Union européenne : la Trilatérale du XXIe siècle, Paris, L'Harmattan, 2018.

L'Algérie. Histoire secrète d'un naufrage annoncé, Paris, L'Harmattan, 2019.

Covid-19 : les trois mondes d'après, L'Harmattan, 2021.

Copyright ISBN

À la mémoire de ma grand-mère et mes parents.
À Michaël, Sarah, Adam et Liam.

Sommaire

Introduction

On peut considérer les trois spécialistes de l'économie mondiale (Dornbusch, Sachs et Kurgan) comme les poids lourds de leur domaine. Ils ont exercé et ils continuent à exercer une influence certaine, tant sur les théories dominantes que sur les programmes des gouvernements dont ils ont été les conseillers.

Nous allons discuter en premier lieu des hypothèses émises par les auteurs, des structures de leurs modèles respectifs et des résultats qu'ils en tirent.

Un traitement thématique est préférable afin de mieux connaître les positions de Dornbusch, Sachs et Krugman sur les boucles salaires-prix-taux de change-monnaie-finance-contraintes extérieures. Auparavant, une présentation générale des trois auteurs permet de synthétiser leurs positionnements au travers de plusieurs articles et ouvrages (section I) ; suivra un exposé des hypothèses émises par chacun d'entre eux dans les différents modèles.

La détermination des taux de change dans les modèles Dornbusch, Sachs et Krugman est traitée selon plusieurs éclairages. Le mode de détermination du taux de change en relation avec les prix est examiné chez les auteurs états-uniens.

En dépit de leurs oscillations entre une détermination du taux de change exclusivement par des facteurs financiers et une détermination qui combine variables réelles et variables monétaires et financières, ces modèles contiennent des réflexions intéressantes sur les relations entre le salaire, le niveau des prix, le profit et le taux de change. Cela éclairera et justifiera des propositions que nous avancerons dans une deuxième partie.

Les modèles de Sachs offrent une moindre ambiguïté sur la détermination du taux de change. Même à court terme, les interactions entre prix et taux de change en présence de mouvements d'actifs financiers sont reliées à l'analyse du marché du travail.

Le point central concerne la place des variations du taux de change dans la modification des salaires nominaux ou des salaires réels, compte tenu de leurs rigidités.

Krugman s'interroge sur les déterminants du taux de change en lien avec les salaires et les prix. Il considère que les marchés des changes sont instables et ne croit pas à l'existence d'un taux de change d'équilibre.

Krugman (1989) suppose que le monde n'est qu'imparfaitement intégré. Le déséquilibre du compte des transactions courantes qui en découle doit être résorbé par l'ajustement du taux de change réel.

Bien sûr, si les salaires sont indexés sur le taux de change ou sur le niveau général des prix avec un rapide passage des taux de change vers les prix, une dépréciation du dollar se traduira immédiatement par une inflation massive (Krugman, 1989).

Les taux de change entre les monnaies ont été très instables depuis l'effondrement du système de Bretton Woods de taux de change fixes, qui a duré de 1946 à 1973. Dans le système de Bretton Woods, les taux de change (par exemple, le nombre de dollars nécessaires pour acheter une livre sterling ou un mark allemand) étaient fixés à des niveaux déterminés par les gouvernements.

Dans le cadre des taux de change « flottants » que nous connaissons depuis 1973, les taux de change sont déterminés par les personnes qui achètent et vendent des devises sur les marchés des changes. L'instabilité des taux flottants a surpris et déçu de nombreux économistes et hommes d'affaires, qui ne s'attendaient pas à ce qu'ils créent autant d'incertitudes.

Après une période d'instabilité des marchés des changes, et de taux d'intérêt en hausse afin de défendre les monnaies des pays du Sud européen, l'instauration du système monétaire européen fut assimilée à une expérience de taux quasi fixes.

Certains pays ont opté pour une solution qui n'est ni le taux de change fixe ni le taux de change flottant en arrimant leurs monnaies à une devise (souvent le dollar) ou en optant pour une bande de fluctuation au sein d'une zone monétaire (système monétaire européen ancêtre de l'euro) ou pour une indexation sur un panier de devises.

J. Sachs conteste la priorité urgente que le FMI et la Banque mondiale semblent accorder à la libéralisation des marchés dans les pays débiteurs. Il suggère que le problème le plus urgent dans ces pays est la crise budgétaire prolongée, qui a provoqué une forte réduction des investissements du secteur public et des dépenses de protection sociale et a conduit à des inflations élevées dans plusieurs pays.

Lors de la crise de la dette en 2011, en zone euro, Stiglitz propose trois voies possibles : des réformes fondamentales dans la structure de la zone euro et des politiques imposées aux pays membres ; une fin bien gérée de l'expérience de l'euro à monnaie unique ; ou un nouveau système audacieux surnommé « l'euro flexible ».

Si les deux principales Banques centrales, la FED et la BCE, reculent face à la dictature des marchés financiers et n'augmentent pas leurs taux d'intérêt tout en réduisant les liquidités injectées depuis la crise de la Covid-19, les spéculateurs sur les marchés des matières premières et agricoles, notamment à la Chicago Board of Trade, vont continuer à se gaver et à faire grimper les prix de ces actifs.

Poutine décide, le 23 mars 2022, de vendre du gaz à l'Europe en roubles uniquement. Ce qui a fait monter les prix du pétrole. Poutine a ordonné que les paiements des pays « inamicaux » pour le gaz russe soient en roubles. Le prix du pétrole a augmenté avec la perturbation de l'oléoduc de la mer Caspienne, et selon toutes les attentes, il devrait atteindre 150 dollars le baril.

Le changement dans la continuité. Le successeur du franc CFA, l'éco, sera indexé sur l'euro selon des parités fixes

L'annonce de la fin du franc CFA sera-t-elle suivie par un mouvement de panique ? C'est un changement de façade et le calme doit s'imposer.

La grande question est : comment des accords de 46 ans peuvent-ils être remplacés en quelques mois par l'éco ?

Au total, le changement se fera sous la houlette de l'UEMEAO, mais sous garantie de l'État français. La banque centrale d'Israël a apporté en avril 2022 des changements significatifs à son allocation de réserves en ajoutant le yuan chinois aux côtés de trois autres devises à un stock qui a dépassé pour la première fois 200 milliards de dollars en 2021.

Les cercles diplomatiques du Golfe affirment que la politique menée par l'Occident et la manière dont il traite la supériorité du dollar, qui n'est pas dénuée de duplicité, constituent une incitation supplémentaire pour le Royaume d'Arabie saoudite à aller de l'avant dans le développement de sa relation avec l'Orient.

Déjà, en 2006, les gouvernements d'Argentine et du Brésil ont modifié le mode de facturation de leur commerce bilatéral, utilisant respectivement le peso argentin ou le real brésilien pour leurs opérations commerciales, au lieu du dollar, comme devise.

BRICS est un acronyme anglais pour désigner un groupe de cinq pays qui se réunissent depuis 2011 en sommets annuels : Brésil, Russie, Inde, Chine et Afrique du Sud (en anglais : Brazil, Russia, India, China, South Africa). Le 23 juin 2022, outre les cinq pays fondateurs qui ont tenu leur sommet, treize pays s'y sont joints, comme l'Égypte, l'Iran, l'Algérie, le Sénégal, l'Éthiopie et l'Argentine, le Nigeria, le Kenya et l'Indonésie.

En tenant compte des spécificités du monde arabe et du refus probable, au moins pendant quelques décennies, d'abandonner la monnaie nationale et par là même de transférer la souveraineté monétaire à une entité supranationale, il est proposé de mettre en place une monnaie commune le « dirial » (contraction des mots *dirham*, *dinar* et *rial*) qui cohabiterait avec les monnaies nationales. Son rôle est de faciliter les échanges de biens, de services et de capitaux sans altérer le droit de battre monnaie de chaque État. L'objectif est de passer d'un taux des échanges entre les pays arabes de 2 %, à 40 %, ce qui est la moyenne des échanges au sein des zones économiques internationales.

L'absence d'une union économique arabe empêche le développement des échanges de biens et services et de capitaux, ainsi que celui de la circulation des ressources humaines. Le monde arabe est la seule région au monde qui ne connaît pas de construction régionale et le commerce interarabe y est insignifiant.

La question de la monnaie commune et des systèmes de paiements compensatoires devrait s'envisager dans le cadre de la CEA (Communauté économique arabe). La contrainte financière est pesante pour certaines économies de la région.

Chapitre premier

Les déterminants du taux de change dans les modélisations

Un traitement thématique est préférable afin de mieux connaître les positions de Dornbusch, Sachs et Krugman sur les boucles salaires-prix-taux de change-monnaie-finance-contraintes extérieures. Auparavant, une présentation générale des trois auteurs permet de synthétiser leurs positionnements au travers de plusieurs articles et ouvrages (section I) ; suivra un exposé des hypothèses émises par chacun d'entre eux dans les différents modèles traités en sous-section 1.

La détermination des taux de change dans les modèles Dornbusch, Sachs et Krugman est traitée selon plusieurs éclairages. Le mode de détermination du taux de change en relation avec les prix est examiné dans chacun des modèles (point B, sous-section II). Il en va de même de la boucle salaire-taux de change (point C) ; au point D sera discutée la relation prix-salaire-taux de change. La liaison monnaie/taux de change est examinée au point E. Au point F, il sera question du lien entre taux de change et contraintes extérieures.

La section III fera le point sur l'analyse par les trois auteurs des différenciations nationales et des politiques de change. Les interdépendances entre économies, la dette, les perturbations sur les marchés financiers sont des thèmes qui éclairent l'instabilité qui domine les marchés des changes.

Modes de détermination du taux de change selon Dornbusch, Sachs et Krugman

Dans cette section, nous examinerons les voies et modalités de formation du taux de change dans trois types de présentation : 1. Les modèles de Dornbusch ; 2. Les modèles de Sachs ;3. La présentation de Krugman, pour constater leurs oscillations entre une détermination du taux de change par des facteurs financiers exclusivement et une détermination qui combine variables réelles et variables monétaires et financières.

Cependant, ces modèles contiennent des réflexions intéressantes sur les relations entre le salaire, le niveau des prix, le profit et le taux de change. Cela éclairera et justifiera des propositions que nous avancerons dans une deuxième partie.

Le taux de change dans trois modélisations

Les modèles de Dornbusch

L'ambivalence de la détermination du taux de change chez Dornbusch n'est discernable qu'au travers d'une ligne de lecture qui traverse plusieurs de ses articles.

Dornbusch (1976a) dégage deux perspectives de détermination des taux de change et de leur interaction avec l'équilibre macroéconomique et les politiques agrégées. Une séparation entre long terme et court terme permet à l'auteur de distinguer deux voies de détermination du taux de change. La première se fait par des facteurs réels et monétaires où les variables réelles incluent les structures des prix relatifs. Ceci dans le long terme.

La deuxième part du rôle de l'équilibre du marché des actifs et de celui des anticipations pour fournir une détermination à court terme du taux de change. Les variations de l'offre de monnaie sont prises en considération.

En prolongeant le modèle cité ci-dessus, Dornbusch va insister (1976b) sur la notion de surajustement à vitesses différentes des prix et du taux de change (respectivement sur les marchés des biens et ceux des actifs financiers).

Partant de l'affirmation d'une détermination strictement financière du taux de change dans le court terme, Dornbusch admet la possibilité d'introduire également des variables réelles (compte courant, salaire, prix) pour le même horizon temporel. C'est ce qui ressort du modèle Dornbusch et Fischer (1980).

Enfin, une détermination non apparente du taux de change est décelée dans Dornbusch (1980) et (1982). Dans son ouvrage de 1980, il offre en effet une analyse plus globale où les interactions entre variables, entre marchés et entre pays sont plus détaillées.

On peut en déduire la présence du taux de change dans plusieurs relations. Cependant, son article de 1983 met l'accent sur les canaux d'interdépendance entre économies qui relient processus d'ajustement interne et contraintes extérieures.

De ce fait, il offre une dynamique de comparaisons internationales plus intéressante avec le rôle clé de la séquence salaire-prix-taux de change dans une perspective réelle.

Les modèles de Sachs

Les modèles de Sachs offrent une moindre ambiguïté dans la détermination du taux de change. Même à court terme, les interactions entre prix et taux de change en présence de mouvements d'actifs financiers sont liées à l'analyse du marché du travail. Le point central concerne la place des variations du taux de change dans la modification des salaires nominaux ou des salaires réels, compte tenu de leurs rigidités. Le mode d'ajustement des salaires joue un rôle important dans une économie en interdépendance vis-à-vis de l'extérieur. En outre, Sachs analyse les effets interactifs entre deux pays sur un point essentiel : les modes d'ajustement des salaires. La boucle salaire-prix-taux de change est clairement affirmée dans Sachs (1980).

Dans un autre article (1979), Sachs écrit :

> La politique monétaire peut être un véhicule important pour altérer les taux d'inflation et potentiellement un instrument pour contrecarrer la chute du profit. Le taux de change joue un rôle important dans le freinage de l'expansion des salaires réels.

L'analyse de Krugman

Krugman s'interroge sur les déterminants du taux de change en lien avec les salaires et les prix. Il considère que les marchés des changes sont instables et ne croit pas à l'existence d'un taux de change d'équilibre. Pour Krugman (1989), une dépréciation du dollar se traduira par une forte inflation si l'indexation du salaire sur le taux de change ou sur le niveau général des prix est prouvée. En supposant que les prix et les salaires sont très sensibles aux variations des taux de change, une chute de la monnaie américaine est un excellent moyen pour rendre les produits US plus compétitifs que ceux fabriqués au Japon. Autrement dit, s'il est difficile d'obtenir une réduction des salaires nominaux, les coûts de production peuvent être réduits par une dépréciation de la monnaie nationale.

L'auteur s'efforcera de démontrer que les prix de la force de travail et des biens d'un pays sont rigides dès lors qu'ils sont exprimés en monnaie nationale. Dans le cas américain, 80 % de hausse des dépenses s'orientent vers les biens domestiques. À l'opposé de la théorie monétariste dite globale, qui considère la neutralité des taux de change nominaux comme un thème central, Krugman suggère que le taux de change est un prix relatif de deux biens ou de deux types de travail (par exemple aux USA *versus* dans l'OCDE). Exprimés en monnaie nationale, les prix et les salaires sont rigides. Lorsque les autorités monétaires stabilisent les niveaux de prix, ils introduisent une correction entre les taux nominaux et réels. La rigidité soulignée ci-dessus, conjuguée à l'imperfection des marchés internationaux, détermine en partie la politique des taux de change. Le comportement des marchés de capitaux internationaux dans la dernière décennie a créé un bon prétexte pour assurer la stabilisation des taux de change. Le dilemme central de la politique monétaire internationale provient de la collision entre l'incertitude (militant pour une approche de laissez-faire des taux de change) et le mauvais comportement des marchés financiers internationaux.

Présentation générale des modèles

Les propositions de Dornbusch

Dornbusch (1995) introduit son ouvrage en signalant l'actualité et la validité de ses analyses durant les quinze dernières années. Néanmoins, lorsqu'on établit une grille de lecture des différents articles et ouvrages de Dornbusch, on peut noter une oscillation entre une détermination financière et une détermination réelle du taux de change. F. L. Rivera-Batiz et L. A. Rivera-Batiz (1994), en se référant à l'ouvrage de Dornbusch (1980), indiquent qu'il s'agit bien d'un cadre d'analyse keynésien. Une évolution dans les positions de Dornbusch est à relever entre sa déclaration de 1975, selon laquelle « afin de visualiser mieux la différence entre taux de change flottants et taux de change fixes, il convient de penser au marché des changes en termes d'offre et de courbe d'offre et de demande» (R. Dornbusch, 1975), et la proposition suggérant, avec Frenkel, que la théorie du surajustement explique des mouvements importants des taux de change réels, mieux que les théories concurrentes ; mais les mouvements de court terme demeurent complètement inexpliqués (Dornbusch & Frenkel, 1988, p. 163).

En se soumettant aux hypothèses DH 2, DH 8, DH 9 et DH 14, Dornbusch (1976a) fournit deux voies de détermination du taux de change : la première se situe dans une perspective de court terme et résulte de l'équilibre sur le marché des actifs financiers, en prenant en considération le rôle des anticipations. La deuxième intègre les variables réelles et monétaires.

Dornbusch (1976b) met l'accent sur la différence des vitesses d'ajustement entre le marché des biens (réaction lente) et le marché des actifs financiers (surréaction).

Par ailleurs, on peut déceler (Dornbusch, 1980 et 1983) une détermination non apparente ou indirecte du taux de change au travers des relations établies dans les modèles. La liaison entre taux de change, salaire et emploi sera mise en relief.

Dans les modèles 1976a, les niveaux d'équilibre sont atteints à la faveur d'un certain nombre d'hypothèses aussi bien dans le court que le long terme. Des hypothèses préalables sont émises :

– Le rôle de la mobilité du capital est confirmé.

– La spéculation agit sur le taux de change à court terme comme dans le long terme (DH 2).

– Les prix relatifs sont supposés donnés à long terme.

– La parité de pouvoir d'achat (PPA) est vérifiée dans le long terme (DH 3). Cela signifie que le taux de change égalise les prix des biens échangeables exprimés dans des monnaies différentes (en respectant DH 1).

Dornbusch fait la différence entre les effets imputés à des erreurs d'anticipation et ceux générés par des politiques appliquées dans un contexte de rigidité des prix à court terme. Dans ces conditions, le taux de change réagit faiblement aux perturbations nominales. Selon la position monétariste, la hausse de la quantité nominale de monnaie entraîne une hausse des prix (hypothèse de neutralité de la monnaie).

C'est donc par la flexibilité des prix (DH 10) et des taux de change que l'économie retrouve son point d'équilibre, par un processus automatique, voire « mécanique ».

C'est la position néoclassique traditionnelle, relative à l'équilibre. Dornbusch admet qu'on peut atteindre la stabilité de l'équilibre réel (incluant celle des taux d'intérêt, de l'absorption et des prix relatifs) et avoir une instabilité des prix, qui dans ces conditions deviendraient — de notre point de vue — un instrument de régulation conformément à l'hypothèse néoclassique de concomitance entre la flexibilité des prix et des changes et un équilibre de plein-emploi.

Mais à court terme, les effets sur l'économie nationale d'un changement du prix étranger sont réels.

Le taux de change ne compense pas pleinement la hausse du prix étranger. Le comportement des spéculateurs (DH 12) empêche des taux de change flexibles d'isoler le pays des perturbations nominales étrangères.

Afin d'assurer la stabilité de l'économie, qui fait face à de mauvaises informations, Dornbusch préconise l'instauration d'un double régime de taux de change. L'objectif est d'isoler les transactions courantes des comportements spéculatifs.

La modalité est simple : un taux, dit officiel, s'applique aux transactions commerciales liées à l'étranger, et l'autre, fixé librement, est utilisé dans les activités financières.

De ce fait, le secteur des biens échangeables ne subirait pas les chocs exogènes dus à une variation du cours de la monnaie nationale.

En admettant la théorie de la parité des taux d'intérêt, il est démontré que l'appréciation anticipée ou la dépréciation correspondent au différentiel d'intérêt.

Dornbusch, dans son introduction à l'article cité, souligne (DH 14) que ledit papier :

> […] développe un cadre d'analyse macroéconomique simple, afin d'étudier les mouvements du taux de change. Il est proposé d'établir que de tels mouvements de taux de change sont compatibles avec la formation d'anticipations rationnelles.

Une perturbation exogène sous la forme d'une hausse de la quantité nominale de monnaie entraînera un déséquilibre sur le marché des biens et celui de la monnaie. Une perte d'attrait pour les titres domestiques au profit des actifs étrangers (Dornbusch, 1976a) résulte d'une expansion monétaire, ce qui conduit les agents à anticiper une dépréciation du change.

Le marché des actifs s'ajuste instantanément par rapport au marché des biens (à cause d'une certaine rigidité des prix) ; la raison en est simple : les agents qui opèrent au sein du premier utilisent toutes les « informations » dont ils disposent afin de maximiser leurs rendements ; cela s'explique par son efficience.

La PPA (DH 3) est relativisée, car non vérifiée. Ce changement d'optique ne semble pas convaincre Cartapanis, qui la considère comme un simple amendement apporté aux schémas préexistants (1980). La nouvelle approche de Dornbusch des années 1980 intègre les anticipations des variations futures des balances courantes (Dornbusch, 1980 et 1983) pour connaître ensuite des développements présentant des aspects contradictoires (Cartapanis, 1984), même s'il y a un effort de cohérence quant à la détermination du taux de change. Dans ce modèle, décrit comme étant éclectique, une ambiguïté subsiste sur le sens de la causalité entre variables réelles et taux de change dans la courte période. Les perturbations monétaires générées par les déséquilibres du compte des transactions courantes sont à l'origine des ajustements dans les anticipations du niveau de prix à long terme et des variations des taux de change. Le compte des transactions courantes exerce un effet richesses et un effet sur la composition de portefeuilles.

Autre nouveauté et non la moindre, les *news*, qui constituent la variable clé dans le modèle. Elles sont définies comme étant les effets de surprise, les signaux devant être interprétés comme l'annonce d'un changement des prix relatifs pouvant entraîner une variation du taux de change. Les nouvelles informations (*news*) qui arrivent sur les téléscripteurs des cambistes sont liées à des éléments d'appréciation sur l'état présent de l'économie (indices des prix, taux de croissance, masse monétaire, équilibres extérieurs, etc.). Elles ne sont pas détachées de la réalité économique et peuvent être anticipées par les cambistes, même si des interférences avec des rumeurs d'ordre politique ou psychologique ne sont pas à exclure. L'explication des fluctuations des taux de change par la non-anticipation de certaines perturbations financières et réelles n'est pas compatible avec les hypothèses de rationalité des agents et l'efficience des marchés.

Dornbusch (1980) analyse plus profondément et plus explicitement les interactions entre variables, entre marchés et entre pays. La monnaie et les actifs financiers ne sont déterminés qu'après l'output.

Les prix relatifs, la demande et l'output déterminent le taux de change. Celui-ci détermine à son tour le salaire réel, l'emploi et l'offre. En réalité, on peut suggérer que le taux de change ne fait que réagir à la lenteur d'ajustement du salaire, donc il est en partie déterminé par ce dernier. On ne peut guère supposer que le taux de change influe sur la richesse réelle en ne retenant pas le raisonnement inverse. Si les salariés tentent de retrouver leur ancienne rémunération en termes réels, il est recommandé d'organiser le sous-emploi afin de torpiller ces velléités. Si la tendance du salaire est à la hausse, pour casser cette rigidité, le taux de change aura à surajuster (Dornbusch, 1983). Dornbusch et Werner (1994) suggèrent une liaison inverse entre le taux de change et le salaire. En effet, dans le cas d'un afflux de capitaux à la suite d'une libéralisation des marchés de capitaux, les revenus salariaux augmentent.

Le taux de change surréagit dans le court terme en réponse à une augmentation du salaire à long terme. Le plein-emploi n'est atteint qu'après une dépréciation réelle. *A contrario*, la surévaluation est jugée nuisible quant à l'emploi, la croissance et les équilibres extérieurs. Elle peut survenir par suite d'une désinflation rapide avec des taux de change fixes.

Taux et politique de change d'après Sachs : présentation générale

La politique monétaire permet de réduire le salaire réel, mais la rigidité de ce dernier impose la remontée du salaire nominal à la suite de la hausse des prix. L'expansion monétaire est complètement absorbée. Une politique budgétaire qui obtient des résultats sensiblement différents est envisagée.

Une expansion budgétaire induit une appréciation du change au comptant et une réduction du niveau des prix. La règle de l'indexation va jouer cette fois-ci en faveur de l'élévation du salaire réel. La politique budgétaire, ayant comme objectif de relancer la demande, favorise la hausse du salaire réel et l'activité, alors que la politique monétaire vise à conforter l'offre et donc à réduire le salaire réel.

Les politiques monétaire et budgétaire ne prouvent leur efficacité que si le salaire nominal est rigide (Sachs, 1980). On obtient de meilleurs résultats avec des salaires nominaux fixes qu'avec des salaires réels rigides (SH 9) lorsque l'on admet l'interdépendance entre économies (SH 11). L'utilisation du taux de change est alors plus efficace dans le premier cas que dans le deuxième.

Une relance budgétaire et fiscale équilibrée peut élever l'output, même avec des salaires réels rigides (SH 9), à condition que la demande étrangère vers les biens nationaux soit modifiée. Le taux de change se déprécie quand l'économie s'éloigne de l'équilibre du compte des transactions courantes ; ainsi, il sert de régulateur en ce sens qu'il modifie les salaires nominaux et les salaires réels, et par là même l'activité économique.

On peut conclure à l'absence de dichotomie entre détermination financière et détermination réelle, notamment à court terme.

Nous pourrions retenir de la détermination du taux de change d'après Sachs certains aspects intéressant directement notre problématique : il s'agit de la boucle salaire-prix-taux de change et de la boucle taux d'intérêt-taux de change. Le salaire réel influence l'activité économique et la distribution des richesses d'une économie interdépendante de l'extérieur (SH 10 et SH 11). Le taux de change joue un rôle central, comme variable instrument agissant sur la modification des salaires réels lorsqu'ils sont rigides.

Ce qui amène Sachs à analyser les disparités économiques à la lumière des degrés d'indexation des salaires sur les prix (SH 9).

Le taux de change contribue à la réalisation des équilibres internes et externes en altérant l'expansion des salaires réels. Enfin, l'article de Sachs de 1981 déborde le cadre des relations macroéconomiques d'une économie ouverte pour aborder des questions d'ordre international comme la répartition des richesses à l'échelle internationale et celle des investissements (SH 21).

Dans les modèles de Sachs, les variables réelles jouent un rôle certain dans la détermination du taux de change ; même à court terme, la boucle prix-taux de change-actifs financiers est liée à l'analyse du marché du travail.

Sachs (juin 1980) insiste particulièrement sur les boucles taux de change-prix-salaire-profit pour des objectifs d'analyse plutôt néoclassiques, allant jusqu'à préconiser une réduction des salaires réels par le sous-emploi.

Sachs (1979) écrit : « La politique monétaire peut être un véhicule important pour altérer les taux d'inflation et potentiellement un instrument important pour contrecarrer la chute du profit. »

Dernier modèle, publié en 1981 : l'auteur met l'accent sur le problème de la répartition internationale des richesses. Cela est à mettre en parallèle avec la contradiction interne qui oppose salaire et profit.

L'accroissement des investissements nets aggrave le déficit de la balance du compte des transactions courantes et apprécie le taux de change réel.

Ces modèles souffrent d'incomplétudes et d'incohérences. On peut noter une ambivalence dans la détermination du taux de change, même si quelques réflexions intéressantes concernant la boucle salaire-prix-profit-taux de change sont à relever.

Le taux de change d'après Krugman

Krugman (1989) suppose que le monde n'est qu'imparfaitement intégré (KH 1). Le déséquilibre du compte des transactions courantes qui en découle doit être résorbé par l'ajustement du taux de change réel.

Bien sûr, si les salaires sont indexés sur le taux de change ou sur le niveau général des prix avec un rapide passage des taux de change vers les prix, une dépréciation du dollar se traduira immédiatement par une inflation massive (Krugman, 1989).

Krugman soutient par ailleurs que si le dollar était resté élevé comme avant 1985, l'industrie américaine aurait décliné. *A contrario*, la chute vertigineuse du dollar US a contribué grandement à la réduction du coût du travail, les secteurs manufacturés japonais et européens s'en sont trouvés dévastés. L'auteur ne préconise cependant pas comme le fait Sachs, et dans une moindre mesure Dornbusch, l'utilisation du taux de change comme moyen de « casser » les rigidités salariales et de prix. Il reconnaît s'être trompé en préconisant un système de taux flexibles comme étant le meilleur. Il est, d'après ses propres termes, un avocat d'un éventuel retour à un système de taux plus ou moins fixes, objets d'ajustements discrétionnaires.

Krugman est convaincu que le taux de change a un effet faible en partie à cause de ses fortes fluctuations. En raison de la volatilité des taux de change, l'économie réelle est devenue insensible au taux de change, d'où la déconnexion entre le taux de change et la réalité. Si les opérateurs du marché sont prêts à détenir l'ensemble des offres de dépôts de toutes les devises, le marché des changes sera en équilibre : « Le marché des changes est en équilibre si les dépôts dans les différentes devises offrent le même taux de rendement attendu. »

Cette thèse est soutenue par deux suppositions :

– Les économies sont imparfaitement interconnectées.

– Les échanges de biens et de services ainsi que les facteurs de production ne se réalisent pas de façon efficiente.

Par ailleurs, les marchés internationaux des capitaux sont loin d'être intégrés ou efficients. Paradoxalement, il est soutenu que les flux de capitaux internationaux sont moins importants que pendant la période d'avant-guerre.

Les déséquilibres monétaires et financiers sont aggravés par l'inconséquence de la politique économique. L'instabilité du taux de change ne résulte pas seulement des réponses inappropriées du marché aux aléas politiques et aux conditions sous-jacentes, mais également des insuffisances des marchés financiers internationaux. Ces derniers utilisent mal l'information, même si les techniques de transfert et de transmission des données permettent un fonctionnement instantané et en continu. Le rôle des États-Unis est clairement défini, c'est le seul pays qui a le privilège de pouvoir financer la baisse de son épargne par l'emprunt à l'étranger. Les investisseurs étrangers qui achètent des dollars sans évaluer les pertes en capital en cas de dépréciation de la monnaie américaine sont visiblement la preuve de l'inefficience des marchés et de l'irrationalité des agents.

Ce qu'il appelle le « peso problem » est une manière élégante d'expliquer comment un marché peut sembler produire des erreurs de façon persistante : il n'est pas digne de confiance. Ainsi, la force du dollar représente une erreur du marché et une bulle spéculative qui connaîtra une explosion dès que les agents réaliseront la nécessité d'une dépréciation rapide de la monnaie américaine.

En précisant qu'il n'y a pas de ligne droite/gauche, monétariste/keynésienne sur le choix du régime de change (fixe ou flexible), Krugman conclut que la flexibilité des taux de change est utilisable, mais dangereuse.

En faisant son *mea culpa,* Krugman déclare :

> J'ai changé maintenant de pensée. Me basant sur l'idée que je me fais de la manière dont les taux flottants fonctionnent, en pratique, je suis à présent un avocat d'un éventuel retour à un système de taux plus ou moins fixes, objets d'ajustements discrétionnaires. Le taux de change est trop important pour le laisser à la merci des marchés des changes.

Lesquels ne méritent pas la confiance et sont déconnectés de la réalité !

La détermination du taux de change selon Dornbusch, Sachs et Krugman : une étude comparative

On peut considérer ces trois spécialistes de l'économie mondiale comme des poids lourds dans leur domaine. Ils ont exercé et continuent d'exercer une influence certaine, tant sur les théories dominantes que sur les programmes des gouvernements dont ils ont été les conseillers (Dornbusch en

Amérique latine, et Sachs dans les pays de l'Est, Russie et Pologne, notamment).

Dans les présentations précédentes de leurs analyses des déterminants du taux de change apparaissent des points de convergence et des points de divergence.

Nous allons discuter à présent en premier lieu des hypothèses émises par les auteurs, des structures de leurs modèles respectifs et des résultats qu'ils en tirent.

Hypothèses et postulats

Dornbusch (1976a et 1976b) : hypothèses préalables

DH 1 —La distinction entre biens échangeables et biens non échangeables permet l'identification du taux de change aux termes de l'échange.

DH 2 —La mobilité du capital et les comportements spéculatifs participent fortement à la détermination du taux de change.

DH 3 —La PPA et le plein-emploi sont vérifiés dans le long terme.

DH 4 —L'équilibre sur le marché de la monnaie est une donnée.

DH 5 —Le niveau de prix est exogène à l'instant t.

DH 6 —Le revenu réel est exogène à l'instant t.

DH 7 —Le pays est de petite taille.

DH 8 —Les anticipations sont adaptatives.

DH 9 —Les actifs domestiques et étrangers sont parfaitement substituables.

DH 10 —Les prix sont flexibles.

DH 11 —La quantité nominale de monnaie est donnée.

DH 12 —L'arbitrage d'intérêt couvert assure que les taux d'intérêt sont interdépendants à l'échelle mondiale.

DH 13 —Le taux d'intérêt étranger est donné.

DH 14 —Les anticipations des agents sont rationnelles.

DH 15 —La parité des taux d'intérêt (PTI) est vérifiée.

DH 16 —Les marchés sont efficients.

DH 17 —Les taux de change sont flexibles.

DH 18 —Absence d'illusion monétaire.

DH 19 —Les prix sont rigides à long terme.

DH 20 —Les anticipations du taux de change sont

visqueuses et inférieures à 1.

Dans le modèle de Dornbusch et Fisher (1980), la PPA est contestée, car non vérifiée.

Plusieurs hypothèses sont émises :

D'H 1 — Le capital est utilisé pour produire les biens échangeables.

D'H 2 Les biens non échangeables ou biens domestiques sont produits uniquement par le travail, celui-ci étant mobile entre différents secteurs.

D'H 3 — Les fonctions de production sont néoclassiques. Ainsi, la demande de travail dans le secteur des biens échangeables dépend du stock de capital et du salaire exprimé en dollars.

Le modèle de Dornbusch (1994) propose les hypothèses suivantes :

D'' H 1 — Interactions entre capital, biens, travail et taux de change durant le processus de libéralisation des échanges.

D'' H 2 — L'output est déterminé par la demande.

D'' H 3 — Les PVD sont pris individuellement.

Les hypothèses émises par Sachs

Le modèle (Sachs, 1980) vise à expliquer le caractère déstabilisant d'un salaire réel rigide.

Des hypothèses et postulats transcendent les modèles et surgissent à chaque étape de l'analyse pour simplifier, orienter ou conditionner les propositions de Sachs.

En voici un recensement non exhaustif :

SH 1 — Il existe une rigidité quant à l'indexation du salaire.

SH 2 — Le salaire réel réagit négativement au sous-emploi.

SH 3 — La production offerte réagit négativement à une hausse du salaire réel et positivement à celle du stock de capital.

SH 4 — Les niveaux de production sont déterminés par l'offre comme fonction du stock de capital et des prix réels et non par la demande agrégée. Cette hypothèse est anti-keynésienne, si ce n'est néoclassique.

SH 5 — Les taux d'intérêt réels sont liés à la productivité marginale du capital et non à la politique monétaire.

SH 4 et SH 5 permettent d'expliquer les réactions de l'économie dépendant de la nature des chocs sur le système et de leur persistance dans le temps.

Le modèle de Sachs (1981) contient les hypothèses suivantes :

S'H 1 — L'investissement international est égal à l'épargne internationale.

S'H 2 — La somme des surplus des comptes courants est égale à zéro.

S'H 3 — L'offre de l'output international est équivalente à la demande de l'output international.

S'H 4 — Libre circulation des biens et services à l'échelle internationale.

S'H 5 — Tous les pays participent sans restrictions ni contrôles aux transactions sur le marché international des capitaux.

Les hypothèses et postulats dans les modèles de Krugman

KH 1 — Le monde n'est qu'imparfaitement intégré.

KH 2 — Les résidents des différents pays dépensent leurs revenus très différemment.

KH 3 — Les prix sont rigides en monnaie nationale.

KH 4 — Les résidents de chaque pays ont une propension à dépenser plus élevée avec leurs propres produits qu'avec les produits des autres pays.

KH 5 — La condition de parité des taux d'intérêt doit être remplie afin que le marché des changes soit en équilibre.

KH 6 — Les taux d'intérêt d'équilibre sont déterminés par l'égalité de l'offre et de la demande de monnaie.

KH 7 — Il y a concomitance entre l'équilibre sur le marché des produits et l'équilibre sur le marché des actifs.

KH 8 — L'imparfaite interconnexion entre les économies.

KH 9 — Les flux internationaux des biens et services et facteurs de production ne se comportent pas de façon efficiente.

KH 10 — La PPA ne peut fonctionner que si l'économie mondiale est parfaitement intégrée.

KH 11 — Les prix sont flexibles.

KH 12 — Adoption de l'hypothèse keynésienne selon

laquelle les nations produisent différents biens, dont les prix relatifs peuvent et doivent changer et prendre part aux processus d'ajustement internationaux.

KH 12 — Concurrence parfaite sur les marchés des biens.

KH 14 — La PPA est toute relative, elle demeure une norme, un point de référence.

KH 15 — Les prix s'ajustent directement de jour en jour au fur et à mesure de l'évolution des conditions d'offre et de demande de biens.

KH 16 — Le niveau des prix est donné à court terme, il ne réagit pas de façon significative à des changements de politiques publiques.

Une variation de l'offre de monnaie crée une pression immédiate sur la demande et sur les coûts qui va finalement provoquer des augmentations futures dans les niveaux des prix.

KH 17 — La production de plein-emploi dépend de l'offre de facteurs productifs. Cette offre n'est pas affectée en longue période par le choix d'un taux de croissance de l'offre de monnaie.

KH 18 — Les taux de change s'ajustent toujours de façon à maintenir la parité d'intérêt.

KH 19 — Débat entre keynésiens et monétaristes. Les monétaristes globaux prétendent que le monde entier produit un seul produit qui est égalisé par l'arbitrage international et les keynésiens supposent que les nationaux produisent différents biens dont les prix relatifs peuvent et doivent changer et prendre part au processus d'ajustement international.

Feldstein et Horioka (1980) contestent la supposition commune selon laquelle les marchés de capitaux sont hautement intégrés, ils avancent plutôt l'hypothèse d'une intégration plus limitée.

Chapitre II

Détermination des taux de change dans les modèles de Dornbusch, Sachs et Krugman

À la lecture des modèles de Dornbusch, Sachs et Krugman, notre souci est de vérifier la cohérence des modèles, leur validité et les éléments que l'on peut retenir afin de mieux éclairer notre problématique.

Structure des modèles : une présentation générale

On a vu précédemment les voies de détermination du taux de change, à court terme par les variables financières et à long terme par les variables réelles (modèle 1976a). Le modèle de 1976b met l'accent sur les phénomènes de surajustement. Nous allons à présent examiner les relations les plus significatives quant aux déterminants du taux de change.

D'après Dornbusch (1994), la parité des pouvoirs d'achat (PPA) se définit comme l'égalisation par arbitrage des prix des biens échangeables (suivant DH 1 et DH 3) exprimés dans différentes monnaies. La PPA se réfère à la tendance de long terme qu'ont les taux de change à compenser les trends divergents des niveaux de prix nationaux. La monnaie du pays à taux d'inflation élevé doit tendre vers une dépréciation de son taux afin d'égaliser les taux d'inflation. Si le taux de change suit la PPA, les mouvements du taux de change nominal n'ont pas d'effets sur la compétitivité.

Il y a une relation positive entre prix étranger, prix relatifs et demande pour les biens domestiques. Le taux de change s'apprécie afin de réduire (et non de neutraliser) l'impact de la hausse du prix étranger.

Le taux de change courant et le taux de change d'équilibre coïncident à long terme, conformément à la PPA. Le taux de change courant s'exprime en fonction du niveau des prix courants, du taux de change et des prix de long terme.

La flexibilité des taux de change ne garantit pas aux économies une perméabilité par rapport aux perturbations nominales étrangères, du fait des comportements spéculatifs, et n'aide pas au retour à l'équilibre. Cela est contraire à la position monétariste.

Dans un scénario de rééquilibrage des marchés des biens et des actifs, en cas de hausse du stock de la monnaie domestique, le taux de change et les prix pourront en être les instruments. Ce faisant, l'excès de demande pour les biens domestiques intervient, à la suite d'une baisse du taux d'intérêt.

L'équilibre de court terme suppose qu'une hausse du taux de change et des prix est proportionnellement plus réduite que la hausse de la quantité de monnaie. Cela est obtenu grâce à la baisse du taux d'intérêt et à la hausse de l'absorption. C'est donc par la flexibilité des prix (DH 10) et des taux de change que l'économie retrouve son point d'équilibre, par un processus automatique « mécanique » après un changement monétaire. C'est la position néoclassique traditionnelle relative à l'équilibre.

L'égalité entre le taux domestique et le taux étranger fonde le niveau de prix d'équilibre de long terme.

Les hypothèses des anticipations rationnelles et de la parfaite substituabilité des actifs étant admises, le modèle peut fournir une définition du taux actuel de dépréciation.

Les *news* expriment les signaux annonçant des changements d'agrégats pouvant faire varier le taux de change.

Le modèle avance l'idée que toute relance de la production nationale (au travers de l'expansion budgétaire ou d'une hausse des exportations nettes) entraîne une appréciation réelle ou nominale – le compte des transactions courantes étant une composante de la demande. Dornbusch (1980) expose un modèle incorporant le phénomène d'interdépendance.

Concernant les termes de l'échange, ou le prix relatif des biens domestiques en termes de biens importables, il convient, dans la composition de ces prix, de distinguer entre biens échangeables et biens non échangeables (DH 1), prix des biens à l'importation et prix des biens à l'exportation.

Le prix relatif détermine la composition de la dépense domestique entre biens importables et biens domestiques. De l'équation qui précède, on peut estimer qu'une hausse de P signifie qu'il faut plus d'unités de biens nationaux pour acheter les biens étrangers, avec à la clé une réduction du pouvoir d'achat du pays concerné et une détérioration des termes de l'échange. Dans ce modèle, les prix relatifs et les termes de l'échange jouent un rôle clé dans la détermination de l'output et la balance commerciale. La détérioration des termes de l'échange – ou une hausse des prix relatifs des biens importables – entraîne un redressement de la balance commerciale. En outre, la demande mondiale des biens du pays concerné est affectée par le prix relatif. L'objectif est d'arriver à une politique mixte réalisant à la fois l'équilibre interne et l'équilibre externe ; dès lors, une variation de la demande agrégée est escomptée. Par ailleurs, il est reconnu que l'État a la faculté d'utiliser les taux de change afin de modifier l'output et la balance commerciale.

Dornbusch (1994) suggère qu'une dévaluation réelle survient lorsqu'une dévaluation réduit les prix des biens domestiques par rapport aux biens étrangers.

La baisse des prix relatifs des biens nationaux améliore la balance des transactions courantes. Mais une réaction perverse est possible. En cas d'augmentation des prix à l'importation, le fléchissement de la demande à l'importation n'est pas suffisant pour compenser les prix élevés des importations. Les politiques de change basées sur la PPA furent adoptées par les pays développés pour isoler le commerce extérieur des caprices de la macroéconomique (Dornbusch, 1995).

Le modèle de Sachs (1980) analyse les liens prix-taux de change en mettant l'accent sur le rôle économique de l'État. Le fondement de cette relation repose sur le mode de répartition des richesses entre salaire et profit. Cela a le mérite d'éviter la dichotomie classique entre détermination financière dans le court terme et détermination réelle dans le long terme du taux de change. Sachs (1980) adopte la thèse de la surréaction telle qu'elle a été développée par Dornbusch (1976), en expliquant toutefois la lenteur de l'ajustement des prix par la rigidité des salaires (SH 9).

Contrairement à Dornbusch, les interactions entre prix, taux de change et actifs financiers sont analysées à la lumière du fonctionnement du marché du travail, et ce même à court terme. Dans son article de 1981, Sachs introduit de nouvelles perspectives dans l'analyse du taux de change, de l'ajustement macroéconomique et du compte des transactions courantes.

Sachs distingue le rôle des chocs permanents et celui des chocs temporaires quant au développement des déséquilibres. Ainsi, si la demande d'exportation s'accroît, les termes de l'échange P/eP* s'élèvent sans pour autant altérer les décisions intertemporelles d'épargner. L'accroissement de P/eP* est d'autant plus important que la demande d'exportation et la demande d'importation augmentent proportionnellement, toutes choses restant égales par ailleurs. Il est suggéré que P/eP* et le taux d'intérêt nominal domestique r interviennent conjointement pour favoriser le retour à l'équilibre des marchés des biens et rapprocher l'épargne de l'investissement.

La baisse de P/eP* peut stimuler l'investissement si le bien étranger est un bien d'investissement, ce qui générera un déficit du compte des transactions courantes en début de période. Les chocs permanents liés à la demande d'exportation ont un effet réduit sur le compte des transactions courantes, alors que les fluctuations temporaires peuvent avoir un effet important.

Un pays perdra son pouvoir d'achat (baisse P/eP*) à la suite d'une baisse de la demande de biens domestiques sans pour autant sombrer dans les déficits courants. Cela va à l'encontre de l'idée qu'il y a une relation mécanique entre balance du compte des transactions courantes et demande des biens du pays.

Contrairement à Dornbusch, Sachs insiste, comme nous le verrons plus loin, sur la boucle salaire-taux de change, s'inscrivant ainsi dans la pure tradition libérale, qui privilégie la politique de l'offre. La rigidité des salaires réels est la principale cause des déséquilibres, altérant grandement le taux de change. Qu'en est-il de Krugman ?

Krugman (1989) soutient que les prix sont rigides en monnaie nationale. Les résidents de chaque pays ont une propension à dépenser plus élevée à l'égard de leurs propres produits que des produits des autres pays (SH 4) ; d'où la conclusion d'une nécessaire dépréciation réelle de la monnaie. C'est l'ajustement du compte des transactions courantes qui impose l'ajustement du taux de change réel. La flexibilité du taux de change nominal, qui permet l'ajustement du taux de change réel, peut être utilisée seulement si les prix et les salaires sont davantage altérés par le taux de change que par les mouvements différenciés du niveau de prix.

Si la plupart des échanges en 1913 étaient effectués entre biens homogènes, avec, à la clé, des arbitrages déterminant le prix mondial, il en va autrement pendant les années 1980. En effet, on peut noter une déconnexion des prix pour des biens identiques dans différents pays.

Les causes structurelles d'une atténuation des liaisons internationales entre prix sont renforcées par une inertie subséquente à une volatilité excessive des taux de change. La PPA ne peut fonctionner que si l'économie mondiale est parfaitement intégrée, si les résidents dépensent de la même façon, et si les prix sont flexibles. Mais l'intégration imparfaite des marchés des biens (KH 1), combinée à la rigidité des prix (KH 3), milite en faveur d'un ajustement du taux de change pour faire face aux déséquilibres des paiements internationaux. Le problème réside dans la lenteur avec laquelle le déficit commercial américain répond aux dépréciations successives du dollar après 1985. Il est cependant clair que le déficit commercial s'amenuise, sans dépréciation réelle, si l'output étranger augmente.

À propos de la déconnexion des taux de change de la réalité, l'auteur précise que ces derniers ont eu des effets muets surtout sur ce qui est réel durant la période de flottement des monnaies dans les années 1980. En 1980, les salaires dans l'industrie allemande sont de 25 % plus élevés que les salaires américains. En 1984, au top niveau du dollar, ils furent inférieurs de 20 %. En 1988, ils furent de 20 % plus élevés.

La déconnexion entre les taux de change et l'économie réelle expliquerait leur volatilité. Si les variations des taux de change n'entraînent pas un mouvement notable des flux commerciaux ni des prix agrégés, c'est parce que les firmes ne modifient pas leurs prix en devises.

En cas de fortes fluctuations, les firmes adoptent une attitude *« wait and see »*, pensant que cela est temporaire, Krugman reprend le débat entre les monétaristes globaux, qui prétendent que le monde entier produit un seul produit qui est égalisé par l'arbitrage international, et les keynésiens, qui supposent que les nations produisent différents biens, dont les prix relatifs peuvent et doivent changer et prendre part au processus d'ajustement international.

De ce fait, le keynésianisme international serait plus proche de la réalité que le monétarisme international. Krugman met l'accent sur le lien réciproque entre volatilité des taux de change et inertie des flux commerciaux. Dès lors que le taux de change est volatil, l'économie réelle devient insensible au taux de change et du fait que le taux de change devient déconnecté de la réalité, il devient plus volatil.

Krugman (1989) admet l'hypothèse de concurrence parfaite sur les marchés des biens, la combinaison d'une PPA relative et d'une concurrence imparfaite. La PPA demeure une norme, un point de référence (KH 14).

Krugman note que les élasticités-revenus des importations et des exportations d'un pays sont fonction de la croissance de long terme de ce pays. L'élasticité-revenu de la demande d'exportation est plus élevée dans les pays qui croissent le plus. Parallèlement, l'élasticité-revenu de leur demande d'importation est faible. Les pays à croissance faible connaissent une situation inverse. Les taux de change réels ne sont pas soumis à des modifications sensibles grâce à la différence d'élasticités-revenu. Ce sont les effets de revenu et les effets de l'offre qui déterminent les élasticités-revenu.

Ce n'est pas, comme le suggère la théorie classique, la spécialisation internationale qui développe le commerce international, mais l'existence de rendements croissants et la diversité des produits.

Les pays les plus développés produisent, à peu de chose près, les mêmes biens. Les pays dont la croissance est rapide augmentent leurs parts de marché grâce à l'élargissement de leur gamme de produits et non pas en réduisant leurs prix relatifs.

Krugman et Obstfeld (1994) soutiennent une vérification de la PPA relative depuis le début des années 1970, même si elle a été, dans les années 1960, un bon indicateur pour apprécier les relations entre les taux de change et les niveaux des prix nationaux. Les déviations par rapport à la PPA relative apparaissent dans les années 1920, 1970, 1980 durant lesquelles les taux de change laissés aux forces du marché.

Trois critiques principales sont adressées à la logique de la PPA comme théorie des taux de change basée sur la loi du prix unique :

– Les coûts de transport et les restrictions aux échanges ont une existence bien réelle, ce que l'hypothèse du prix unique ne peut admettre.

– Le lien entre les prix des biens similaires vendus dans différents pays est affaibli encore plus par des pratiques monopolistiques ou oligopolistiques.

– Les taux de change ne peuvent compenser les différences dans les relevés officiels de l'inflation. En effet, les statistiques d'inflation publiées dans les différents pays ne sont pas basées sur les mêmes paniers de biens.

Même si la PPA est infestée d'exceptions et est contredite par les faits, Krugman et Obstfeld considèrent cette théorie comme un point de départ pour une analyse fructueuse. Comme on peut s'en apercevoir, le traitement de la relation taux de change-prix est plus cossu chez Dornbusch que chez Krugman et Sachs, mais ce dernier met davantage l'accent sur la boucle salaire-taux de change.

Salaire-taux de change : ce que pensent Dornbusch, Sachs et Krugman

On a déjà vu que Dornbusch (1986) intègre variables réelles et financières dans un même modèle pour expliquer leur interaction avec le taux de change. Les enchaînements entre salaire, taux d'intérêt et taux de change sont mis à l'ordre du jour. La variable-salaire est fonction du revenu y et du niveau du salaire réel dont la rigidité est exprimée par le terme.

Lorsque Dornbusch affirme que le taux de change détermine le salaire réel, l'emploi et l'offre, on peut imaginer aussi des relations inverses entre salaire (w) et taux de change réel. L'équilibre sur le marché des biens domestiques est réalisé tout au long de la droite IS à taux d'intérêt donné. Une dépréciation du taux de change réel se traduit par un excès de la demande et par là même par une hausse du revenu y.

Par ailleurs, le niveau du salaire et le taux de change sont supposés déterminer la compétitivité externe et donc la demande agrégée et l'emploi.

La compétitivité externe et donc la demande agrégée et l'emploi sont déterminés par le niveau du salaire et le taux de change. Une dépréciation du taux de change réel e se traduit par un excès de la demande et par là même par une hausse de l'output. La courbe w = o a une pente décroissante (Dornbusch, 1986). L'équilibre sur le marché des biens domestiques est réalisé tout au long de la droite IS à taux d'intérêt mondial donné. Le taux de change serait utilisé pour réduire les salaires réels. Les salariés réagiront à une dépréciation de la monnaie nationale en soutenant des revendications de hausse de leurs salaires.

C'est par l'organisation du « sous-emploi » que cet élan peut être brisé.

Une hausse du salaire élève le niveau de prix et réduit ainsi les encaisses réelles exerçant par là même une pression déflationniste, ce qui entraîne une chute des salaires. La variation du taux de change sert à réduire les salaires réels. La baisse du niveau de vie qui s'ensuivra fera réagir les salariés. Toute velléité d'augmentation des salaires serait contrecarrée par « l'organisation » du sous-emploi.

Les positions de convergence vers le point d'équilibre de long terme sont celles où la demande agrégée et l'emploi s'élèvent, exerçant ainsi une pression à la hausse du salaire. Ainsi, à un niveau de salaire bas correspond un niveau de prix en déclin. Les encaisses réelles s'accroissent et les taux d'intérêt nominaux fléchissent. Les deux derniers cas de liaisons salaires-taux de change portent sur des processus caractérisés par la surréaction de l'une ou de l'autre des variables.

Une hausse du taux d'intérêt domestique fait pression sur les salaires, car elle accélère l'anticipation de l'appréciation, d'où le glissement du point d'équilibre de A' vers A''. Au total le taux de change surréagit à court terme à une tendance lourde de revalorisation salariale.

Dornbusch montre que la dépréciation des taux de change nominal et réel est modérée lorsque les salaires ont tendance à baisser. Le taux de change surréagit dans le court terme en réponse à une élévation du salaire à long terme. Autrement dit, si la tendance du salaire est à la hausse, pour casser cette rigidité, le taux de change aura à surajuster. Mais si les salaires ont tendance à baisser, il y aura une dépréciation instantanée du taux de change nominal et réel, de façon modérée. La hausse des taux d'intérêt étrangers entraîne un début de sortie de capitaux, qui induit une dépréciation du change. Lorsque le point A' est atteint, le taux d'intérêt domestique s'élève, accélérant l'anticipation de l'appréciation. La pression sur les salaires qui s'ensuit déplace l'économie vers A''.

Dornbusch insiste davantage sur la relation prix-taux de change. Le lien salaire-taux de change n'est évoqué que dans l'article de 1983 et celui de 1994.

Le revenu du capital qI (q) est une fonction positive du stock de capital, mais se comporte négativement en cas de baisse des salaires en dollars. Ce modèle suppose que les réductions budgétaires entraîneront une dépréciation réelle, s'ensuivra un déclin du salaire exprimé en dollars, ceci à court terme. Par ailleurs, l'accumulation du capital entraîne une appréciation réelle (Dornbusch et Werner, 1994). Les salaires réels s'accroissent et le taux de change réel s'apprécie, par suite de l'accumulation du capital. Ce modèle estime qu'un plus grand accès au marché mondial des capitaux provoque une appréciation réelle. Dans ces conditions, on peut s'attendre à une hausse des salaires et des revenus des détenteurs de capitaux.

Dornbusch (1994) ne pense pas que les salaires et les prix s'ajustent pour atteindre le plein-emploi, car en pratique les prix sont basés sur le coût du travail. On assiste en effet à une spirale salaire-prix. Sous le régime du taux de change fixe, le mécanisme d'ajustement automatique fonctionne à travers les prix et la monnaie. Le sous-emploi réduit les prix et génère des gains de productivité. Les exportations nettes sont en hausse et l'emploi est augmenté.

L'offre de monnaie répond aux déséquilibres commerciaux, affectant par là même le niveau des taux d'intérêt, l'épargne et les déficits des paiements (*ibid.*, p. 632). Les changements des taux de change nominaux affectent les prix relatifs seulement s'il n'y a pas compensation par un changement des salaires et des prix. Le taux de change réel R = ef/P peut changer comme résultat des mouvements des taux de change nominaux seulement Pf/Pn (prix relatifs étrangers-nationaux) ne se déplace pas de façon pleinement compensatoire. Les taux de change réels connaissent des variations quand les taux nominaux changent de niveaux en raison des rigidités des salaires et des prix parmi les pays développés.

Sachs (1980) suggère que la libéralisation des échanges impose une dévalorisation de la force de travail à la faveur d'une dépréciation de la monnaie nationale. L'offre agrégée s'élève dans le cas d'une hausse des termes de l'échange.

La liaison taux de change-salaire (en admettant leur flexibilité) est spécifiée par une représentation graphique. La droite en pointillé indique les niveaux de taux de change compatibles avec les positions d'équilibre de l'activité. On peut penser dès lors que le taux de change est utilisé comme moyen de régulation à la fois de l'économie et du partage salarial.

Le salaire réel baisse et le niveau des prix s'accélère. Le salaire augmente pour atteindre le nouvel équilibre suivant proportionnellement la hausse de l'offre de monnaie. La règle de l'indexation est vérifiée.

Le mode d'ajustement des salaires joue un rôle important dans une économie interdépendante de l'extérieur. Sachs analyse les effets interactifs entre deux pays. Il y a de ce point de vue une dynamique comparative entre pays sur un point essentiel à savoir les modes d'ajustement des salaires. À la limite, on peut prêter à l'auteur une arrière-pensée, tendant à expliquer les distorsions des taux de change et les difficultés d'arriver à des situations d'équilibre, au moyen de politiques monétaires et budgétaires, par les rigidités des salaires.

Krugman voit dans le taux de change un déterminant de l'évolution des salaires. Un pays peut arriver à rendre compétitifs ses produits à l'exportation si sa monnaie est dépréciée. Il serait difficile de faire baisser les salaires nominaux ou d'augmenter la productivité instantanément, mais il est plus aisé de réduire les coûts salariaux exprimés en dollars US en DM ou en FF. Prenons le modèle à facteurs spécifiques (emprunté à Krugman, Obstfeld, 1994), qui utilise deux facteurs de production, le capital et le travail, dans les biens manufacturés. Le coût et la demande des facteurs de production sont liés aux prix des facteurs lorsque les producteurs emploient les deux facteurs.

Si un bien est produit avec les facteurs de production que sont le capital et le travail, avec des rendements d'échelle constants, la courbe qui indique toutes les combinaisons du capital et du travail grâce auxquelles on peut produire une unité de bien est un isoquant unitaire.

Il y a un déplacement du point d'équilibre. Une dépréciation du taux de change réduit le coût du travail en termes réels. La combinaison capital-travail est transformée à la faveur d'une plus grande utilisation du travail que du capital.

Taux de change-prix-salaire : la position de Sachs, Dornbusch et Krugman

Le modèle de Sachs (1980) admet deux hypothèses clés : SH 9 ; la rigidité du salaire et SH 2 ; le salaire réel réagit négativement au sous-emploi.

Une hausse des droits nets sur l'étranger élève la demande agrégée par suite de l'effet de richesse. Une relance budgétaire exerce aussi un effet favorable sur la demande. Enfin, la demande agrégée bénéficie du solde positif de la balance commerciale. Mais un accroissement de la production totale relancerait les importations et détériorerait le déficit de la balance commerciale. Les exportations fléchissent en cas d'augmentation des termes de l'échange. Une augmentation des prix à l'importation induit une hausse des prix à la consommation et par là même une baisse du salaire réel. Si la politique budgétaire est expansionniste, ces résultats sont totalement inversés. Dans le cas d'une rigidité du salaire nominal, le salaire réel augmente si le taux de change s'apprécie, et le prix à la consommation baissera.

Si l'on adopte une position plus réaliste de rigidité du salaire réel, celui-ci peut changer soit en raison de la lenteur de réaction du salaire nominal à des variations des prix, soit en réponse au sous-emploi. Cela renvoie à la thèse de la surréaction, telle qu'elle a été adoptée par R. Dornbusch (1976). Une expansion monétaire à court terme se traduit par une dépréciation du change au comptant, ce qui réduit le salaire réel. Le point de passage obligé entre la variation du salaire réel et celle de l'offre agrégée est absent de cette liaison. Le lien se fait par l'évolution du profit. Le taux de change s'apprécie, entraînant par là même une hausse du salaire réel en cas d'expansion budgétaire. Le salaire baisse en réponse à la baisse du prix à la consommation, compte tenu de l'indexation des salaires sur les prix. L'offre se trouvera augmentée. On peut penser que le taux de change est utilisé comme moyen de régulation à la fois de l'économie et du partage salarial.

Afin de déplacer le niveau du salaire à la baisse, la dépréciation du taux de change et subséquemment la hausse des prix sont provoquées par la hausse de l'offre et de la monnaie. Si la rigidité du salaire réel (SH 9) prédomine, l'expansion monétaire est totalement absorbée par les augmentations salariales. Le salaire réel s'accroît en cas d'expansion budgétaire, qui vise la relance de la demande (y compris la demande de consommation) et l'activité.

L'efficacité de la politique monétaire en présence d'une flexibilité des taux de change se ressent davantage dans le cas d'une désindexation des salaires sur les prix que dans la situation européenne et japonaise de rigidité des salaires réels. L'enjeu est le rétablissement des profits face aux évolutions salariales. On peut, en définitive, se demander si l'article de Sachs (1979) n'insiste pas trop sur le processus de détermination du salaire en négligeant complètement la détermination des prix. Il faut expliquer le comportement des salaires en tant que composante de l'ajustement économique et en relation avec le profit. Cela pourrait éclairer sur les raisons qui ont amené l'auteur à insister sur les variations des salaires dans des modèles antérieurs.

La liaison salaire-prix-profit-taux de change est une constante dans les recommandations du FMI qui proposent une baisse des salaires, une augmentation des profits (politique de l'offre) et une dévaluation susceptible de favoriser la compétitivité et les exportations. Cela justifie que l'on s'attarde sur les modèles de Sachs. Nous développerons ultérieurement, dans une perspective analytique différente, une réflexion sur les liaisons valeur ajoutée-taux de change salaire-profit-taux de change, une fois que l'on aura abordé les dynamiques d'évolution de la relation valeur ajoutée-valeur propre de la monnaie.

Sachs (1979) insiste plus particulièrement sur le rôle de l'accélération des salaires réels sans qu'elle soit compensée par une évolution ascendante de la productivité. Deux suggestions d'importance sont déduites des analyses précédentes :

– Les salaires réels sont rigides à cause notamment du pouvoir des syndicats.

– L'organisation du sous-emploi est un bon instrument afin de « casser » cette rigidité. En effet, la boucle salaire-prix-taux de change est bien achevée (au-delà des critiques qu'on peut lui faire) par le modèle de Sachs (1980) avec un rôle important joué par l'État. Le fondement de cette relation repose sur le mode de répartition des richesses entre salaire et profit. L'accent est mis sur les canaux d'interdépendance entre économies, de ce fait il offre une dynamique de comparaisons internationales plus intéressante avec le rôle clé de la séquence salaire-prix-taux de change dans une telle perspective. Le modèle de Dornbusch (1986) rend compte de façon explicite de la relation taux de change-prix-salaire.

Ce modèle pose le problème de l'ambivalence de la détermination du taux de change chez Dornbusch. La compétitivité externe, la demande agrégée et l'emploi sont déterminés par le niveau du salaire et le taux de change.

À la différence de Sachs, Dornbusch et Werner (1994) essayent de vérifier l'utilité (ou l'inutilité) d'une surévaluation en lien avec la croissance, l'emploi et les équilibres extérieurs.

Considérons une politique de stabilisation de l'inflation dans le cadre d'une politique des revenus qui concerne les salaires, la productivité, les prix et les taux de change. La libéralisation des échanges est une autre composante de cette stratégie de désinflation en ce sens qu'elle permet une meilleure discipline de prix.

Si les taux de change sont stabilisés, voire fixes, les taux de change réels s'apprécieront fatalement. La demande initiale s'essouffle, le taux d'intérêt s'accroît et le compte des transactions courantes s'achemine vers un déficit si le taux de change continue à s'apprécier. La déflation contribue au rétablissement de la compétitivité et à l'équilibre économique.

Cette équation suppose une non-indexation des salaires sur les prix. Il est supposé que le gouvernement agisse sur le taux de change réel. La demande réelle est déterminée par les taux de change réels et les taux d'intérêt réels. Dornbusch et Werner (1994) cherchent à comprendre comment les hypothèses basées sur les salaires et les prix peuvent être capables d'expliquer l'ampleur de l'appréciation observée durant le Pacto au Mexique. Dornbusch (1994) lie l'emploi, les salaires et les prix dans une relation positive. Néanmoins les salaires et les prix ne s'ajustent pas simultanément.

Jusqu'à présent, nous avons mis en relief les interactions entre taux de change, salaire et prix. Introduisons à présent le marché de la monnaie et celui des actifs (suivant DH 9 et DH 11, tout en mettant en veilleuse DH 4). Nous avons noté deux types de détermination du taux de change, la première à court terme par les actifs financiers et la deuxième à long terme par les variables réelles (Dornbusch 1976a et b). Dans des écrits ultérieurs, la détermination financière se mêle intimement à la détermination réelle. Examinons à présent la séquence taux de change-monnaie-actifs financiers.

Monnaie-taux de change d'après Dornbusch, Sachs et Krugman

Une hausse de l'offre de monnaie induit une dépréciation du taux à terme qui est inversement proportionnelle à l'intérêt correspondant à la demande de monnaie. En intégrant le taux à terme, on pourra le lier au taux comptant futur anticipé.

Le taux à terme s'élève moins que proportionnellement à la suite d'une variation du taux au comptant.

Dans une optique de long terme, le prix est introduit de façon explicite. En cas d'impulsion monétaire, l'impact sur le taux de change est amplifié par les anticipations adaptatives des agents (DH 8). Le taux au comptant, qui détermine le taux à terme, se déprécie à la suite d'une expansion monétaire, d'autant plus que les variables (élasticité des anticipations et intérêt correspondant à la demande de monnaie) changent dans des proportions importantes. De cette manière, le taux de change serait déterminé prioritairement par les conditions d'équilibre sur le marché des actifs et par les anticipations, au moins à court terme. À long terme, les principaux déterminants du taux de change sont à dominantes monétaires (Dornbusch 1976a) : respectivement la demande domestique et étrangère d'encaisses réelles, les quantités nominales de monnaie nationale et étrangère m et m* et la structure des prix relatifs. La relation clé du modèle général de long terme établit les conditions d'équilibre sur le marché des biens domestiques et de la monnaie, ainsi que l'arbitrage entre biens nationaux et étrangers.

Le taux de change s'élève (dépréciation de la monnaie nationale dans le cas d'une expansion monétaire).

Dans cette détermination à long terme, la présence des variables réelles est plus ou moins effacée au bénéfice des variables monétaires et financières. L'intégration des prix peut refléter aussi bien des phénomènes réels que monétaires.

Le revenu réel fait une apparition presque discrète dans l'équation de la demande réelle de monnaie, à côté du taux d'intérêt réel.

La hausse du taux d'intérêt et du prix relatif des biens échangeables permet de restaurer l'équilibre entre le revenu et la dépense. En réduisant l'achat des biens nationaux, les prix relatifs augmentent.

Le taux d'intérêt d'équilibre entraîne une baisse de la demande des encaisses réelles et contribue à la dépréciation du taux de change, via la hausse du niveau de prix et du prix relatif des biens échangeables (Dornbusch 1976a).

Au total, le taux de change à court terme sert de régulateur entre actifs nationaux et actifs étrangers, alors qu'à long terme, il sert d'instrument d'ajustement entre le marché des biens et le marché des actifs. Le cas typique d'une utilisation du taux de change à court terme est celui d'une impulsion monétaire.

Si, à court terme, les spéculateurs « sont trompés » par de mauvaises informations, leur rationalité, acquise au terme de l'hypothèse des anticipations rationnelles (DH 14), rectifie le tir. La neutralité serait vérifiée en ce sens qu'une expansion monétaire laisse inchangées les variables réelles. Un choc exogène sous forme de hausse de la quantité de monnaie se traduit par des acquisitions significatives des biens nationaux. Il s'ensuit une hausse du taux de change et des prix moins que proportionnelle à la hausse du stock de monnaie. Le surajustement du taux de change (Dornbusch 1995) résulte d'une réponse rapide des taux de change à la politique monétaire et de la lenteur d'ajustement des prix. Ainsi, une expansion monétaire entraîne une dépréciation immédiate, mais une hausse graduelle des prix. Le surajustement du taux de change révèle une volatilité remarquable des taux de change réels. Dans une des variantes présentées par Dornbusch (1995), une expansion monétaire dans un pays est à l'origine du sous-emploi et de la désinflation à l'étranger. *A contrario*, une relance fiscale engendre une expansion à l'étranger avec des effets d'interdépendance imposant une coordination des politiques.

L'impact sur les USA et le Japon d'une expansion budgétaire initiée par le reste de l'OCDE est de +1 % du PNB, avec une hausse de la dépense grâce à une hausse de la dette de l'OCDE. La balance commerciale se détériore dans ces pays et s'améliore aux USA et au Japon (*ibid.*, p. 407). Le comportement du taux de change en réponse à l'expansion de l'offre de monnaie est décrit par la figure (Dornbusch, 1995, p. 432). F. L. Rivera-Batiz et L. A. Rivera-Batiz (1994), reprenant la théorie du surajustement, examinent le comportement du taux de change en réponse à une expansion de l'offre de monnaie.

Dornbusch (1995) présente le cas d'une expansion monétaire à long terme qui fait croître le niveau des prix et déprécie le taux de change. Les encaisses réelles et le taux de change réel demeurent constants. À court terme, une expansion monétaire se traduit par une augmentation de l'output, une baisse du taux d'intérêt et une dépréciation du taux de change. Celui-ci se surajuste par rapport à son niveau d'équilibre nouveau. Une conception du taux de change suggère que celui-ci est le prix relatif de deux monnaies, une deuxième le définit comme le prix relatif des biens domestiques et étrangers. Une troisième voie, suggérée par Fisher (1976), prend en compte les considérations de portefeuilles pour soutenir que le taux de change est le prix relatif des actifs nominaux. Dornbusch (1995) voit un sens dans chacune de ses positions d'équilibre partiel, mais il apparaît rapidement que les considérations réelles, monétaires et financières interagissent dans la détermination des taux de change. Les aspects monétaires et réels qui interviennent dans la détermination du taux de change furent modélisés, mais ce ne fut pas le cas des considérations de portefeuilles, jusqu'à ce que la théorie du change orientée sur le court terme s'y intéresse. Dornbusch essaye d'intégrer l'ensemble des déterminants.

En partant de l'équilibre du marché des actifs, un afflux de capitaux, consécutivement à l'appréciation anticipée du taux de change, génère une hausse anticipée du taux comptant futur et se répercute sur le taux comptant courant, et par là même sur le taux à terme qui se déprécie. Le taux d'intérêt domestique fléchit. Le nouveau point d'équilibre de court terme coïncide avec une situation de déséquilibre du secteur des biens échangeables, qui verront leurs prix relatifs baisser suite à l'appréciation de la monnaie.

Le modèle de Sachs (1980) explicite une fonction de demande de monnaie qui intègre la structure du marché financier et l'arbitrage d'intérêt.

La demande de monnaie peut avoir comme motivation la croissance de la production domestique et/ou la détention de titres. Le taux d'intérêt domestique est en relation négative avec la demande de monnaie. Celle-ci est *a contrario* fortement demandée lorsque la production domestique s'accroît. L'égalité entre le taux de dépréciation anticipé e et le différentiel d'intérêt r-r* est assurée, r* étant le taux d'intérêt étranger. Dans son article de juin 1980, il est souligné : « dans une économie ouverte avec un taux de change flottant, l'efficacité d'une politique monétaire et fiscale dépend fondamentalement du processus de fixation du salaire ».

Cet objectif est atteint, d'après Sachs, seulement dans le cas d'une modification des salaires réels par les fluctuations des taux de change.

Dans les modèles Mundell-Fleming, l'élévation de l'offre de monnaie entraînant une dépréciation du taux de change, stimule l'output, alors qu'une expansion budgétaire n'a pas d'effet sur ce dernier. Les décisionnaires publics intègrent le taux de change comme instrument participant à la variation du salaire (et par là même du profit). L'objectif final étant l'action sur l'activité économique.

L'optique traditionnelle, dans la mouvance des travaux de Mundell (1963) et Fleming (1962), considère la politique monétaire expansionniste comme étant efficace eu égard à l'élévation de l'output dans la mesure où elle autorise une dépréciation du taux de change réel. Cela est vrai pour une économie de petite taille (SH 6) avec sous-emploi.

La politique budgétaire obtient moins de succès dans l'analyse standard ; une hausse des dépenses publiques mène à l'appréciation du taux de change et déprime les exportations. Ce point de vue est conforme à la position keynésienne. Tandis que les monétaristes maintiennent qu'avec le plein-emploi, une expansion de l'offre de monnaie n'affecte ni l'output ni l'emploi. Seuls les taux de change et les prix varient. Autrement dit, la neutralité de la monnaie est confirmée (SH 7). La politique monétaire n'est efficace qu'en cas de rigidité du salaire nominal. Elle est inefficace en cas de rigidité du salaire réel. Son influence sur l'output est laminée par l'indexation du salaire sur les prix. Le rôle de la monnaie, et par là même sa valeur dans l'affaiblissement du pouvoir d'achat des salariés, est évoqué implicitement dans les écrits de Sachs.

Nous pensons que l'expansion de l'offre de monnaie, toutes choses restant égales d'ailleurs, déprécie la valeur de la monnaie.

Bruno et Sachs (1979) suggèrent que lorsque le salaire réel est influencé par les fluctuations de l'offre et de la demande de travail, une relance budgétaire ou une expansion de la demande étrangère augmente l'output et par là même le salaire réel via la hausse de l'offre de travail. L'augmentation du salaire fait fléchir l'output, affaiblissant l'impact qu'a eu ce dernier sur les multiplicateurs budgétaires et la demande étrangère. Les deux modèles de 1979 et 1980 pris ensemble constituent le kaléidoscope qui fournit des images variées d'une même analyse macroéconomique visant à expliquer la baisse des profits par une hausse des salaires réels plus que proportionnelle à l'évolution de la productivité. La thérapeutique fournie par l'auteur consiste à privilégier l'utilisation de la politique monétaire comme moyen de rompre les rigidités des salaires via des canaux de transmission comme les prix et les taux de change flexibles. Des effets bénéfiques dans ces conditions sont à escompter pour l'offre agrégée. Il est à craindre « une réaction des salariés visant le maintien de l'indexation des salaires sur les prix ».

Nous pourrions adresser à cette conception plusieurs critiques. La variation du salaire réel entraîne effectivement celle du profit à condition que toute chose reste égale d'ailleurs. S'agissant d'une analyse qui porte sur une dynamique qui s'étale sur plusieurs années, un facteur important s'intercale entre la part du travail dans la valeur ajoutée et la variation du profit : ce sont les investissements et les changements technologiques, facteurs d'amélioration de la productivité. Le commentaire de Branson sur l'article de Sachs (1979) est assez révélateur. Il affirme que le ralentissement de l'investissement en Europe depuis le début des années 1970 a réduit la croissance de la productivité et a engendré une insuffisance de capital empêchant d'atteindre le plein-emploi. Il cite un article de Halttunen et Warner (août 1979) qui montre au travers de certains calculs que la baisse cumulative de l'investissement a créé une inadéquation entre le stock de capital et l'output de plein-emploi.

On se demande pour notre part s'il ne s'était pas agi d'une volonté délibérée à la fois des opérateurs économiques privés et publics d'empêcher le plein-emploi pour contribuer à réduire le salaire réel afin de relever le profit. Il y a eu certainement un phénomène de dévalorisation/désaccumulation du capital qui a joué en faveur d'une confrontation de la baisse tendancielle du taux de profit. Sachs lui-même reconnaît le rôle du faible niveau d'investissement dans les années 1970 et promet d'approfondir cette question dans un travail ultérieur. L'utilisation de la politique monétaire et du taux de change paraît davantage comme un moyen de rétablir le profit en réduisant le salaire réel après l'échec du mode de régulation capitaliste de l'après-Keynes.

Autre critique fondamentale, l'absence d'une référence claire à un statut de la monnaie. Il est question d'offre de monnaie, d'équilibre du marché de la monnaie, de choc monétaire, alors que s'il y avait une définition claire de la monnaie, les interactions entre salaire-prix-profit-taux de change seraient mieux appréhendées. Il s'agirait surtout de reconnaître à la monnaie une valeur. L'effet de la politique monétaire sur les salaires réels via les prix et les taux de change passe, à notre avis, par une variation de la valeur de la monnaie. De même, les politiques anti-inflationnistes apprécient la valeur intrinsèque de la monnaie avant d'accroître le change. Ce type d'orientation est autorisé dans un climat social calme et lorsqu'il n'est pas besoin d'utiliser la politique monétaire (à la faveur de SH 8) pour réduire le salaire réel.

Il est à remarquer ici le rôle important de l'État dans le processus de régulation des salaires et des profits. L'absence d'un statut de la monnaie ne permet pas de lever l'ambiguïté sur le passage de l'illusion monétaire née des chocs exogènes (SH 8) à la dépréciation du salaire réel. Les prix et le taux de change sont considérés comme étant des canaux de transmission à travers lesquels des changements monétaires transitent vers la demande de produits domestiques. Le taux de change permet à la politique monétaire d'agir sur la demande globale en la déconnectant de la pression inflationniste. Ainsi, le processus d'ajustement à partir du point B (équilibre de court terme du marché des biens) vers le point C (point d'équilibre de long terme) se fait après la résorption d'un excès de demande de biens consécutivement au fléchissement du taux d'intérêt domestique et à la dépréciation du taux de change. Celle-ci est utilisée afin de réduire les prix relatifs des biens domestiques pour relancer la demande globale. Au point B, c'est la hausse de prix qui permettra la détérioration des encaisses réelles, d'où la recherche par les particuliers de reconstitution de leur demande de monnaie. Le taux d'intérêt domestique va s'accroître, ce qui induira des entrées de capitaux étrangers et appréciera le taux de change.

Au total, l'équilibre à long terme est atteint lorsque les variations du taux de change et du taux d'intérêt sont exactement proportionnelles à celles de l'offre de monnaie. Enfin, la solution préconisée par Sachs (mai 1987) et Sachs (1990) pour que les gouvernements ne financent plus les déficits budgétaires en faisant tourner la planche à billets est d'entamer un processus de libéralisation et de réformes comme dans le cas bolivien. Krugman lie, comme Dornbusch, taux de change et actifs financiers, mais ces derniers sont définis comme une forme de richesse, c'est-à-dire une façon de transférer un pouvoir d'achat du présent vers l'avenir. La monnaie est un actif et de ce fait elle est échangeable contre la monnaie d'un autre pays (Krugman et Obstfeld, 1994).

In fine ce ne sont pas les fondements économiques qui priment dans la détermination du taux de change, mais bel et bien les rendements attendus des dépôts dans les différentes devises. On est donc dans une optique financière, même si les fondamentaux sont évoqués. Évidemment on peut toujours forcer l'analyse en faisant prévaloir que la demande de monnaie s'explique par des motifs de transactions et de précaution. Mais Krugman (1989) juge le marché des changes comme étant instable et donc on peut supposer que ce sont les comportements spéculatifs qui prédominent. Il y a comme une autonomisation de ces derniers par rapport aux réalités économiques. Ces points de convergence entre le marché des changes et le marché des biens et services passent exclusivement par le marché de la monnaie. Krugman émet des doutes sur la capacité des marchés financiers internationaux à transférer des ressources comme cela est supposé le plus souvent. Il y a aussi un doute sur l'efficience des marchés financiers.

Toutes choses égales par ailleurs, une augmentation permanente de l'offre de monnaie d'un pays provoque une dépréciation proportionnelle à long terme de la monnaie par rapport aux devises étrangères. De même, une diminution permanente de l'offre de monnaie d'un pays engendrera une appréciation proportionnelle à long terme de sa monnaie par rapport aux devises étrangères. Une dépréciation réelle de la monnaie d'un pays augmente la demande globale pour la production de ce pays, une appréciation réelle diminue en revanche la demande pour la production du pays. L'augmentation du taux de change nominal rend les biens et services étrangers plus coûteux par rapport aux biens et services domestiques. Un point intéressant est le lien établi entre l'équilibre de l'économie dans son ensemble et l'équilibre sur les marchés d'actifs aussi bien que sur le marché des produits.

L'équilibre à court terme requiert l'équilibre sur le marché des produits simultanément à l'équilibre sur les marchés des actifs, de telle façon qu'il y ait compatibilité avec le taux de change et le niveau de production. « Pour que les marchés des actifs restent en équilibre, l'augmentation de la production intérieure doit être accompagnée par une dépréciation. » Il y a quelques incohérences à relever. Le taux de change est relié à la production via l'offre et la demande de monnaie.

Par conséquent, la conjonction des points d'équilibre entre le marché des changes et le marché des biens et services passe exclusivement à travers le marché de la monnaie. Les auteurs définissent correctement une liaison entre taux de change et richesses, qui serait la représentation d'un actif. Dans tout le processus de détermination du taux de change, on ne sent pas un ancrage réel qui pourrait assurer sa stabilité. Krugman (1989) assure ne pas connaître le taux de change d'équilibre. Une chose est sûre, P. Krugman est résolument contre les taux de change flottants, après en avoir été un adepte.

Taux de change et contrainte extérieure

Dornbusch (1980) met en relief d'autres facteurs de perturbation comme les *news*, le compte des transactions courantes et les facteurs cycliques. Il n'y a pas de rupture par rapport à Dornbusch (1976a) et Dornbusch (1976b).

L'équation précédente suggère qu'en cas de surplus non anticipé, il y ait appréciation du taux de change et *vice versa*. Il s'agit bien d'une relation négative entre le compte des transactions courantes et le taux de change, alors qu'une hausse non anticipée de la demande domestique se traduit par une dépréciation. Les chocs exogènes d'ordre financiers et réels non anticipés provoquent des mouvements non anticipés du taux de change.

La mesurabilité des erreurs de prévision et des anticipations constitue une limite qui empêche la vérification empirique du modèle. Les hypothèses et postulats avancés par Dornbusch assurent la stabilité des taux de change. L'efficience des marchés d'actifs (DH 16), les anticipations rationnelles

(DH 14), la parfaite mobilité des capitaux (DH 2) et la substituabilité des actifs domestiques et étrangers (DH 9) permettent des choix de portefeuilles stabilisateurs pour les taux de change. En effet, ces derniers opèrent selon des processus d'arbitrage équilibrants.

Ainsi, une dépréciation du taux de change améliore la balance commerciale (la condition Marshall Lerner étant remplie). Néanmoins, l'accroissement du revenu faisant suite à une hausse des exportations entraînera un accroissement des importations. Une dépréciation du taux de change ne pourra exercer une influence positive sur la balance commerciale que si les prix des biens domestiques baissent. Un comportement de marge de la part des exportateurs est implicitement supposé. Plusieurs travaux (Métric-INSEE, 1976) ont montré pour le cas français une relation non proportionnelle entre dévaluation et prix relatif des biens domestiques. Les exportateurs, pour améliorer leur rentabilité, doivent baisser leurs prix relatifs. Selon Dornbusch, si les conditions énumérées par le modèle sont respectées, une dépréciation aura des effets sur les termes de l'échange, déprimant de cette manière le pouvoir d'achat des biens nationaux ainsi que le niveau de vie. Cependant, la rigidité du salaire réel altère le bon fonctionnement de ce mécanisme.

D'après le modèle de Dornbusch (1976a), la demande de biens échangeables est fonction du prix relatif des biens échangeables Pt/p, du taux d'intérêt r (qui détermine l'absorption pour le niveau donné de revenu réel) et du niveau de dépenses gouvernementales en biens non échangeables.

En partant de l'équilibre monétaire et d'arbitrage des rendements nets anticipés, supposons que l'on est en présence d'une expansion monétaire (figure 1.10.). Un tel choc exogène se traduirait par un déséquilibre sur le marché des biens et celui de la monnaie. L'expansion monétaire est amortie par les variations des prix et des taux de change, ramenant ainsi le marché des biens et celui de la monnaie à l'équilibre.

Le processus d'ajustement repose sur la différence d'ajustement entre les différents marchés. L'équilibre sur le marché des biens n'est atteint qu'à long terme en introduisant des variations des prix. Un niveau de prix en dessous du niveau du long terme implique un excès de demande de produits domestiques et un prix relatif bas. Les bas taux d'intérêt expliquent la hausse des prix et par là même une baisse de l'excès de demande de titres et de l'offre de monnaie. L'impact de l'expansion monétaire se traduit par une dépréciation du taux au comptant. En effet, si les agents restructurent leurs avoirs (par acquisition de titres étrangers), le taux d'intérêt fléchit. Il en résultera une sortie de capitaux suivie d'une dépréciation du taux de change. Si celle-ci est supérieure à la dépréciation à long terme, les agents anticiperont une hausse compensatoire de la baisse du taux d'intérêt sur les actifs domestiques. La figure 8 montre un glissement qui s'opère du point (A) vers le point (B) d'équilibre de court terme. C'est la confirmation de la théorie de la surréaction.

Le modèle de Sachs (1980) a le mérite d'intégrer de façon explicite et simultanée les variables réelles et financières en relation avec le taux de change. Les interactions entre prix, taux de change et actifs financiers sont saisies par l'analyse du marché du travail, même dans une perspective de court terme. Le point central concerne la place des variations des taux de change dans la modification des salaires nominaux, des salaires réels et de l'activité économique. Sachs analyse les effets interactifs entre deux pays. Il y a de ce point de vue une dynamique comparative entre pays sur un point essentiel, à savoir les modes d'ajustement des salaires. Le taux de change sert de régulateur en se dépréciant quand l'économie enregistre un déficit de son compte des transactions courantes et s'apprécie en cas de surplus. À la limite, on peut prêter à l'auteur une arrière-pensée tendant à expliquer les distorsions des taux de change et les difficultés d'arriver à des situations d'équilibre au moyen de politiques monétaires et budgétaires par les rigidités des salaires.

Enfin, la comparaison avec les pays de l'OCDE suggère la réflexion suivante : si l'Europe et le Japon veulent atteindre les équilibres fondamentaux (avec au centre l'accroissement de la profitabilité), ils doivent aligner leurs modes de régulation du marché du travail et du salaire sur ceux existants aux USA. Cette analyse est explicitée de façon plus limpide par plusieurs auteurs. Elle a influencé les travaux de Sterdyniak et Feroldi (1986). V. Levy-Garboua soutient cette thèse et l'expose dans des formulations différentes, notamment dans son ouvrage commun avec Maarek (1985).

Sachs (1981) impute la difficulté à court terme de « baisser » le train de vie du pays alors que les comptes courants accusent d'importants déséquilibres, aux rigidités des salaires réels. Cela est conforme à l'analyse développée précédemment. L'auteur s'empresse ensuite de souligner que les déficits reflètent aussi le recours aux emprunts, qui serait motivé par de nouvelles opportunités d'investissements, ainsi que le développement d'énergies de substitution. À la lecture de son article de 1981, on a l'impression que l'auteur a tout d'abord essayé de régler la position du taux de change dans la configuration générale de la répartition des richesses d'une économie ouverte. Ensuite, il discute de la détermination des fluctuations des taux de change dans le cadre général des volumes et des modalités de répartition des richesses à l'échelle internationale.

Les théories traditionnelles, notamment keynésiennes, lient les surplus du compte des transactions courantes à des situations d'expansion économique, alors que Sachs soutient qu'on peut avoir une relance de l'économie associée à un déficit du compte des transactions courantes. L'explication réside dans l'accroissement du montant de l'investissement.

L'approche de Sachs est originale en ce sens qu'elle rompt avec les idées préconçues sur les déficits du compte des transactions courantes, qualifiées à juste titre par l'auteur de mercantilistes. Un déficit a toujours été confondu avec une surdépense et donc impose un ajustement. L'auteur adopte une autre voie d'analyse du compte des transactions courantes en liaison avec l'épargne et l'investissement. Sa position fondamentale est la suivante : les pays faisant l'expérience d'un boom des investissements nationaux plus que proportionnel aux épargnes nationales connaissent des déséquilibres dans leurs comptes courants.

L'interaction entre l'épargne de l'OPEP dans les années 1970 et l'investissement mondial a plus que jamais marqué les flux du compte des transactions courantes. De toutes les identités du compte des transactions courantes, Sachs choisit la différence entre épargne et investissement comme résultat d'arbitrages intertemporels. L'accent est mis sur les décisions intergénérationnelles et la distinction entre les perturbations permanentes et transitoires. Cette analyse permet de déceler les effets d'une hausse brutale du prix du pétrole sur le compte des transactions courantes et le taux de change, avec des implications différenciées selon que cette hausse est jugée permanente ou transitoire par les agents. Les mouvements de l'investissement orientent les comptes courants des pays non-OPEP, mais ces variations n'entretiennent qu'un petit lien avec le pétrole. Ceci est une négation de l'explication traditionnelle des déficits par les « chocs pétroliers » de 1973 et 1979.

Sachs et Warner (1995) expliquent les causes des déséquilibres internationaux par la domination du secteur public dans le secteur industriel, les rigidités des prix, une forte réglementation et une gestion budgétaire laxiste. Cet article essaye de montrer que le processus d'intégration globale (SH 10) a des effets sur la croissance économique dans les pays qui acceptent de se réformer. De ce fait, la libéralisation des échanges commerciaux influe sur la croissance. Cela passe par plusieurs canaux : une plus grande spécialisation, une allocation des ressources efficientes, une diffusion du savoir-faire international et un renforcement de la concurrence internationale.

L'ouverture des économies implique une convergence des taux vers la croissance. Les taux de croissance des pays pauvres sont plus élevés que ceux des pays riches. Ce que les auteurs omettent de préciser, c'est que ces économies partent de niveaux de PIB tellement bas que leur taux de croissance n'a pas une grande signification. Par ailleurs, ce taux reste insuffisant eu égard aux taux démographiques galopants.

Concernant le poids dominant du secteur public dans l'industrie, on ne peut que constater la faiblesse d'un capitalisme entrepreneurial et la domination d'une bourgeoisie plutôt *compradore*. Le gros de l'industrialisation s'est fait naturellement par l'État, à son initiative et sous son auspice. Sachs et Warner proposent aux gouvernements qui souhaitent l'intégration de leurs économies au système mondial de libéraliser leurs prix et leur commerce extérieur, de privatiser les entreprises publiques, de restructurer leur budget et de déréglementer et déréguler leurs économies, de rendre leurs monnaies convertibles. Dans cette logique en faveur de la libéralisation des échanges, McKibbin et Sachs (1991) ne pensent pas que le protectionnisme américain aidera le pays à réduire son déficit commercial. La stabilisation des taux de change est une donnée nouvelle par rapport aux recommandations du FMI et de la pensée économique dominante. Enfin, la prime sur le marché noir des devises refléterait le degré des restrictions aux échanges extérieurs.

Sachs (1981) va essayer à sa manière d'établir une liaison entre le taux de change et le compte des transactions courantes. Il retient de l'article de Dornbusch et Fischer (décembre 1980) l'idée que les effets de richesses nés d'un déficit du compte des transactions courantes font varier la demande de monnaie.

Une variation des termes de l'échange induit simultanément une hausse des investissements, un déficit et une augmentation des prix domestiques par rapport aux prix étrangers : e augmente si la relance de l'investissement est jugée temporaire. Si la demande d'investissement profite aux biens domestiques, e baissera. Il pourra en résulter un déficit suivi par une dépréciation réelle.

Contrairement à Dornbusch et à Sachs, Krugman ne voit pas dans le taux de change un instrument pour desserrer la contrainte extérieure et pour accompagner les politiques monétaires et budgétaires. Le taux de change devient une contrainte en soi-même. Des taux de change flottants empêchent les entreprises de prendre d'une façon judicieuse des décisions et perturbent grandement les échanges commerciaux.

Devant la difficulté d'instaurer des taux de change fixes, P. Krugman propose, comme compromis entre ce système et les taux flottants, d'instaurer des zones cibles. Si pour Krugman (1989) le taux de change d'équilibre reste indéterminé, voire difficilement cernable, les taux flottants sont foncièrement instables. L'efficacité de taux de change quasiment fixes est appréciée au sein de bandes de fluctuation, en fonction du degré d'intégration, de coordination et de rapprochement entre économies formant l'union monétaire en question.

Le pays considéré pourra également bénéficier du faible taux d'inflation de ses voisins (effet de convergence des prix internationaux). Les coûts d'une adhésion à une zone monétaire sont inversement proportionnels au degré d'intégration économique du pays (la pente de la courbe SS est négative).

Dornbusch, Krugman, Sachs : quels objectifs d'analyse ?

Nous avons pu comparer les hypothèses émises par Dornbusch, Sachs et Krugman dans différents modèles. Il en a été de même des structures de modèles au travers d'une grille de lecture des boucles taux de change-salaire, taux de change-monnaie, taux de change-prix. Des divergences ont été notées à propos des modes de détermination des taux de change chez les trois auteurs. Chacun des auteurs met l'accent sur une variable déterminée au détriment des autres, selon l'objectif d'analyse qu'il s'est fixé. Dornbusch distingue une détermination à court terme par les actifs financiers d'une détermination à long terme par des variables réelles, notamment les prix.

Krugman s'intéresse particulièrement à l'instabilité intrinsèque des marchés et préconise des interventions institutionnelles afin d'en limiter les effets perturbants. Sachs met l'accent sur la boucle salaire-prix-taux de change.

Examinons, dans le détail, les résultats d'analyse de Dornbusch, Krugman et Sachs, en reprenant les mêmes séquences étudiées auparavant.

Prix-taux de change-salaire : quelques remarques

D'après Dornbusch (1976a), la flexibilité du taux de change n'isole pas l'économie des perturbations exogènes, telles que les changements monétaires ou ceux des prix étrangers. La raison réside dans la viscosité des prix ou dans la viscosité des anticipations de taux de change. Ce qui amène Dornbusch à engager des recherches vers deux voies intimement liées : l'analyse de la différence de vitesses d'ajustement entre marchés et, ensuite, le problème de la transmission internationale des perturbations et de leur impact sur les deux secteurs des biens échangeables et des biens non échangeables.

Le modèle de Dornbusch (1976b) retrace l'évolution du taux de change dans le temps. Il montre que le taux de change convergera vers un taux de long terme. Le taux s'apprécie si les prix sont en dessous de leur niveau de long terme et il se déprécie quand ils dépassent leur niveau de long terme. Différentes combinaisons entre prix et taux de change s'expriment sur la courbe d'équilibre des marchés de la monnaie (en vue d'arbitrer entre les rendements anticipés) et celle qui préfigure l'équilibre sur le marché des biens. Pour un niveau donné, le taux de change va s'ajuster instantanément pour réaliser l'équilibre du marché des actifs (équilibre de stock).

Au total, l'équilibre à long terme n'est atteint que lorsque le taux de change et les prix s'accroissent à un taux identique à celui de l'offre de monnaie, le taux d'intérêt étant revenu à son niveau de départ dans la mesure où le taux anticipé est égal au taux réalisé.

La macroéconomique d'une économie ouverte (Dornbusch, 1983) permet d'incorporer ou de négliger le phénomène d'interdépendance et les effets de répercussion. De même que dans la composition des prix relatifs, on peut y envisager la distinction entre biens échangeables et biens non échangeables, prix des biens à l'importation et prix des biens à l'exportation.

La relation taux de change-prix est analysée sous un angle plus proche de la réalité dans les écrits ultérieurs de Dornbusch. Dès février 1992, il écrit ceci :

> Pas de problème d'arrimage du peso au dollar, préférablement sans marges, de façon à gagner le maximum de bénéfices de l'intégration monétaire et de la réduction maximale des taux d'intérêt mexicains. Mais même si le peso est lié au dollar, l'inflation devrait être réduite aux niveaux américains rapidement. Il n'y a aucun intérêt à disposer d'une surévaluation cumulative de style espagnol, dont il est difficile de se défaire et qui fait ralentir la croissance.

Dornbusch ne pense pas que l'inflation soit un objectif en soi et qu'il faille chercher à renforcer la croissance. Il écrit (1993) ceci :

> L'art de la lutte contre l'inflation est de savoir quand il faut s'arrêter.
> Un sénateur américain avisé, répondant à la question qui a été posée au Conseil de savoir quand la guerre du Vietnam sera finie, recommande ceci : déclarer la victoire et partir. Les autorités mexicaines devraient revoir leurs priorités et se diriger vers un modèle où la croissance vient en premier, mais où l'inflation est fermement contenue dans une barrière en dessous de 20 %.

Dornbusch et Werner (1994) préfèrent une dévaluation qui assure la croissance plutôt qu'une surévaluation. La désinflation et la surévaluation sont des mécanismes temporaires qui finiront par causer de grands dommages, Stanley pense que la dévaluation ne peut fonctionner sans risque d'inflation que si les salariés acceptent un blocage de leurs salaires. L'effet d'une dévaluation sur l'inflation dépend également de l'état d'excès de la demande dans une économie. Dornbusch cite l'exemple de l'Italie et de la Suède pour expliquer comment la dévaluation ne se traduit pas par un désastre. Dornbusch (1995) suppose que le salaire ne réagit pas à des changements dans l'output et la profitabilité. Le nombre et la localisation des sociétés industrielles ne sont pas affectés. Une appréciation réelle aura des effets sur la baisse des salaires de ces industries qui perdent leur compétitivité, ce qui provoque le sous-emploi. Les sociétés ferment dans les régions à hauts salaires et se déplacent vers les zones à bas salaires. Ces ajustements à long terme font partie de la macroéconomie de l'ajustement des mouvements du taux de change.

Le nombre des sociétés et leur relocalisation sont endogènes. Une perspective d'analyse microéconomique est utile. Les décisions de prix sont affectées par les localisations possibles des entreprises au niveau international.

La relation taux de change-salaire-prix est récurrente dans les écrits de Dornbusch, Sachs et Krugman. Sachs impute au salaire un rôle central dans la fixation du taux de change, y compris à court terme. Les rigidités salariales en Europe seraient à l'origine des dysfonctionnements des économies européennes et par là même expliqueraient l'instabilité des changes.

Branson a largement développé le modèle de rigidité du salaire réel et le problème de l'interdépendance politique. La comparaison entre la situation de rigidité des salaires réels en Europe est faite quasiment dans les mêmes termes que Sachs. Branson (1983) écrit :

> The structure of labor markets and wage behavior are important in determining the pattern of international transmission of the effects of policy shifts in any one country. In general, countries or areas with experience larger output responses and smaller price responses to demand disturbances than will areas with relatively sticky real wages. Terms of trade effects from an exchange rate change yield output effects even when real wages are stocky by shifting aggregate supply. However, in a fully indexed economy, all prices move with the exchange rate.

Martson (février 1982) examine le choix entre régime de taux de change fixes et régime de taux de change fluctuants en tenant compte de l'indexation des salaires et de la flexibilité des prix. Il en ressort que le comportement des salaires dans l'économie nationale commande les modifications de la production dans les deux régimes. Mais le résultat essentiel est que l'économie nationale est dépendante du degré d'indexation des salaires à l'étranger. Si d'autres perturbations économiques interviennent, c'est le degré relatif d'indexation des salaires à l'intérieur et à l'extérieur qui devient le facteur déterminant dans le choix d'un régime de taux de change.

Il est paradoxal de constater que Sachs, une fois qu'il a donné son interprétation sur le rôle du salaire dans l'ajustement macroéconomique en liaison avec le taux de change, s'engage vers d'autres pistes de recherche en braquant le projecteur sur des phénomènes aussi importants que la relation investissement-compte courant-taux de change. Cela ne doit nullement être considéré comme un point de rupture avec l'analyse précédente (cf. articles de 1979 et juin 1980 de Sachs). Son article de 1981 introduit en effet de nouvelles perspectives pour l'analyse du taux de change, de l'ajustement macroéconomique et du compte des transactions courantes. Il aborde en outre des problèmes importants relatifs à la répartition internationale des richesses avec les conflits entre pays qui la transcendent (sous les hypothèses SH 11 ET SH 10). Cela est à mettre en parallèle avec la principale contradiction interne, qui oppose salaire-profit. Le tout, mis dans le même panier, prétend fournir l'ébauche d'une explication des déséquilibres monétaires et financiers.

On n'est plus dans le stade de l'analyse de la détermination du taux de change d'une économie ouverte, mais on traite de relations macroéconomiques, monétaires et financières à l'échelle internationale. Ce qui est intéressant dans la reprise des textes de Sachs, c'est que celui-ci a mis en œuvre des idées en conseillant aux Polonais et aux Russes la thérapie de choc que l'on connaît (baisse drastique des revenus salariaux réels, flexibilité des prix avec hyperinflation, réduction des dépenses budgétaires et hausse des profits).

Monnaie, actifs financiers : quels résultats d'analyse ?

Si à long terme la flexibilité des prix (DH 10) et des taux de change (DH 17) oriente l'économie vers l'équilibre réel, à court terme, le taux de change et les prix ne neutralisent pas l'expansion monétaire. Selon la théorie monétariste de neutralité de la monnaie, la hausse de la quantité de monnaie est compensée par l'accroissement des prix. On peut également avancer que le stock de monnaie peut être utilisé pour agir sur les prix et rétablir ainsi l'équilibre en cas de perturbations extérieures. S'il est reconnu aux autorités publiques la prérogative d'intervenir sur le marché monétaire (baisser le taux d'intérêt) ou sur le marché des changes (dépréciation de la monnaie nationale), c'est pour que la quantité nominale de monnaie s'accroisse dans la même proportion que la hausse des prix étrangers. Par ailleurs, afin de maintenir l'équilibre du marché des actifs financiers, une hausse de l'offre de monnaie devra être neutralisée par une baisse des prix et/ou par une dépréciation du taux de change. Le nouvel équilibre de long terme du marché des biens et celui de la monnaie sont réalisés lorsque les prix et le taux de change reflètent exactement l'expansion de la monnaie. Ce résultat est autorisé du fait de l'absence d'illusion monétaire (DH 18) et de rigidité des prix à long terme (DH 19).

Le mécanisme qui explique cela est le suivant : une expansion monétaire pousse les agents à anticiper une dépréciation et les titres domestiques perdent de leur attrait au bénéfice des actifs étrangers. Les détenteurs de portefeuilles, en acquérant des titres étrangers, restructurent ainsi leurs avoirs. Plusieurs résultats peuvent se résumer en ces termes :

– La baisse des taux intérieurs favorise les sorties de capitaux, d'où une dépréciation du taux de change.

– La variation instantanée du taux de change permet de réaliser l'équilibre du marché des actifs (équilibre de stock).

– L'équilibre sur le marché des biens n'est atteint qu'à long terme, grâce à la variation des prix.

– Le niveau des prix à long terme dépend de la quantité nominale de monnaie, du revenu réel et du taux d'intérêt.

– Les agents anticipent une appréciation du taux de change, compensant ainsi la baisse du taux d'intérêt sur les actifs et la mobilité du capital, et les anticipations déterminent le comportement de l'offre de monnaie.

Au total, le marché des actifs et le taux de change s'ajustent plus rapidement que le marché des biens et le prix de production domestique. La parité des taux d'intérêt est vérifiée (DH 15). Face à la situation d'instabilité des taux de change, Dornbusch fait les propositions suivantes :

1 — Le deutschemark doit occuper une place importante dans le portefeuille des agents, donc une substitution du dollar par la devise allemande ; mais Dornbusch ne dit rien sur la procédure à suivre, doit-on par exemple obliger ou du moins inciter les firmes à facturer leurs exportations ou leurs importations en deutschemark ? L'émergence d'une monnaie unique européenne pose le problème différemment. L'euro serait, d'après ses concepteurs, une monnaie internationale de plein droit pouvant être utilisée beaucoup plus largement que ne l'est le DM dans les échanges de biens et de services, ainsi

que d'actifs financiers. Cela risquerait de modifier les anticipations à faire, de sorte que le rôle d'unité de compte, de moyen de paiement et de réserve de valeur du dollar soit réduit à l'échelle internationale.

2— La politique monétaire doit être utilisée délibérément pour induire des flux de capitaux stabilisants. Les perturbations non anticipées transitoires intervenant sur le compte des transactions courantes, les taux d'intérêt devront s'ajuster de façon à éviter des mouvements erratiques de taux de change. On retrouve ici le principe de la parité des taux d'intérêt (DH 15) et les conditions d'arbitrage entre plusieurs monnaies, mais où la référence à l'intervention de l'État est explicite.

3— Les fluctuations des taux de change sont le reflet des ajustements non anticipés du compte des transactions courantes et des perturbations cycliques. Dès lors, la stabilisation des taux de change nécessite une lisibilité quant à l'environnement politique, afin que les agents supposés rationnels prennent leurs décisions de façon judicieuse.

Ces propositions sont de nature à remédier au fait que les variables appropriées pour expliquer les changements dans les taux de change sont des erreurs de prévision plutôt que des grandeurs réalisées.

Concernant les anticipations rationnelles (DH 14), il nous paraît inexact de supposer que tous les agents disposent de l'ensemble des informations avec la même qualité de traitement. Les stratégies divergentes des intervenants sur le marché des changes faussent le jeu de la circulation de l'information et créent des pouvoirs hiérarchisés.

La relation de la parité des taux d'intérêt (DH 15) n'est pas toujours étroite et directe, elle est souvent biaisée par les taux d'inflation et les politiques monétaires et industrielles des grands pays, USA en tête. L'hypothèse de la mobilité parfaite du capital (DH 2) considère les actifs comme étant homogènes sans détailler la distinction entre liquidités, titres financiers et titres portant capital physique. Cela renforce l'hypothèse implicite d'homogénéité des comportements des agents.

On a l'impression qu'en dernière analyse, il y a deux actifs (domestique + étranger) et un seul agent qui pratique l'arbitrage d'intérêt couvert afin de maximiser ses gains. À l'issue de l'examen des comportements des modèles face à des perturbations exogènes, on peut avancer que les phénomènes monétaires et financiers agissent sur les phénomènes réels et les impulsent, avec le postulat important de neutralité de la monnaie à long terme, qui fournit une indication sur le statut de celle-ci. L'introduction de variables réelles dans la détermination du taux de change à court terme dans les écrits ultérieurs de Dornbusch laisse planer des ambiguïtés quant au sens de causalité au sein des relations entre le taux de change, le salaire et le compte des transactions courantes. Dornbusch (1987 et 1995) rappelle que la déconnexion des variations de change et l'évolution des fondamentaux restent difficiles à expliquer en théorie. Les recherches s'orientent également vers la prise en compte de la microéconomie. Les clivages des années soixante entre keynésiens et monétaristes laissent la place à un renouvellement de la théorie, davantage tournée vers les considérations relatives aux anticipations et aux choix de portefeuilles. De ce point de vue une dépréciation serait un moyen de corriger une hausse de l'offre relative des titres domestiques en réduisant leur valeur en monnaie étrangère, restaurant ainsi l'équilibre de portefeuille à différentiel de rendement inchangé (*ibid.*).

Contrairement à Dornbusch, Sachs met plutôt l'accent sur la boucle salaire-prix, pour analyser le comportement du taux de change. La monnaie et les actifs financiers n'ont qu'un rôle supplétif par rapport aux variables salaires et prix. Il n'y a pas de séparation à court terme (détermination financière) et long terme (détermination réelle). Le modèle de Sachs (1980) présente une fonction de demande de monnaie qui inclut la structure du marché financier et l'arbitrage d'intérêt. La demande de monnaie est conditionnée par la croissance de la production domestique (SH 12) et/ou de la détention de titres. La demande de monnaie est inversement proportionnelle au taux d'intérêt domestique (SH 13). L'arbitrage d'intérêt couvert est donné par l'égalité entre le taux de dépréciation anticipé et le différentiel de taux d'intérêt (SH 14).

La détention par les résidents de titres libellés en monnaie étrangère varie en fonction de la balance commerciale et du compte service de la dette. La variable salaire joue un rôle essentiel dans la réussite de la politique monétaire. Celle-ci est efficace en cas de rigidité du salaire nominal (en autorisant une dévalorisation du pouvoir d'achat à la suite d'une augmentation des prix), mais reste inefficace dans le cas d'une rigidité du salaire réel. La production n'est pas affectée favorablement par la politique monétaire si les salaires sont indexés sur les prix. L'utilisation de la politique monétaire et du taux de change paraît davantage un moyen de rétablir le profit en réduisant le salaire réel après l'échec du mode de régulation capitaliste de l'après-Keynes.

La principale critique que l'on peut adresser aux développements précédents est l'absence d'une référence claire à un statut de la monnaie. L'effet de la politique monétaire sur les salaires réels, via les prix et les taux de change, passe par une variation de la valeur de la monnaie.

Le taux d'intérêt international, qui commande le taux d'intérêt national et qui est supposé exogène, commande dans une large mesure la production mondiale et les marchés de capitaux. La baisse du taux d'intérêt international r* peut expliquer la hausse de l'investissement, qui accroît les importations en pétrole (et donc, élève le prix du pétrole). Le réglage de l'équilibre du marché mondial des capitaux est soumis à quelques conditions supplémentaires :

– L'investissement international est égal à l'épargne internationale.

– La somme des surplus des comptes courants est égale à zéro.

– L'offre de l'output international est équivalente à la demande de l'output international.

Cela suppose que tous les pays participent, sans restrictions ni contrôles, aux transactions du marché international des capitaux, ce qui est extrêmement simplificateur de la réalité. Si l'on compte les ex-pays socialistes, la Chine, et un nombre important de pays qui imposent un contrôle sévère à la circulation des actifs financiers, il ne reste pas grand-chose pour valider ces considérations. En outre, l'auteur appuie son analyse sur l'hypothèse qu'il n'y a qu'un seul taux d'intérêt mondial (SH 15) qui s'applique à tous les pays, alors qu'il existe plusieurs taux d'intérêt, certes interdépendants, mais ne variant pas dans le même sens instantanément et dans les mêmes proportions. Ces arguments interdisent d'affirmer, comme le fait l'auteur, qu'une baisse du taux d'intérêt international entraînera (de façon quasiment uniforme) une hausse de l'investissement et de la consommation dans différents pays, ce qui entraînera une baisse de l'épargne mondiale et une hausse de l'investissement mondial, jusqu'à ce que les marchés de biens et de capitaux s'assainissent. Ce raisonnement ouvre la voie à la considération que le taux d'intérêt mondial peut changer par suite de fluctuations affectant soit le prix international d'un bien, soit la répartition des richesses et des capitaux dans le monde. Prenons l'exemple d'une hausse du prix du pétrole jugée permanente par les agents. Le mécanisme est simple (il est même mécanique).

La hausse de prix accroîtra le surplus désiré des pays importateurs de pétrole et leur investissement baissera (à cause de la complémentarité entre capital et pétrole). La demande de consommation et d'investissement s'amenuise, avec comme conséquence immédiate une baisse du taux d'intérêt mondial r^* et un transfert de richesse vers l'OPEP. Sachs s'appuie, pour conforter son argumentation, sur une étude effectuée par James Wilcox, test à l'appui, sur le rôle des prix à l'importation dans la détermination du taux d'intérêt nominal des États-Unis dans la période 1972-1978. Grâce à une régression des taux d'intérêt nominaux sur l'inflation anticipée, les variables monétaires et le prix relatif des importations, Wilcox montre une importante relation entre les prix à l'importation réels et le taux d'intérêt à anticipations tenues constantes. Après ces analyses, des éléments supplémentaires sont introduits pour reforger la théorie du compte des transactions courantes. J. Sachs semble introduire progressivement et à chaque étape de l'analyse une ou plusieurs difficultés supplémentaires.

Le taux de change est défini par Krugman comme étant le prix de la monnaie d'un pays exprimé par rapport à la monnaie d'un autre pays. Il est le prix d'un actif. Le taux de change se comporte selon les mêmes principes qui gouvernent l'évolution des autres actifs.

Il est intéressant de voir ces auteurs lier actifs et fondements économiques. En effet, un actif se définit comme une forme de richesse, c'est-à-dire une façon de transférer un pouvoir d'achat du présent vers l'avenir.

> Le prix auquel se vend l'actif aujourd'hui est donc directement lié aux biens et aux services que les acheteurs s'attendent à obtenir dans l'avenir avec cet actif [...] tout comme les prix des actions Microsoft vont immédiatement augmenter si les nouvelles quant à ses perspectives d'avenir sont bonnes, de même les taux de change répondent immédiatement à toute information concernant les valeurs futures des monnaies. (Krugman & Obstfeld, 1994.)

Ces arguments paraissent contradictoires lorsque les auteurs examinent les conditions d'obtention d'un équilibre sur le marché des changes. En effet, le taux de change auquel le marché s'établit est le taux auquel les opérateurs acceptent de détenir les offres existantes de dépôts dans les différentes devises. Du fait que, d'après les auteurs eux-mêmes, le risque et la liquidité des actifs sont, en plus de leurs taux de rendement réels attendus, deux éléments importants dans la décision d'un épargnant ; ils révèlent que le comportement sur ce marché est aléatoire, et donc soumis aux fondements réels. Pis encore, les auteurs arrivent à une conclusion pour le moins paradoxale : une dépréciation du dollar par rapport au DM rendrait les dépôts en DM moins intéressants par rapport aux dépôts en dollars (en réduisant le rendement attendu en dollars des dépôts en DM). Au contraire, une appréciation du dollar rend les dépôts en DM plus intéressants. Il est supposé que le taux futur attendu entre dollar et DM et les taux d'intérêt restent inchangés.

Une dépréciation en dollars signifie que la devise américaine ne se déprécierait que d'un petit pourcentage, pour atteindre le niveau futur attendu, qui a été fixé si le taux de change anticipé entre le dollar et le DM ne change pas ; alors que le dollar se déprécie à l'instant t, la dépréciation enregistrée à l'instant t +1 du dollar par rapport au DM diminue ou inversement. L'appréciation future anticipée du dollar par rapport au DM augmente. Comme les taux d'intérêt sont aussi fixés, la dépréciation actuelle du dollar rend les dépôts en DM moins attrayants, par rapport aux dépôts en dollars. Les taux de change subissent l'influence des facteurs qui altèrent les taux attendus de rendement des deux actifs que sont les monnaies. Les changements dans le taux d'intérêt et dans les attentes futures sur les taux de change courants jouent un rôle essentiel : « [...] toutes choses égales par ailleurs, donc, un accroissement de l'intérêt payé sur les dépôts en une devise provoque une appréciation de cette devise par rapport aux autres devises » (Krugman & Obstfeld, 1994). La condition de parité d'intérêt doit être remplie afin que le marché des changes soit en équilibre, de même que les taux de change actuels influencent le rendement attendu des dépôts en devises.

Les taux de change s'ajustent constamment, de façon à maintenir la parité d'intérêt. En poussant plus loin leur raisonnement, Krugman et Obstfeld (1994) vont chercher les liens : taux d'intérêt, taux de change et autres variables macroéconomiques, telles que le taux d'inflation et la production. Les taux d'intérêt d'équilibre sont déterminés par l'égalité de l'offre et de la demande de monnaie.

Toutes choses égales par ailleurs, une augmentation du taux d'intérêt provoque une baisse de la demande de monnaie. Une augmentation de la valeur moyenne des transactions effectuées par un ménage ou une firme fait croître sa demande de monnaie. La demande globale de monnaie est, en fait, la somme de toutes les demandes individuelles de monnaie. Cependant, Krugman et Obstfeld (1994) sont plus explicites sur le mode de détermination des taux de change et sur le taux d'équilibre.

Trois facteurs principaux déterminent la demande globale de monnaie :

– En relation négative : le taux d'intérêt.

– En relation positive : le niveau des prix d'un panier de référence de biens et services exprimé dans la monnaie domestique, en relation positive avec le produit national en termes réels. L'augmentation de PNB génère une augmentation dans la valeur réelle des transactions, et par là même un accroissement de la demande de monnaie.

Mais l'alternative à un tel système paraît peu claire. La praticabilité du système de taux fixes est étroitement liée au degré d'intégration des économies des pays qui souhaitent en faire partie :

> Les coûts et bénéfices pour un pays de rejoindre une zone de taux de change fixe, comme le SME, dépendent de la mesure dans laquelle son économie est bien intégrée à celle de ses partenaires potentiels. L'analyse qui conduit à cette conclusion est connue sous le nom de Théorie des aires monétaires optimales. (Krugman et Obstfeld, 1994.)

Un pays, lorsqu'il fixe son taux de change par rapport aux monnaies d'une aire de taux de change fixes, amplifie le gain d'efficience monétaire si son intégration économique atteint un degré élevé.

Chocs exogènes et taux de change : les conclusions

Dornbusch (1976a) traite de la transmission internationale des perturbations et de leur impact sur les deux secteurs des biens échangeables et des biens non échangeables. Il exclut toute possibilité d'utiliser les restrictions réglementaires (les taxations, les mesures tarifaires) afin de stabiliser les taux de change. Cette position ne peut être considérée comme un appel à la non-intervention institutionnelle. Bien au contraire, l'« interventionnisme » de Dornbusch découle logiquement de sa conception de la volatilité intrinsèque des taux de change et constitue une révélation inavouée de l'incapacité des marchés à sécréter des forces suffisantes à leur autorégulation. On est loin, il est vrai, des considérations monétaristes du caractère stabilisant des taux de change flexibles.

Dornbusch (1986) suggère que les taux de change peuvent fonctionner convenablement si les perturbations financières sont identifiées et accompagnées par une intervention stérilisante et lorsque les perturbations réelles peuvent être accompagnées par des changements des taux de change réels compatibles avec le plein-emploi. Même si ces conditions ne sont pas remplies, il y a à long terme des bénéfices à utiliser le système des taux de change flexibles. Mais à court terme, les coûts peuvent être élevés en raison de la grande flexibilité du taux de change. Par ailleurs, Dornbusch (1986) admet les limites des politiques actives qui ne peuvent empêcher qu'un pays ne contamine un autre quel que soit le régime de change. Cette répercussion exogène altère l'emploi et par là même le revenu réel. Les effets des taux de change fixes et flexibles diffèrent et sont influencés par la structure économique domestique (*ibid.*).

La différence dans les vitesses d'ajustement entre le marché des biens et le marché des actifs, les perturbations dues à des erreurs de prévision, la création d'un double régime de change expriment l'impuissance à retrouver l'équilibre de façon automatique.

À la fin de ce parcours, on est en droit de se demander si la stabilité du taux de change est un moyen ou un objectif en soi. La réponse à cette question soulève d'une façon plus aiguë l'autre détermination du taux de change de façon globale, macroéconomique, grâce au renversement des sens de causalité des relations entre variables. Si par exemple, on dit que la dépréciation du taux de change sert à abaisser le salaire réel face à sa rigidité, n'est-ce pas suggérer que le taux de change est en partie déterminé par les conditions du marché du travail ?

Sachs (1981) explique que les effets dépressifs sur l'investissement d'un choc pétrolier tendent à améliorer le compte des transactions courantes à la fois pour les exportateurs et les importateurs de pétrole. Cela infirme l'explication traditionnelle des déficits par la hausse du prix du pétrole, ce qui ne signifie pas la neutralité de celle-ci. Les importateurs reportent une partie de la contrainte sur la deuxième période s'ils jugent que le choc pétrolier ne constituera pas dans le futur un lourd fardeau. Les pays risquent d'avoir un déficit du compte des transactions courantes, conformément au modèle développé précédemment. Afin que cette analyse soit plus complète, il est nécessaire d'introduire le taux d'intérêt parce qu'il joue un rôle dans les choix d'investissement et dans la distribution internationale des capitaux et des richesses.

L'auteur va de paradoxe en paradoxe dans l'explication des mouvements du compte des transactions courantes en transperçant les idées reçues qui établissent des liens mécaniques avec les prix du pétrole, l'output et la demande. Il prend deux catégories de pays ; les pays à ressources riches et les pays à ressources pauvres. Il est supposé que les résidents des deux types de pays ont la même fonction d'utilité et partagent la même technologie, mais n'ont pas la même production en pétrole. Deux scénarios sont possibles :

– Si la hausse du prix du pétrole est jugée comme étant temporaire, le pays à ressources pauvres risque d'avoir un déficit de son compte des transactions courantes.

– Si cette hausse est perçue comme étant permanente, l'économie à ressources pauvres peut avoir, comme l'économie à ressources riches, un déficit des transactions courantes. Mais en règle générale, les choses ne se déroulent pas de cette façon, c'est l'inverse qui se produit.

La hausse du prix du pétrole réduit le revenu et la consommation, dans l'économie à ressources pauvres, et l'incitera à stimuler les exportations de biens finales afin de compenser la valorisation des importations de pétrole. Il en résulte une détérioration de ses termes de l'échange et de ses investissements. Déduction importante de cela : le différentiel de performances des comptes courants est expliqué par le différentiel de performances de l'investissement. Après l'analyse théorique, J. Sachs tente de lui apporter un soutien conséquent par le recours à la vérification empirique. En outre, l'importance de l'investissement dans la détermination du compte des transactions courantes de l'OCDE est soutenue statistiquement. L'auteur remarque qu'à l'exception du Japon, la relation entre les taux d'investissement et les positions du compte des transactions courantes de ces pays est négative. Les pays caractérisés par un déficit chronique avaient en moyenne des taux d'investissement élevés par rapport aux pays excédentaires. Jusqu'à maintenant, il a surtout été question de mouvements conjoints entre compte des transactions courantes et investissement.

Pour Krugman (1991), la mobilité du capital depuis les années 1970 est associée aux mouvements de déstabilisation spéculatifs, ce qui éloigne les taux de change des fondamentaux et induit des effets sur l'inflation, l'output et l'emploi. La mobilité du capital résulte d'un système influencé par les perturbations spéculatives. L'intervention de l'État s'impose afin de promouvoir une évolution plus stable.

Nous arrivons au point d'achoppement essentiel qui est la relation entre les changements des taux de change et ceux des comptes courants. La tentative d'établir une liaison entre le taux de change et le compte des transactions courantes n'est pas une nouveauté. Le rôle du compte des transactions courantes dans la détermination du taux de change est suffisamment présent pour interdire toute velléité d'abandon de cette relation. Sachs retient de l'article de Dornbusch et Fischer (1980) l'idée que les effets de richesses nés d'un déficit du compte des transactions courantes font varier la demande de monnaie. La définition du terme déficit pose également problème. C'est en effet plutôt d'une expression relative que du montant, dont il s'agit ici. Un pays est dit déficitaire quand son rapport CC/PNB est inférieur au rapport moyen CC/PNB du groupe auquel il appartient.

En outre, la corrélation entre déficit du compte des transactions courantes et dépréciation ou entre surplus et appréciation, vérifiée pour 70 % de l'échantillon de 49 pays, n'implique pas l'existence de cause à effet ni de déterminisme dans un seul sens. Les pays de petite taille ont un taux de change réel apprécié, allant ensemble avec un déficit du compte des transactions courantes. En outre, les déficits sont associés à une appréciation prévue du taux de change réel résultant elle-même d'une relation de l'investissement. Cela fut vrai pour les USA en 1977-1978.

Enfin, Sachs adresse une critique intéressante à l'effet de richesse tel qu'il a été développé par Dornbusch-Fisher. En effet, l'auteur cite le cas du déficit américain en 1977, qui s'élevait à 16 millions de dollars et qui en fait ne représente que 0,3 % de la richesse nationale ; c'est dire que l'effet de richesse ne peut expliquer la chute importante du taux de change.

Chapitre III

Gestion du taux de change et structures des échanges : quelques interprétations sur les différenciations entre économies

Deux logiques ont présidé aux choix politiques de deux régions : en Asie, il y a eu une promotion de l'exportation, tandis que l'Amérique latine a choisi une politique de substitution aux importations. Même lorsque les pays latino-américains ont adopté des politiques de dévaluation compétitives, ils se sont heurtés à la contraction des monnaies nationales sur les marchés noirs. La différence entre taux de change officiel et taux de change sur les marchés noirs est une taxe imposée aux exportateurs.

Les pays asiatiques ne connaissent pas ou connaissent peu ces phénomènes. Plus généralement, la politique du change et les politiques commerciales influencent différemment et de façon complexe les trois secteurs que sont les biens d'importation, les biens d'exportation et les biens non échangeables. Cela est encore plus vrai lorsqu'il y a des taux de change multiples ou une prime significative du marché noir sur le change officiel. Cette prime, nettement plus importante en Amérique latine, expliquerait l'appréciation réelle dans ces pays. Au total, la gestion du change et les politiques commerciales n'ont pas été utilisées pour stimuler les exportations des pays latino-américains.

Différenciations structurelles et politiques entre pays

Sachs nie l'explication selon laquelle la contre-performance des PAL serait due au poids de l'endettement excessif et aux chocs externes. Les pays d'Amérique latine et les pays d'Asie de l'Est diffèrent non seulement sur le montant des emprunts, mais également sur leurs utilisations.

Sachs (1985) soutient que la gestion du taux de change et le régime d'échange jouent un rôle important dans l'efficience différenciée des économies de l'Asie de l'Est et de l'Amérique latine. Les dévaluations monétaires pourraient aider à stimuler leurs exportations. Sachs (1985) prend comme base de comparaison les situations divergentes entre les pays d'Amérique latine (PAL) et les pays de l'Est asiatique (PAE). Les PAL n'utilisent pas les fonds prêtables en provenance de l'étranger pour développer le secteur des biens exportables pouvant générer des ressources financières pour régler le service de la dette. Alors que le rapport CC/PIB s'élève dans les deux régions, les ratios DT/X et SDT/X divergent.

DT, SDT, X sont respectivement la dette, le service de la dette et les exportations. Cette différence s'impose pour deux raisons :

– Les exportations s'élèvent plus rapidement en Asie de l'Est qu'en Amérique latine.

– La surévaluation des taux de change en Amérique latine encourage la fuite des capitaux.

À la lecture de l'article de Sachs, on ne peut pas dire qu'il y ait vraiment rupture avec ce qu'il a écrit dans le passé. On ne peut pas en effet parler d'une théorie cohérente et uniforme de détermination des cours des monnaies. Le taux de change est présenté comme le résultat des processus d'ajustement des prix et des salaires dans le cadre de l'analyse de certaines inerties frappant les économies. Ensuite, le taux de change est déduit après le développement de la dynamique du compte des transactions courantes.

D'après Sachs (1985), le taux de change est une variable maîtrisable (du moins sur les marchés officiels) qui serait ou devrait être utilisée pour relancer les exportations. Il est vrai que la question de la détermination des taux de change, après avoir connu un boom dans la littérature économique dans les années 1970, se voit traiter dans un cadre général de relations d'interdépendance entre économies.

Si Dornbusch s'accorde avec Sachs sur l'opportunité d'analyser les interdépendances entre économies, il considère au contraire de celui-ci que :

– Les aléas de l'économie mondiale affectent différemment et individuellement les PVD. Ces pays ont des structures commerciales et des taux d'endettement différents.

– Les orientations politiques différentes en matière de commerce extérieur et les politiques budgétaires jouent un rôle dans la différenciation.

– Les économies réagissent différemment aux chocs externes, qui peuvent être différents selon les périodes.

Les politiques mises en œuvre par les pays de l'OCDE peuvent avoir des implications différentes sur le taux d'intérêt et sur le taux de change selon le poids de la dette vis-à-vis des banques ou selon que le pays est exportateur net ou importateur net.

Dornbusch (1985) met l'accent sur les divergences politiques et les différenciations structurelles entre groupes de pays (pays en développement *versus* pays développés) et au sein même de chaque groupe de pays. Le principal point d'achoppement est l'examen des retombées des politiques macroéconomiques des pays de l'OCDE sur les PVD. L'influence d'une croissance aux USA sur les exportations des PVD et les taux d'intérêt qui s'élèvent conjointement en sont une illustration. Dornbusch privilégie trois canaux de transmission des pays OCDE vers les PVD : les prix des biens, les taux d'intérêt réels et les effets quantitatifs des exportations provenant des économies développées sur la condition des débiteurs PVD. Il conclut que l'expansion dans les pays de l'OCDE ou sa contraction ont des effets conflictuels sur les débiteurs des PVD au travers de ces canaux. Par exemple, une expansion des investissements dans les pays de l'OCDE peut favoriser une accélération de la hausse des taux d'intérêt réels et une baisse des prêts aux PVD et une hausse de leur demande d'exportation. L'on peut s'interroger sur l'influence des facteurs externes qui peuvent jouer un rôle directement ou indirectement sur les économies en développement.

Trois propositions sont avancées :

1 — Les PVD pris individuellement sont affectés différemment par l'évolution de l'économie mondiale. Les PVD disposent de structures commerciales et de conditions initiales en matière d'endettement qui sont différentes.

2 — Les différences entre politiques nationales sont importantes ; certains pays poursuivent des politiques commerciales orientées et une modération des déficits budgétaires, alors que d'autres ont des politiques inefficaces.

3 — Les réactions aux chocs externes et aux opportunités offertes par le marché mondial sont différentes. Les PVD

peuvent faire face à un environnement externe différent selon les périodes (taux d'intérêt élevés, taux d'inflation très bas). Reste à évaluer l'impact des différentes combinaisons de l'inflation, des taux d'intérêt et de la croissance de l'OCDE sur les PVD.

Les politiques mixtes des pays de l'OCDE ont différentes implications sur le taux d'intérêt et le taux de change, par le biais des conséquences sur l'échange des PVD et les structures de la dette. Les résultats ne sont pas les mêmes selon que le pays est hautement endetté vis-à-vis des banques ou exportateur net ou importateur de biens. Alors que le rapport entre compte des transactions courantes et PIB s'accroît dans les deux régions, les rapports dette-exportations et services de la dette-exportations divergent.

Cette différence a deux raisons :

– Les exportations augmentent plus rapidement en Asie qu'en Amérique latine.

– La surévaluation des taux de change en Amérique latine encourage la fuite des capitaux.

L'emprunt étranger par les pays d'Amérique latine finance plus souvent l'accumulation par le secteur privé d'actifs étrangers que la hausse des capacités d'exportation. Les fondements des politiques de promotion des exportations en Asie et des politiques de substitution à l'importation en Amérique latine sont d'ordre politique. Les dévaluations monétaires opérées pour stimuler les exportations furent accompagnées par une vente au rabais des monnaies nationales sur les marchés noirs. Les différences importantes entre les taux officiels et ceux pratiqués sur les marchés parallèles ne se produisent pas en Asie. L'écart entre taux de change officiel et taux de change au noir est considéré par Sachs comme une taxe implicite sur les exportations.

La question, au sein des PAL, de savoir s'il faut rejeter ou rembourser la dette induit deux débats : l'un entre le pays et les banques commerciales et l'autre au sein de ces pays entre les tenants du tout à l'export et les politiques favorables aux régimes de substitution aux importations.

Selon Sachs, et en cela, il rejoint les recommandations du FMI, les pays développés prêtent aux PVD si ces derniers s'engagent à investir dans la production de biens échangeables générateurs de recettes en devises afin de mieux assurer le remboursement de la dette. L'allocation des ressources aux biens échangeables et aux biens non échangeables dépend des échanges commerciaux, de la gestion du taux de change et de la gestion de la demande agrégée.

La gestion des taux de change exerce, aussi bien que la gestion des politiques commerciales, des effets différenciés sur les biens importables, les biens exportables et les biens non échangeables.

Ces effets sont amplifiés par l'existence de taux de change multiples ou d'une prime significative sur les devises échangeables sur le marché noir. Le rôle de cette prime est beaucoup plus important en Amérique latine qu'en Asie.

C'est ce qui expliquerait l'appréciation réelle en Amérique latine. Sachs accorde une importance particulière à l'intervention de l'État, non pas quantitativement, mais dans la manière de gérer le taux de change et les politiques commerciales. Il juge mauvaises les politiques suivies dans ce domaine par les pays d'Amérique latine afin de stimuler les exportations.

Seuls les pays ouverts sur l'extérieur avec des exportations de bons produits manufacturés ont pu éviter la crise des années 1980.

Même s'ils font face aux paiements d'intérêts élevés sur leurs dettes, la solidité de leurs exportations leur donne plus de flexibilité pour générer des excédents commerciaux qui permettent le paiement des intérêts (Sachs, 1988).

Sachs trouve que les politiques commerciales suivies par les pays d'Amérique latine ont une relation directe avec la crise qu'ont connue ces pays. Il conclut :

> Tous les pays d'Amérique latine sont jugés comme étant modérément ou extrêmement introvertis, exception faite du Brésil des années 1970 qui a été désigné par la Banque mondiale comme modérément extraverti. Aucun pays d'Amérique latine n'affiche un accroissement du rapport exportations manufacturées/PNB durant les années 1970. (Sachs, 1990, p. 11.)

Cette conclusion se reflète dans les ratios élevés dettes/exportations en Amérique latine. Le ratio dette/gains à l'exportation est un important indicateur de la capacité d'un pays à soutenir des paiements élevés de sa dette extérieure sans une crise majeure.

L'expérience d'un double système de change

Une telle réforme serait utilisée afin de mieux contenir le marché noir des devises. C'est pour cette raison que plusieurs voix se sont élevées en Algérie en faveur d'un système de double taux de change afin d'éradiquer la spéculation sur le marché parallèle des devises.

Même si cette question semble être passée de mode dans les pays développés, elle ne l'est aucunement dans certains pays ex-communistes ou dans les pays en développement.

Le taux de change sur le marché « libre », stimulé par les anticipations des agents opérant souvent sur les deux marchés (les banques, les trésoriers des firmes multinationales), s'écarte du taux du marché officiel. L'écart entre le deutschemark-titre et le deutschemark « officiel » est relativement plus fort que dans le cas du dollar, grâce à l'organisation du système monétaire européen.

La proposition de Dornbusch (1976a) d'instaurer deux systèmes de taux de change, l'un officiel utilisé dans les transactions courantes, l'autre plus libre, qui serait fixé sur le marché des actifs financiers, a été expérimentée en Grande-Bretagne et en France sous des formes différentes et plus récemment en Afrique du Sud.

Les systèmes duaux de taux de change sont établis pour isoler le taux de change utilisé dans les transactions commerciales des fluctuations non prévisibles associées aux flux internationaux financiers spéculatifs. Le système est une alternative à un système de change flottant dans lequel les transactions commerciales sont exclues. C'est une alternative à un régime de taux de change unifié, au sein duquel une sortie massive du capital spéculatif pourrait éliminer les réserves officielles de la banque centrale et entraîner une crise de change coûteuse (Dornbusch, 1976a).

Un système dual peut fournir un degré élevé de stabilité sur le marché des changes commercial (Dornbusch & Hemers, 1985). Dornbusch précise en outre que :

> Le taux de change officiel dual est plus efficient s'il y a une relation fermée par rapport au taux de change libre. De cette manière le système peut isoler l'économie des perturbations financières soudaines ; mais le taux de change peut être altéré lorsque les fondamentaux macroéconomiques changent. (Dornbusch, 1986, p. 28.)

Dans les pays en voie de développement, il existe des systèmes de taux de change multiples, mais il peut y avoir également une dualité du taux de change au noir et du taux de change officiel (F. L. Rivera-Batiz & L. A. Rivera, 1994).

Les deux auteurs rajoutent plus loin que le problème des marchés duaux de change est à analyser à la lumière de l'expérience mexicaine des années 1980. Face à la sortie des capitaux et à l'effondrement des réserves de change, un taux de change dual est institué. Laisser le taux de change financier flotter devrait entraîner des sorties de capitaux et une dépréciation du peso tout en laissant le taux de change qui régit les transactions commerciales bénéficier d'un régime préférentiel fixé par le gouvernement. Ce taux est dévalué selon des niveaux fixes.

Cela n'a pas empêché Banco de Mexico de vendre 800 millions de dollars sur le marché libre afin de soutenir la monnaie mexicaine. Le gouvernement décide alors en 1991 d'unifier le marché des changes.

L'expérience de l'Argentine, telle que relatée par Dornbusch et Pablo (1989, p. 39), se résume en ces termes :

> *The Argentina alters their currency almost as frequently as they change presidents no people on the world take a keener interest in currency experiments than the Argentines.*

Les périodes de contrôle des changes sont à l'origine de la montée de la prime sur le marché noir qui a augmenté de 40 %.

Larrain et Sachs (1991) conseillent aux gouvernements d'établir un taux de change unifié. Afin d'« achever une stabilisation de court terme et des objectifs de développement de long terme, le Pérou doit avoir un système de taux de change stable ».

La politique de change dans un PVD : l'exemple du Mexique

Dornbusch et Werner (1994) illustrent l'expérience mexicaine en matière de politique de change en lien avec les équilibres fondamentaux et financiers. La question du choix du régime de change, de la surévaluation du peso est posée. Cette contribution est fort intéressante compte tenu de l'effort d'analyse engagé par les auteurs sur la situation d'un pays en développement qui présente des similitudes avec le cas algérien. Il s'agit d'un pays pétrolier en pleine expansion économique, avec une dépendance financière internationale notoire. L'Algérie des années 1980 a connu une surévaluation de sa monnaie et un marché noir des devises. Il ne serait pas judicieux, néanmoins, de pousser la comparaison outre mesure.

Des enseignements de cet article peuvent aider à comprendre les politiques de change dans d'autres pays en développement. Dornbusch et Werner constatent de prime abord que la stratégie de stabilisation menée au Mexique a entraîné une surévaluation du taux de change, une situation financière précaire, une croissance insuffisante et des taux d'intérêt réels élevés. Le déficit du compte des transactions courantes s'éleva à 20 milliards de dollars en 1994. Durant plusieurs années, le Mexique a connu un afflux de capitaux qui s'est renforcé à la faveur de l'accord de libre-échange nord-américain (NAFTA). Il en résulta une appréciation de la monnaie en termes réels.

Si un pays emprunte pour investir, l'appréciation réelle de sa monnaie accompagnera ces ressources supplémentaires. Ortis (1994) souligne :

> Il est vrai que la monnaie mexicaine s'est appréciée, mais ce fait est loin d'impliquer une dévaluation importante de la monnaie. Cela dépend de l'équilibre du taux de change réel,

qui est difficile à calculer, et s'ajoute au fait que le peso a subi une dévaluation importante avant le début de l'effort de stabilisation actuelle, ce qui l'avait probablement rendu sous-évalué ; le processus d'appréciation est une conséquence naturelle et non négative au Mexique.

Dornbusch et Werner soulignent à juste titre que les flux de capitaux ne financent pas seulement l'investissement, mais également l'importation de biens de consommation et de biens intermédiaires. La libéralisation du commerce (composante importante de la réforme) serait accompagnée par une dépréciation réelle plutôt que par une appréciation. Les auteurs plaident en faveur d'une dépréciation réelle afin d'améliorer les perspectives économiques de long terme du Mexique et d'assurer les bénéfices de la réforme économique. Afin d'étayer cette proposition, il est rappelé que l'appréciation, durant les années 1980, a renchéri les prix des biens mexicains, aggravé le déficit extérieur et affaibli la croissance. Autres conséquences de l'appréciation du peso : une baisse de l'emploi et une production industrielle en mauvais état depuis 1992. Des données empiriques sont fournies afin de soutenir ces assertions.

Vient ensuite le modèle théorique. Dornbusch et Werner (1994) utilisent deux approches pour caractériser la question du taux de change.

La première approche théorique examine les effets de la libéralisation commerciale et des flux de capitaux sur le taux de change réel dans un contexte d'équilibre. La seconde approche théorique met en relief le lien entre une stabilisation basée sur des politiques de revenus et la surévaluation. Le modèle d'équilibre se focalise sur les interactions entre capital, biens, travail et taux de change durant le processus de libéralisation des échanges.

Plusieurs hypothèses :

H 1 : Le capital est utilisé pour produire les biens échangeables.

H 2 : Les biens non échangeables ou biens domestiques sont produits uniquement par le travail (le travail étant mobile entre différents secteurs).

H 3 : Les fonctions de production sont néoclassiques. Ainsi, la demande de travail dans le secteur des biens échangeables dépend du stock de capital et du salaire exprimé en dollars.

Concernant le marché des biens domestiques, il est supposé que tout le revenu disponible provenant du travail est dépensé et que tout le revenu provenant du capital est épargné et investi dans le pays. La dépense publique G est financée par des emprunts à l'étranger. La demande de biens domestiques est une fonction des prix relatifs des exportations et des importations en termes de biens domestiques. Le taux d'investissement dépend de la profitabilité du capital mis en place.

Le salaire d'équilibre est une fonction positive du capital K et de la dépense publique G en relation négative avec le taux d'imposition sur le revenu t. Le revenu du capital qI (q) s'accroît avec le stock de capital et baisse lorsque les salaires en dollars fléchissent ; le retour sur une unité de capital R (w) s'affaiblit en salaire :

$$qI(q) = KR(W) \qquad (3)$$

Une baisse du salaire sera compensée par une hausse du stock de capital. Ce modèle suppose que les réductions budgétaires entraîneront une dépréciation réelle — s'ensuivra un déclin du salaire exprimé en dollars — cela à court terme. Plus tard, l'accumulation du capital entraînera une appréciation réelle. Comme le capital s'accumule, les salaires réels s'accroissent et le taux de change réel s'apprécie. Ce modèle estime qu'un plus grand accès au marché mondial des capitaux provoque une appréciation réelle. Les revenus des salariés s'améliorent, ainsi que ceux des détenteurs de capitaux. Les recettes d'impôts s'étendent. Dans le cas d'une libéralisation des échanges, le plein-emploi n'est atteint qu'après une dépréciation réelle ou une baisse du salaire exprimé en dollars. Dornbusch et Werner, comme Sachs, lient le salaire au taux de change dans une relation négative.

À la différence des deux premiers auteurs, Sachs pose l'objectif de la disparition des rigidités salariales et d'un amoindrissement des revenus salariaux. L'objectif d'analyse de l'article cité dans cette étude est de vérifier l'utilité (ou l'inutilité) d'une surévaluation en lien avec la croissance, l'emploi et les équilibres extérieurs (l'appréciation réelle du taux de change comme résultante d'une politique de stabilisation de l'inflation se basant sur une politique des revenus et un objectif de taux de change). Au Mexique, de telles politiques sont centrales dans l'affaiblissement de l'inflation, qui a atteint 200 %. La politique des revenus est pratiquée dans le cadre d'un accord appelé Pacto qui concerne les salaires, la productivité, les prix et les taux de change et qui est conclu entre syndicats et gouvernement. La libéralisation des échanges est une autre composante de la stratégie de désinflation en ce sens qu'elle permet une meilleure discipline des prix. Le tableau ci-après montre le processus de désinflation :

Tableau 1 Inflation et dépréciation au Mexique, 1987-1993. (Pourcentage par année)

Année	IPP	IPC	DPIB	IW
1987	145,3	131,8	139,6	128,9
1988	99,3	114,2	99,4	109,7
1989	12,8	20,0	25,9	30,8
1990	22,7	26,7	29,5	30,6
1991	19,1	22,7	21,6	28,4
1992	12,0	15,5	16,2	26,6
1993	6,6	9,8	11,0	16.5d

Source : Banco de Mexico (1993), Indicadores economicos, various issues, and unpublished data from the Mexican Finance Ministry.

IPP : indice de prix produit
IPC : indice de prix à la consommation
DPIB : déflateur du PIB
IW : inflation par les salaires
TC : taux de change
a. moyenne annuelle des gains annuels prévus
b. gains nominaux moyens des produits manufacturés
c. pesos par dollar
d. mesuré d'août en août

Les prix de gros fléchissent plus rapidement que les prix durant les années 1987-1993 en raison du retrait des subventions publiques aux biens de consommation. Le gouvernement utilise la « sous-dépréciation » et s'éloigne de la PPA du taux de change afin de conforter la désinflation. S'il y a fixation du taux de change, le taux d'intérêt nominal décroît et par là même le taux d'intérêt réel, et la demande s'accroît. L'inertie des prix, conjuguée au taux de change nominal fixe, génère une appréciation du taux de change réel. Dans le cas où cette appréciation se poursuit, la hausse de la demande initiale s'essouffle, le taux d'intérêt s'accroît et le compte des transactions courantes s'achemine vers un déficit. Lorsque la déflation participe à la restauration du niveau initial de la compétitivité, l'économie retrouve le plein équilibre.

Le modèle explicite une relation entre l'inflation des prix et l'inflation des salaires et la dépréciation :

(5) $p = a\,w + (1 - a)\,e$

Avec :

p = inflation des prix

w = inflation des salaires

e = la dépréciation du taux de change nominal

a = la part des salaires dans le total du coût de production

L'inflation des salaires est basée sur l'inflation passée et l'output relativement à l'output potentiel :

(6) $W = P - 1 + Kyd$

Avec :

y : déviations de l'output par rapport au niveau naturel

c : paramètre qui mesure la sensibilité des salaires aux conditions cycliques

En combinant les équations 5 et 6, le taux d'inflation actuel est le taux d'inflation passé ajusté du sous-emploi ou de l'appréciation réelle.

(7) $P = P - 1 + acyle + (1 - a)(e - P - 1)$

Cette équation reflète l'effet sur les prix d'un accord patronat, salariés, gouvernement afin de rompre avec le mode d'indexation passé. En outre, le gouvernement intervient sur l'appréciation réelle de la monnaie. Enfin, la faible croissance réduit toute possibilité d'une pénurie de main-d'œuvre. Le taux de change réel et les taux d'intérêt réels sont les principaux déterminants de la demande réelle. Dornbusch et Werner cherchent à comprendre comment les hypothèses basées sur les salaires et les prix peuvent être capables d'expliquer l'ampleur de l'appréciation observée durant le Pacto.

L'équation suivante a été estimée en utilisant des données trimestrielles pendant la période 1984 : 2 à 1993 : 3 :

P - P - 1 = C + d (e - p-1) + f (e - p - 1) D

g (E - P) - 1

La variable D est égale à 1 de 1984 : 2 à 1987 : 4

E : le taux de change nominal (en logs)

P : le niveau de prix (en logs)

c = -0,59

d = 0,66

f = 0,38

g = 0,000 46

La fixation du taux de change nominal contribue considérablement à une désinflation rapide. La fixité des taux de change, conjuguée à une désinflation, contribue à l'appréciation des changes. Si l'hypothèse de surévaluation est admise, le retour à un taux de change réel compétitif est un processus dont la croissance lente et un sous-emploi élevé sont les principales composantes.

Afin de sortir d'une récession prolongée, il est recommandé d'instaurer une réelle dépréciation. La surévaluation est qualifiée d'erreur grave.

Dornbusch et Werner (1994) réfutent la politique de surévaluation et préconisent au contraire une dévaluation porteuse d'une croissance économique. L'effet d'une dévaluation sur l'inflation dépend également de l'état d'excès de la demande dans une économie. Dornbusch cite l'exemple de l'Italie et de la Suède pour expliquer comment la dévaluation ne se traduit pas par un désastre. La relation taux de change-salaires-prix est récurrente dans les écrits de Dornbusch, Sachs (plus prononcée chez ce dernier) et Krugman.

Remarques conclusives

En établissant une grille de lecture des modèles de Dornbusch, Krugman, Sachs, nous avons posé deux types de questions : le processus de détermination du taux de change est-il cohérent ? Quels sont les éléments qu'on peut extirper de ces modèles pour éclairer, soutenir (ou infirmer) nos propositions, exposées brièvement en introduction ?

Dornbusch (1976a) distingue deux voies de détermination des taux de change. La première se fait à court terme par l'équilibre sur le marché des actifs financiers en prenant en considération le rôle des anticipations ; la deuxième prend en considération les variables réelles et monétaires dans une optique de long terme.

Dornbusch (1976b), en supposant que l'équilibre du prix sur les marchés des biens est plus lent à obtenir que l'équilibre sur le marché des changes, conclut que la variation de l'offre de monnaie conduit à un « surajustement » du change par rapport à sa valeur de long terme. La présence de variables réelles et la PPA sont supposées vérifiées dans le long terme. Dans ses modèles des années 1976, Dornbusch n'intègre nullement les variables réelles (compte courant, salaire, prix) dans l'analyse à court terme. Le modèle de surajustement, partant d'un équilibre du marché des actifs, établit une détermination à court terme du taux de change. Un processus de convergence vers un taux d'équilibre de PPA est également mis en évidence. Dornbusch (1976b), en maintenant les hypothèses du modèle de mai 1976, va insister plus particulièrement sur le processus d'ajustement à vitesses différentes des prix et du taux de change (modèle de surajustement).

C'est dans Dornbusch et Fischer (1980) qu'il y a un lien entre la demande d'actifs et le solde courant. Celui-ci se mesure par la différence entre les actifs étrangers détenus et leur niveau d'équilibre stationnaire.

Dans Dornbusch (1980), le compte des transactions courantes joue un rôle central dans la détermination du taux de change. Les perturbations non anticipées du compte des transactions courantes (imputées à des erreurs de prévision commises aussi bien par le gouvernement que par le public) sont à l'origine des mouvements non anticipés des taux de change. Ce qui explique leur instabilité. C'est une rupture avec l'approche monétaire.

Dornbusch et Fischer (1980) et Dornbusch (1980) révèlent quelques incohérences. En effet, les variables réelles (compte courant, salaire, prix) jouent un rôle crucial dans la détermination du taux de change, même à court terme. L'introduction de perturbations monétaires et de prix sert à tester la réaction du taux de change et à évaluer l'impact sur l'équilibre macroéconomique. Dornbusch établit des enchaînements mécanistes ne prenant pas en compte les dynamiques des liaisons réciproques entre variables.

Dornbusch (1980) souligne l'insuffisance de la réponse du taux de change dans le court terme aux perturbations nominales, ce qui engendre leur transmission à l'échelle internationale. Toutes choses restant égales par ailleurs, le taux de change s'élève (dépréciation de la monnaie nationale) lorsqu'il y a expansion de la quantité de monnaie nationale. La monnaie nationale s'apprécie (baisse du taux de change), en cas de hausse de la demande d'encaisses réelles (DH 12). Si à long terme un accroissement de la quantité de monnaie est absorbé par une hausse des prix via le taux de change, celui-ci est considéré à court terme comme un instrument d'ajustement entre actifs domestiques et actifs étrangers en cas d'impulsion monétaire (en présence de DH 9). Néanmoins, le taux de change et le prix seront nécessaires au retour à l'équilibre sur le marché des biens et sur le marché des actifs de façon que l'impulsion monétaire soit épongée.

Branson (1980) note que « les taux de change sont déterminés sur les marchés financiers dans le même sens que le sont les taux d'intérêt » ("Comments about the R. Dornbusch's Paper", in Dornbusch, 1980). Il y a quand même du neuf. En effet, on peut noter une évolution quant à une détermination du taux de change par des variables réelles et monétaires. La flexibilité des taux de change est expliquée par le différentiel des taux d'inflation courants entre pays. Il en va de même de l'absorption et des choix intertemporels de l'épargne et de l'investissement. Dornbusch (1983) est nettement plus explicite quant aux liaisons taux de change, salaire, taux d'intérêt et demande agrégée.

Les taux de change flexibles sont à l'origine de contraintes extérieures dans un contexte d'interdépendances au niveau de l'économie mondiale, alors qu'on en attendait une autonomie de décision — au service des gouvernements — au moins pour l'ajustement interne des économies. La compétitivité externe et donc la demande agrégée et l'emploi sont déterminés par le niveau du salaire et le taux de change. Ainsi, les salaires réels sont réduits à la suite de la dépréciation du taux de change. Dornbusch se démarque du modèle Mundell-Fleming dans la mesure où il admet que des écarts (équivalant au taux de dépréciation anticipé) entre les taux d'intérêt puissent survenir. Un système de double taux de change serait plus proche de la neutralité qu'un système avec un taux libre unifié. Il peut se traduire par une variation conséquente du revenu nominal en réaction à une lenteur de changement du prix relatif.

Dornbusch et Werner (1994) marquent un progrès par rapport à la théorie orthodoxe. La surévaluation n'est pas la parade idéale contre l'inflation. La dévaluation est préférée, car elle assure la croissance plus qu'une surévaluation. La désinflation et la surévaluation sont des mécanismes temporaires qui finiront par causer de grands dommages.

Fischer pense que la dévaluation ne peut fonctionner sans risque d'inflation que si les salariés acceptent un blocage de leurs salaires.

Krugman (1989) soutient des propositions hétérodoxes, telles que l'imparfaite intégration du monde (KH 1), la rigidité des prix en monnaies nationales (KH 2), la préférence des résidents pour leurs propres produits (KH 4). Cela contredit les arguments des « monétaristes globaux » comme McKinnon et Mundell selon lesquels la parfaite intégration de l'économie impose le recours à des mécanismes d'ajustement simples comme la PPA. Krugman suggère que les marchés internationaux des capitaux sont loin d'être intégrés ou efficients. Krugman ne croit pas à un taux de change d'équilibre en raison des fluctuations erratiques des monnaies. Les variations désordonnées des taux de change et leurs conséquences sur l'emploi (en Grande-Bretagne et aux États-Unis) sont l'un des motifs qui incitent à s'interroger sur l'évolution de la valeur d'équilibre d'une monnaie (Krugman, 1989). C'est la raison pour laquelle l'auteur plaide en faveur d'un système de taux de change fixes selon un processus progressif. Un système de taux de change fixes est préconisé en raison des variations déstabilisantes des monnaies.

Krugman (1989), après avoir posé les hypothèses SH 8 et SH 9, écrit : « L'intégration imparfaite est la cause et un effet de l'instabilité des taux de change. » Cette proposition va à l'encontre des arguments des « monétaristes globaux » comme McKinnon et Mundell selon lesquels la parfaite intégration de l'économie mondiale impose l'adoption de politiques simples dans leurs principes, comme la PPA. Des taux de change flottants engendrent une inertie dans les décisions des entreprises et dans les échanges commerciaux. Krugman émet la proposition que la source majeure de l'instabilité du taux de change réside dans l'inconséquence de la politique économique. Il donne comme exemple la combinaison de l'irresponsabilité fiscale US avec la politique monétaire désinflationniste qui a un fort lien avec l'appréciation du dollar dans la première moitié des années 1980. Les variations du prix du pétrole ont joué leur rôle dans les taux de change.

Les États-Unis ont besoin de corriger leur déficit fiscal et l'Allemagne a besoin de réduire son penchant pour l'autopunition (et la punition de ses voisins) par sa politique monétaire. (Krugman, 1989.) Le niveau et la détermination du taux de change – qui correspond à un point d'équilibre au sein de bandes de fluctuations – ne sont pas fournis dans cet article. Krugman évoque la proposition d'un retour à des taux de change plus fixes sous forme de « zones cibles ». Une telle proposition serait un compromis entre les taux fixes et les taux flottants. Les bandes de fluctuations étant déterminées, lorsque le taux de change atteindrait son niveau plafond, le marché s'attendrait à ce que le taux baisse afin de respecter les marges de fluctuations. En tout état de cause, il serait nécessaire de créer les préconditions pour des taux de change relativement stables.

Présenter l'analyse de Sachs relative aux liaisons entre taux de change, salaire et profit est important à plusieurs titres :

– L'auteur s'exprime clairement et sans détour sur les rigidités salariales et la nécessité de les contrecarrer, alors que d'autres modèles (Levy-Garboua *et al.*, 1976, Métric) cherchent un emballage acceptable à leur positionnement.

– Sachs se situe dans la même logique que les théoriciens du FMI en préconisant la désindexation des salaires par rapport au prix afin de restaurer le profit (politique de l'offre).

– Sachs a mis en pratique ses propositions théoriques en Russie et en Pologne notamment.

Pour Sachs, la politique monétaire est efficace uniquement dans le cas où les salaires nominaux sont rigides, alors que l'efficacité de la politique budgétaire est admise en cas d'indexation des salaires nominaux sur l'indice des prix à la consommation. Cela est conforme à SH 9 et SH 10. Pour Sachs, ces résultats sont obtenus uniquement lorsque les salaires réels sont susceptibles d'être altérés par des mouvements de taux de change. Donc ce dernier est un passage quasiment obligé entre les décisions publiques et l'activité économique. L'objectif intermédiaire, si l'on peut dire, est la variation du salaire réel, qui conditionne une variation dans un sens inverse du profit. L'interaction avec les prix est plus ou moins sous-jacente, mais c'est par son biais qu'on obtient une « cassure » dans la rigidité des salaires réels. Sachs remet en fait sur le tapis un débat qui a commencé en 1973 sur l'efficacité de la politique monétaire et/ou budgétaire dans un régime de taux de change flexible.

On peut penser qu'il y a quand même un soubassement idéologique, à savoir une incrimination du salaire réel qui « empêche » par sa rigidité une relance de l'output en présence d'une augmentation de la demande étrangère ou d'une expansion budgétaire. Les enchaînements se caractérisent par une certaine mécanicité dans leurs développements. Au total la politique budgétaire est positive à la fois dans les modèles de salaires nominaux rigides et dans ceux de salaires réels rigides.

Chapitre IV

Quelles politiques des changes et quels niveaux des taux ?

La détermination du taux de change d'après Dornbusch et Krugman révèle une tentative des auteurs de privilégier les déterminants financiers alors que Sachs insiste plus particulièrement sur la rigidité des salaires comme facteur de déséquilibre. Dans le chapitre II, nous voulons mettre l'accent sur le rôle des fondamentaux quant à la fixation du taux de change. Cela vise à conforter notre propre analyse qui impute aux variables réelles la prépondérance dans la fixation du taux de change.

Nous suggérons ensuite que les valeurs relatives des monnaies reflètent les différenciations de structures, de prix et des équilibres monétaires et financiers tant intérieurs qu'extérieurs entre les différents pays. La valeur relative de la monnaie domestique contre la monnaie étrangère f passe par une dynamique de comparaison des valeurs propres ou intrinsèques des deux monnaies considérées.

Nous essayerons de démontrer que la stabilité de la valeur propre de la monnaie est fondamentalement liée à l'évolution de la valeur ajoutée. Les distorsions que connaît celle-ci affectent celle-là.

La difficulté de convertir dans une même unité des grandeurs initialement exprimées en monnaie de chaque pays montre à quel point les taux de change ne reflètent en aucune manière les valeurs des « quantités physiques », même s'ils sont « téléguidés » par celles-ci dans le cas des monnaies convertibles. Cela pose le problème de l'utilisation des monnaies nationales par les banques et les commerçants dans les affaires internationales. La théorie de la parité des pouvoirs d'achat sous-tend implicitement que le taux de change d'équilibre intervient entre les marchandises et les monnaies.

Par ailleurs, le taux de change sert à relier le niveau des prix intérieurs aux prix des marchandises étrangères. Au-delà des fluctuations à court terme des changes, McKinnon suggère une correction d'un ordre de grandeur différent, afin de comparer les revenus nationaux des pays riches et pauvres. Le prix relatif des biens non échangeables, constate-t-il, est beaucoup plus faible dans les pays pauvres que dans les pays riches. Cette constatation n'est pas nouvelle. Les termes de l'échange entre PVD et pays développés sont en effet défavorables aux premiers. Mais McKinnon rajoute :

> [...] en raison du fait que les dépenses de biens non commercialisables s'élèvent à environ 4O % du PNB dans la plupart des pays, une conversion directe fondée sur les taux de change (qui tendent à aligner les prix des biens échangeables) sous-estime largement les revenus « réels » par habitant des pays les plus pauvres par rapport aux pays les plus riches.

En faisant une analyse économétrique de la détermination du taux de change par des variables réelles, Stemitsiotis distingue les facteurs monétaires qui agissent sur le taux de change à court terme et les facteurs structurels qui impriment leurs effets sur le taux de change à long terme. Si nous sommes sceptiques quant à la séparation court/long terme, nous sommes d'accord avec Stemitsiotis quand il considère que les facteurs monétaires et structurels mènent une action simultanée sur le taux de change. Les déterminants réels « expliquent une partie importante du niveau et de l'évolution des taux de change ». (Stemitsiotis, 1992, p 89.)

Nous mettons ainsi l'accent sur les déterminants structurels du change.

Les déterminants structurels du taux de change : quelle norme de change ?

Les relations économétriques établies par Stemitsiotis se veulent générales afin d'expliquer les cas de grands ensembles de pays et non pas des cas particuliers. Les tests portent sur une période très longue (29 à 36 ans) La stabilité des coefficients est vérifiée en définissant des sous-périodes. Parmi les variables explicatives des plus synthétiques qui englobent plusieurs facteurs, est cité le PIB réel par tête comme mesure du niveau de développement. D'autres variables sont considérées comme plus élémentaires. Il s'agit de la productivité relative réelle, de la productivité réelle du secteur manufacturier, du taux d'épargne, des prix relatifs entre secteurs exposé et abrité, de la part de la valeur ajoutée manufacturière dans le PIB, du degré d'ouverture de l'économie et du niveau de spécialisation internationale.

Lorsque des pays à niveaux de développement différents sont examinés, certaines variables explicatives (comme la part de la valeur ajoutée manufacturière dans le PIB) permettent d'appréhender les écarts de prix entre ces pays, mais ce ne sont pas des instruments de détermination des taux de change. L'analyse économétrique de la relation entre taux de change réel et revenu réel par tête se réfère à Ricardo (les produits domestiques seraient plus chers dans les pays les plus industrialisés) et à la PPA (les pays où le revenu est relativement plus élevé ont des niveaux de prix supérieurs aux autres). Les propositions du modèle répondent au système classique à deux pays et deux produits (échangeables + non échangeables).

La relation entre le niveau de développement et le niveau de prix est examinée à la lumière de la comparaison des niveaux de productivité et des facteurs de production les plus disponibles. Le niveau de développement est mesuré par le niveau du revenu réel par tête. Stemitsiotis reprend les données établies par Summers et Heston (1988) : 130 pays sont couverts, se répartissant entre pays à économie de marché (121) et pays à économie planifiée (9), pour la période de 1950 à 1985, et sont exclus de cet échantillon, les pays de l'Est, certains pays producteurs de pétrole et certains pays africains. Les niveaux de revenu et de prix ne sont pas établis dans des conditions de marché normales dans les pays de l'Est. L'Algérie est incluse dans cet échantillon. La qualité des données des pays africains étant insuffisante, certains d'entre eux sont exclus des estimations.

Stemitsiotis (1986), utilisant les taux de PPA fournis par Eurostat pour 324 produits et pour l'année 1980, conclut à la disparité de prix dès que l'on décompose de façon fine les niveaux d'agrégation des produits. Étant donné que les deux tiers du PIB sont constitués par la consommation privée, le niveau de prix de celle-ci est très proche de celui du PIB.

La baisse du niveau de PIB réel par habitant d'un pays fait s'écarter sa structure de prix de la moyenne du groupe de pays. La France, l'Allemagne et la Belgique ont la structure de prix la plus proche de la moyenne. Au contraire de la Grèce, l'Irlande, l'Espagne et le Royaume-Uni.

Les pays les plus industrialisés en Europe bénéficient d'avantages comparatifs dans les secteurs industriels dynamiques (et alimentaires pour certains) alors qu'ils présentent des désavantages dans le secteur des services publics ou privés. Les pays les moins développés connaissent une configuration inverse. Le taux de change réel de la valeur ajoutée manufacturière montre des évolutions divergentes dans le temps.

Le Japon a le niveau de prix de la VA le plus bas au cours de toute la période considérée. Le niveau de prix de la France revient à un niveau intermédiaire après les niveaux élevés pendant les années soixante. Le niveau de prix de la VA allemande est le plus bas parmi les pays européens durant les années 1960, jetant ainsi les bases du développement de ce pays. La tendance s'inverse dans les années 1970 avec une tendance à la désindustrialisation. Le cas japonais combine des niveaux de prix bas et des performances industrielles.

Stemitsiotis (1992) essaye de définir les règles de répartition des déséquilibres à l'intérieur de la zone OCDE, tant externes (soldes courants) qu'internes (taux de chômage). L'inconvénient de cette démarche, à notre avis, est qu'elle raisonne en termes d'ensemble fermé, peu importe s'il y a des déficits ou des excédents par rapport au reste du monde. Les positions asymétriques imposent qu'un pays réalise un fort excédent au détriment d'un autre pays de la zone.

On peut noter la dégradation progressive, mais très marquée du déficit américain. L'Allemagne affiche des excédents grâce au mark fort de 1979 à 1981. La France connaît un équilibre relatif après 1983 suite à un solde négatif dès 1980.

Le Danemark, la Grèce et l'Irlande sont en quasi-déficits permanents. En supposant que le chômage global de la zone est réparti entre les pays proportionnellement à leurs populations actives.

On peut constater une détérioration de la situation des Pays-Bas, de la Belgique et de la Grèce. Au Danemark et en Irlande, une amélioration est enregistrée en fin de période.

Le PIB en valeur internationale, c.-à-d. converti en dollars (au taux nominal), est une mesure du revenu qu'un pays prend en compte :

1) Le niveau relatif de la production réelle d'un pays.

2) Le taux de change réel du pays.

3) L'effet des termes de l'échange.

Cette proposition soulève le problème de la méthode choisie et des implications de politique économique. En ce qui concerne la méthode, on peut citer les postulats suivants :

1 — La qualité de l'explication des écarts des soldes courants importe peu par rapport à l'objectif de calcul du revenu « normal ».

2 — L'échéance privilégiée est le moyen terme qui renvoie aux relations d'ajustement des distorsions du solde courant et celles du revenu en valeur. *A contrario*, le long terme considère la qualité de la spécialisation, de la productivité et le niveau de développement.

3— L'utilisation de la variable « solde courant » repose sur l'hypothèse d'après laquelle plus un pays croît, plus ses exportations diminuent et ses importations augmentent, ce qui provoque un déficit relatif. Une piste est proposée : analyser le commerce extérieur de chaque pays de façon plus affinée en intégrant les réactions différenciées des exportations et des importations à travers l'étude de leurs élasticités respectives.

En ce qui concerne les implications de politiques économiques, il est conseillé aux pays à excédents de relancer leurs demandes afin de relancer leurs importations. Mais on le voit avec l'exemple du Japon qui tergiverse pour augmenter ses importations des pays avec lesquels il enregistre de forts excédents comme les États-Unis.

Par ailleurs, il n'y a aucun pays qui accepterait de réduire sa production, augmentant par là même son chômage. Il y a une ambiguïté — lorsqu'on raisonne au niveau d'une zone, avec la nécessité d'atteindre l'équilibre « zéro » pour toute la zone alors que chaque pays est loin de cette cible. La norme d'équilibre extérieur présente l'inconvénient de se polariser sur un solde du compte courant alors que l'évolution des exportations et des importations peut dénoter une croissance économique saine (cas des importations des biens d'équipements dans une perspective d'expansion économique) aussi bien qu'une récession.

Norme de change et balance commerciale

Stemitsiotis (1992) essaye d'identifier un taux de change d'équilibre extérieur comme variable d'analyse agissant au niveau macroéconomique. En partant de l'année 1970, l'évolution des taux réels qui assurent l'équilibre de la balance commerciale de chaque pays prend en compte la variable croissance.

La balance commerciale se rapproche de la balance courante. Mais l'hétérogénéité des éléments constitutifs de la balance des services ne permet pas de la prendre en considération dans cette analyse.

L'exemple japonais est tout le contraire, le taux réel du yen est surévalué par rapport à la PPA. Les années 1978 et 1986 correspondent à des années de forte appréciation nominale. TVL est sous-évalué par rapport à EQL sur toute la période sauf en 1977-1978. L'appréciation du yen en termes réels est confirmée depuis 1973, assurant ainsi l'équilibre extérieur japonais. Cela témoigne d'une recherche de compétitivité-prix en termes de taux de change de long terme. La configuration française révèle de façon imparfaite une surévaluation du taux de change réel par rapport à la PPA de l'OCDE, sauf pour les années 1983, 1984 et 1985. L'auteur reconnaît le manque de pertinence, imputable aux problèmes d'évaluation de la part de la production française dans l'OCDE, de son modèle dans le cas de la France.

Le cas le plus clair est celui de la RFA, qui présente l'évidence d'une surévaluation du mark en termes réels par rapport à la PPA de la zone OCDE. Les seules exceptions sont les années 1984 et 1985. Le taux de change réel observé est inférieur au taux d'équilibre EQL eu égard aux forts excédents allemands, sauf en 1979-80, quand le mark était très fort.

L'année 1981 est un tournant, grâce à un excédent commercial, mais avec une croissance allemande inférieure à la moyenne OCDE. Le solde déficitaire de la balance des services est un argument en faveur de ceux qui pensent que la réduction des asymétries entre l'Allemagne et les partenaires de l'OCDE passerait davantage par une croissance forte du pays que par une réévaluation du mark. Le cas italien montre une sous-évaluation de la lire en termes réels par rapport à la moyenne de l'OCDE, même si sa valeur se rapproche du taux d'équilibre à l'exception de 1980.

La configuration du Royaume-Uni témoigne d'une sous-évaluation de la livre depuis 1977, par rapport à la PPA, tout en restant proche du niveau d'équilibre. C'est le statut de pétromonnaie acquis en 1978 qui entraîne une surévaluation de la monnaie britannique en termes réels et par rapport à la norme EQL.

Norme de change et production

Dans le débat sur les PAS, on a souligné l'importance du dilemme entre le rétablissement des équilibres commerciaux et financiers et la croissance. Souvent, celle-ci est sacrifiée au nom de la reconstitution des capacités de remboursements des PVD par une réduction de la demande intérieure et une relance des exportations. Stemitsiotis (1992) s'interroge sur le trend de croissance relative qui permet au pays d'atteindre l'équilibre de la balance courante. Ceci en supposant que le taux de change est constant. Des difficultés inhérentes aux calculs du trend de la balance extérieure et le calcul de la trajectoire de croissance ne permettent pas d'appréhender de façon satisfaisante le lien entre taux de change réel et croissance. L'auteur tente d'utiliser des méthodes plus appropriées pour expliquer l'arbitrage entre les excès de croissance par rapport à la tendance d'équilibre et les déviations du taux de change réel par rapport à la PPA de la zone. Le caractère normatif de cette approche est expliqué par l'auteur de la façon suivante : « Si un policy-maker veut savoir la norme de son taux de change, il doit au préalable donner son avis sur la croissance "normale" de long terme. » (Stemitsiotis, 1992, p. 187.)

C'est en déterminant une tendance de croissance de long terme qu'on trouve une norme du taux de change. Par ailleurs, l'excès de croissance, variable clé du modèle, dépend du trend de long terme représentant la « bonne » croissance de long terme, « celle qui équilibre la balance en l'absence de mouvements du taux de change réel ». L'auteur va s'attacher par la suite à appliquer les mêmes grilles de lecture aux « petits pays » de la CEE.

Taux de change et spécialisation

La crise des années 1970 a incité les pays développés à réorienter leurs politiques industrielles. Chaque pays pense résister aux chocs extérieurs par une meilleure spécialisation dans les industries manufacturières. La théorie des créneaux (Lafay, 1974) suppose que la croissance de la demande est très différente selon les produits. Un pays se trouve dans une situation favorable s'il exporte des biens à forte demande extérieure et s'il importe des biens très peu demandés sur le marché domestique.

Nous pensons que le redéploiement industriel ne se fait pas sans douleur ; des pans entiers de l'industrie nationale sont supprimés. Ainsi, des secteurs comme la machine-outil à commande numérique, certains biens d'équipement, ne sont plus produits en France et sont importés d'Allemagne ou d'Italie. Faut-il laisser filer des activités nécessaires à l'industrie nationale au nom d'une meilleure politique des créneaux ? Chercher à échapper à une « contrainte extérieure » par une forte spécialisation qui s'apparente à une politique malthusienne ne peut qu'affaiblir la parité monétaire. La dépendance d'un pays vis-à-vis de l'étranger exerce une pression sur la demande de devises et affaiblit la monnaie nationale. La place occupée par chaque économie nationale au niveau mondial exprime son poids dans le jeu des rapports de force. Le partage international du revenu se reflète dans les mécanismes d'interdépendance qui passent par les différentes relations d'échanges. La marge de manœuvre de chaque pays dans la conduite de sa politique économique est délimitée par la contrainte extérieure qu'il subit. Cependant, il n'y a pas de fatalité en la matière. Une politique industrielle cohérente avec un effort de diversification des activités et de modernisation par des aides à l'innovation et à la recherche permet de muscler l'économie et de desserrer la contrainte extérieure.

Le « redéploiement industriel », la « politique des créneaux », la spécialisation à outrance répondent à la même logique, celle du « tout à l'exportation ». Cette politique non coopérative suppose que l'on gagne ce que le partenaire perd. Autrement dit on est dans un jeu à somme nulle.

Lafay (1981) souligne qu'un pays dont la croissance intérieure est plus élevée que les possibilités offertes par la contrainte extérieure connaîtra une perte de pouvoir d'achat extérieur sous forme d'une dévaluation en termes réels. C'est dire que chaque pays attend que l'autre relance son économie. Les réunions du G7 donnent lieu à des admonestations à l'égard des uns et des autres pour relancer leurs économies. Mais G. Lafay a raison de penser qu'une meilleure cohésion de l'Europe ne pourra résulter durablement que d'une harmonisation des structures nationales et non pas d'une politique volontariste imposant des « règles monétaires » prématurées, au risque de pénaliser les progrès industriels de l'ensemble des pays européens (1981, p. 647). Cette position est toujours d'actualité. L'Europe a pris du retard à cause d'une mauvaise combinaison du capital et du travail et d'une réaction par rapport à l'accumulation qui s'est faite de manière inadéquate.

La « purge » qui a été opérée dans les années 1970 ne s'inspire pas seulement d'une volonté de désaccumulation/dévalorisation du capital, de casser la volonté des salariés d'améliorer leur pouvoir d'achat par substitution, mais aussi des idées malthusiennes véhiculées par le club de Rome. Des économistes continuent à défendre cette conception qui à l'origine plaide en faveur d'une croissance douce, d'un « état stationnaire » et d'une limitation des naissances.

Consciemment ou inconsciemment les théoriciens des institutions monétaires et financières internationales proposent des solutions qui vont dans le sens d'un ralentissement de l'activité et d'une austérité budgétaire.

Mais à l'heure actuelle, les pays industrialisés rivalisent dans l'application de plans de « refroidissement », de « restructuration » de l'appareil productif et « d'austérité ».

Dans une telle situation, chaque pays guette la relance chez le voisin pour écouler ses produits.

Lafay (1982) explique l'intérêt pour un pays de mieux s'adapter à l'évolution de la demande mondiale par l'accroissement de ses exportations de produits d'avenir.

Ainsi, il pourra répondre aux sollicitations de son marché intérieur de ces produits.

S'appuyant sur l'exemple japonais où la spécialisation est prétendument optimale, Lafay suggère que la compétitivité des entreprises sur les créneaux à forte croissance contribue à diminuer la part des importations dans le produit intérieur brut.

L'économie japonaise obtiendrait les meilleurs résultats à l'exportation en raison d'une concentration maximale sur un minimum de produits sélectionnés de façon ciblée. Le modèle japonais est de notre point de vue suffisamment unique pour ne pas s'étendre à d'autres pays. Ce pays est relativement fermé aux importations étrangères, il n'a pas de problème de pénétration de son marché. La réorientation de ses choix industriels ne le dispense pas de continuer à fabriquer les produits les moins rentables afin de satisfaire les besoins de sa population. Un « nationalisme économique fort » fait que ce marché est verrouillé par des intermédiaires qui redistribuent la charge de travail entre PME afin d'éviter leur liquidation.

Taux de change et structures productives

Les contraintes de change exercent une influence certaine sur des agrégats structurels comme la concurrence par les prix, les profits à l'exportation. On peut mettre en relief le rôle du taux de change dans les mutations industrielles. Le degré de spécialisation française est un indicateur de ces changements. À ce propos, un autre débat dans la même lignée d'analyse suggère qu'un pays avec une bonne spécialisation puisse surmonter les contraintes de change et valoriser ses produits à l'exportation grâce à une monnaie forte. Cette idée est reprise et développée dans un cadre plus général qui met en lumière les influences réciproques entre politique monétaire et politique industrielle.

La relation taux de change-industrie, et par là même la valeur ajoutée, la productivité, la spécialisation, paraît davantage univoque. En effet, la valeur externe de la monnaie est perçue chez les auteurs comme un instrument au service d'une politique. L'intervention de l'État dans la gestion de la monnaie est, de ce point de vue, décisive. La politique de change oriente et façonne les choix industriels, la spécialisation, le degré d'industrialisation et plus généralement l'ensemble des paramètres macroéconomiques. D'après cette logique, une régulation monétaire et une gestion commune de la monnaie à l'échelle européenne, dans le cadre du SME, autorisent des transformations de l'appareil productif pour le rendre plus cohérent avec les mutations en cours dans la division internationale du travail. Une telle analyse s'appuie implicitement ou explicitement sur une conception de la monnaie en tant que celle-ci est un pur rapport social et nullement une marchandise. De ce fait, le taux de change n'est pas un reflet des relations macroéconomiques internes, il en est lui-même un des principaux déterminants. Moyen indispensable de la régulation économique, le taux de change est une composante de la politique économique.

Cela étant, la conversion massive d'une monnaie nationale en monnaie étrangère exprime le besoin de la conservation de la valeur en tant que telle. Le soutien sans réserve à la monnaie unique telle qu'elle est prévue par le traité de Maastricht part du principe qu'il suffit de réaliser un accord entre des États pour instituer une monnaie unique, alors que l'on est en présence d'espaces économiques hétérogènes. La monnaie est un instrument de politique économique. Les différences salariales, de prix, de structures productives et réglementaires au sein des quinze sont flagrantes.

Notre position, développée précédemment, est que si le taux de change peut être un levier au service d'une politique de développement, il ne peut pas ignorer les mécanismes de marché et les fondements économiques. Une gestion de la monnaie doit tenir compte du fait que celle-ci enregistre les tensions sociales et les différents procès de production, de circulation des marchandises et de répartition des revenus.

Au total le taux de change est le reflet des changements structurels, conjoncturels, monétaires et financiers. Cela n'empêche pas une utilisation du taux de change à des fins de politique économique. On peut discuter de l'influence qu'exerce la valorisation de la monnaie sur le tissu industriel.

Les contraintes de change agissent sur les grandeurs macroéconomiques, mais aussi sur les différents secteurs d'une économie et sur la qualité de la spécialisation internationale d'un pays. Cette démarche a le mérite de mettre l'accent sur les liaisons entre les structures productives et les évolutions macroéconomiques.

Les théories traditionnelles sont trop générales et trop globalisantes, recommandant les mêmes préceptes pour tous les pays, quelles que soient leurs spécificités : libre-échange, flexibilité des changes et dévaluation pour stimuler les exportations. Le taux de change est loin d'être une variable à la seule discrétion des autorités publiques. Néanmoins, le taux de change est un facteur de transmission des influences des structures de la production et des facteurs de la croissance sur les évolutions macroéconomiques tendancielles. L'objectif d'analyse poursuivi est de mesurer l'impact d'une politique d'appréciation volontariste d'une monnaie sur l'industrie nationale.

En partant de la constatation que les coûts exprimés en monnaie internationale se rapprochent entre différents pays industrialisés, il est constaté des ajustements importants des prix relatifs à l'échelle mondiale en raison des fluctuations des changes à partir de 1973. Cette situation a autorisé des transferts de valeurs entre économies et aiguisé la lutte pour le partage du revenu mondial.

L'accaparement d'une plus grande partie des richesses mondiales ne se fait pas seulement par un accroissement en volume des ventes à l'étranger, mais aussi par une appréciation de la monnaie nationale et plus généralement par le maintien des prix internationaux élevés.

On peut décrire la situation de l'Allemagne comme étant l'archétype du « cercle vertueux » où l'appréciation régulière du DM s'accompagne d'un taux d'inflation réduit, d'un fort investissement et d'une croissance modérée. La France connaît les péripéties du « cercle vicieux » combinant une baisse continue de la monnaie, une inflation en expansion, mais réussissant une croissance forte. La spécialisation allemande aidant, les pressions concurrentielles résultant de l'appréciation de la parité demeurent modérées. Le taux de change est ainsi relié aux capacités productives des divers pays et à leur spécialisation.

On a l'impression que chaque pays raisonne comme l'entreprise qui, pour relever ses profits à court terme, baisse ses salaires sans s'inquiéter des résultats macroéconomiques et de la récession qui serait engendrée par la multiplication de ce genre de décision. L'effet en retour est une réduction des débouchés et donc des bénéfices de cette entreprise et la faillite de plusieurs centaines d'entreprises en cas de généralisation de ce comportement. Autres exemples de politiques non coopératives, les politiques anti-inflationnistes et les politiques de taux d'intérêt élevés comme en Allemagne, avec des conséquences dramatiques sur les partenaires européens.

Le FMI recommande aux PVD et aux ex-pays socialistes, des réductions budgétaires, une mise à la casse d'une partie de leur potentiel productif, car non rentable, une dévalorisation de leurs produits échangeables sur les marchés internationaux. Nous nous trouvons dans un système bloqué à l'échelle internationale.

Il est vrai aussi que la concurrence est une réalité et qu'il faut la concilier avec des coopérations mutuellement avantageuses. La « division internationale du travail » ne doit pas imposer une déstructuration du tissu économique et social existant.

Aucune économie ne peut vivre en autarcie. Mais les richesses se créent par le travail et donc la production de biens manufacturés, primaires ou agricoles. Un pays qui ne vit que du tertiaire se fragilise et devient extrêmement vulnérable. Un pays, lorsqu'il ne peut produire tous les biens et services (car il est mieux placé dans certains plutôt que dans d'autres), ne doit pas restreindre ses choix sectoriels à quelques segments qui le rendent dépendant de l'extérieur. Le problème de l'Algérie n'est pas qu'elle produise toutes les gammes de biens manufacturés, mais qu'elle est dépendante de l'étranger quant aux approvisionnements en biens intermédiaires et produits semi-finis pour faire tourner son appareil productif. Il ne s'agit pas de recommander aux Algériens de tout produire par eux-mêmes, mais des coproductions, des sous-traitances sont souhaitées.

Cachin (1982) et Lassudrie-Duchêne (1982) soulignent la nécessité de prendre en compte les intrants étrangers intégrés aux exportations ayant un caractère « extraverti ». Nous rajoutons pour notre part le cas de certains pays de l'Est européen qui vendaient des produits subventionnés en dessous des prix internationaux. Mais il n'est pas simple non plus de décréter ces biens non rentables et de les supprimer. Le gouvernement hongrois a fait les frais d'une application inappropriée du libéralisme à l'occidentale.

Lassudrie-Duchêne voit dans la notion de filière un moyen de surmonter le problème de la spécialisation apparente en la distinguant de la spécialisation effective.

Cette notion recouvre le besoin de retrouver un fil directeur pour reconstituer la cohérence du tissu productif national. L'auteur ne veut pas dissocier autonomie et réduction des contraintes de la balance avec maintien, voire accroissement, du revenu réel. Il est donc nécessaire de reconstituer, pour certains produits au moins, l'intégration des opérations productives sur le territoire national. D'énormes potentialités de coopération avec l'Est et le Sud existent. Il faut sortir des schémas malthusiens qui prétendent que le développement de ces pays leur permettra de concurrencer les productions occidentales, contribuant ainsi à leur désindustrialisation.

Walter (mai 1990, p. 185-204) note que :

> […] avec l'accroissement du commerce intra-industrie, l'ajustement peut souvent prendre la forme d'une réorganisation de la production à l'intérieur des firmes existantes par un changement de la composition de leurs produits et la différenciation des produits, l'accession des industries à des niveaux de technologie plus élevés, etc. à l'endroit même où se trouvent ces industries.

Bela Balassa (1982) note qu'il y a une exagération des effets défavorables des importations en provenance des pays en développement sur des industries particulières des pays développés. En effet, la spécialisation horizontale impose le passage des industries des pays développés à des produits à plus haute valeur ajoutée. Dans le même temps, des produits à valeur ajoutée plus faible sont importés des pays en voie de développement. La spécialisation verticale nécessite, en revanche, l'échange de pièces détachées, de composants et d'accessoires faisant appel à une qualification de la main-d'œuvre et à une technologie de haut niveau avec des équipements lourds. Les co-productions et les sous-traitances internationales peuvent être le levier d'un co-développement harmonieux. Nous pouvons citer, pour notre part, l'exemple de cette entreprise spécialisée dans la fabrication de circuits imprimés qui s'est trouvée avec des coûts de production élevés. La sous-traitance en Algérie de la partie soudage des composants sur les plaques des circuits imprimés a permis de créer une activité dans ce pays et des emplois, et la société française bénéficie de ce fait de coûts plus compétitifs, ce qui lui a ouvert de nouveaux débouchés. Les négociations multilatérales présentes et passées ne vont pas dans le sens d'un partage des bénéfices entre nations, mais au contraire dans celui du renforcement du « chacun pour soi ».

L'accord multifibres en 1977 a donné un pouvoir discrétionnaire aux pays développés sans que les décisions prises par ces derniers de façon unilatérale fassent l'objet de recours de la part des PVD. Les limitations quantitatives de textiles et de vêtements affaiblissent le pouvoir d'achat des pays en développement concernés et diminuent par là même leurs achats de produits manufacturés.

Sur un même registre et suivant la même logique, l'accord du GATT s'est négocié essentiellement entre l'Europe des 12 et les États-Unis. La réduction des tarifs douaniers, l'ouverture des marchés sans restriction, la diminution des subventions et des différents soutiens aux activités sont des mesures qui favoriseront l'exportation de produits manufacturés des pays développés vers les pays en voie de développement.

La domination commerciale va ensemble avec la domination monétaire et financière. Les économies dominantes tendent à modeler l'ensemble des relations monétaires et financières selon leurs intérêts respectifs. Le bloc du G7 et plus généralement celui de l'OCDE n'est pas monolithique.

Nous pensons que les États-Unis sont le seul pays qui peut gérer sa monnaie à sa guise et selon les circonstances du moment. Lorsqu'ils se sont donné comme priorité la résorption de leurs déficits commerciaux et la pénétration des marchés étrangers, ils ont joué la sous-évaluation du dollar. Au début des années 1980, lorsqu'ils ont inscrit dans leurs priorités la réduction du taux d'inflation et l'attraction des capitaux étrangers pour moderniser leur économie, ils ont utilisé les taux d'intérêt et la forte appréciation du dollar pour atteindre leurs objectifs. Pour des raisons plus stratégiques et « diplomatiques », les USA ne recourent pas systématiquement à l'utilisation du dollar contre leurs partenaires occidentaux, mais ils en ont les moyens. Les déclarations de Bentsen à CNN le 29/04/94 concernant la manière de répondre aux excédents japonais en sont une illustration. Le directeur du Trésor américain ne pense pas que l'instrumentalisation du dollar soit le seul moyen pour amener les Japonais à ouvrir leurs marchés et à rééquilibrer leurs échanges commerciaux avec les États-Unis. Dans une moindre mesure, le DM est aussi une devise « souveraine ». Outre son statut officieux de monnaie de référence et pilote au sein du SME, la monnaie allemande bénéficie incontestablement de la solidité de l'industrie allemande, de la bonne spécialisation, mais surtout d'une réputation de meilleure qualité de ses produits manufacturés.

La question allemande est à évoquer sans pour autant verser dans la germanophobie. Si elle a été accomplie sur le plan politique, la réunification allemande, sur le plan économique, est loin de satisfaire aux exigences de développement des populations des anciens länder de l'Est. Afin de rendre le processus de réunification irréversible, le gouvernement Kohl a déstructuré brutalement et systématiquement le tissu industriel est-allemand qui n'était pas si désuet qu'on l'a décrit. Mais ce gouvernement était pressé, il voulait gagner les élections de décembre 1990 et éviter le retour à l'ancien régime à l'Est. Outre l'élimination d'industries est-allemandes concurrentes de la RFA, il y a eu une arrivée massive de produits de l'Ouest à la faveur d'une suppression instantanée et sans période de transition de frontières douanières, réglementaires et commerciales. Les Allemands de l'Est ont participé au massacre de leurs propres emplois en boycottant leurs propres produits jugés de mauvaise qualité. Si la modernisation des infrastructures et des moyens de communication était un impératif urgent dès la chute du mur de Berlin, des mesures de protection de l'industrie de la RDA étaient nécessaires au moins pendant une période transitoire. Rares sont les économies capables d'absorber ce qui est devenu le plus grand chantier de ce siècle en maintenant des indicateurs dans la limite de l'acceptable pour un pays développé (taux d'inflation et taux de chômage presque compatibles avec les autres pays de l'OCDE).

L'Allemagne fait payer cette gigantesque OPA par le reste du monde et notamment par ses voisins et partenaires de l'Union européenne. L'Allemagne agit ainsi contre l'Europe et contre Maastricht (qu'elle a par ailleurs approuvé et ratifié). Le temps joue en sa faveur. Il n'y aura pas un développement inégal Est/Ouest de type Mezzogiornio, mais la consolidation d'une puissance économique avec un relèvement du potentiel industriel des länder Est. En attendant, la population active actuelle est sacrifiée et les autres peuples d'Europe aussi. Il est nécessaire de réanimer la coopération monétaire à l'échelle internationale, qui ne peut être dissociée de la coopération économique.

La France, puissance moyenne, peut à la fois agir sur la fixation des taux de change et en même temps subir les pressions exercées par les États-Unis et l'Allemagne. Sa marge de manœuvre étant étroite, les gouvernements successifs depuis R. Barre sacrifient les fondamentaux, notamment la croissance et l'emploi, aux équilibres purement monétaires et financiers, dans l'unique objectif d'afficher une parité du franc fort et d'aboutir à l'euro, au prix d'un chômage élevé. Dans une telle perspective, on se mord la queue. En réduisant les possibilités de relance de l'économie, en baissant le pouvoir d'achat des salariés, on réduit les débouchés des entreprises et on augmente le chômage et les coûts sociaux et financiers qui en résultent. L'affaiblissement des capacités contributives des entreprises et des ménages et l'accroissement des subventions de toutes sortes et des différentes dépenses sociales aggravent le déficit budgétaire.

Nous avons toujours soutenu que la seule façon de solidifier une monnaie est de renforcer ses bases réelles et ses déterminants structurels (valeur ajoutée).

Il n'existe pas de cercle pleinement vertueux d'une monnaie surévaluée. Cette politique peut présenter des avantages dans des conditions structurelles touchant à la spécialisation du pays et/ou à son poids économique dans le monde. Le cas des États-Unis est de ce point de vue illustratif d'un pays qui a su acquérir simultanément une avance technologique, une productivité supérieure et le niveau de vie le plus élevé. Il est ensuite devenu dominant et a répandu son mode de croissance dans le reste du monde. Leur rôle actif dans l'organisation des échanges internationaux aidant, les États-Unis ont pratiqué une surévaluation relative de leur monnaie au moment voulu (cf. Lafay 1980-1982). La politique de Reaganomics jouera par la suite un rôle dévastateur sur les finances publiques et les équilibres extérieurs américains. Jusqu'à une période récente, le dollar US est davantage utilisé comme arme contre « l'invasion » commerciale japonaise.

Au total, à la guerre froide succède une guerre économique entre les puissances économiques qui dominent le monde. Les enjeux de domination jouent contre la coopération et aggravent par là même les déséquilibres économiques, monétaires et financiers. Les PVD ont une marge de manœuvre étroite. Les dominations qui s'exercent sur ces pays sont déstabilisantes.

Chapitre V

Monnaie, taux de change dans la littérature états-unienne

Les taux de change entre les monnaies ont été très instables depuis l'effondrement du système de Bretton Woods de taux de change fixes, qui a duré de 1946 à 1973. Dans le système de Bretton Woods, les taux de change (par exemple, le nombre de dollars nécessaires pour acheter une livre sterling ou un mark allemand) étaient fixés à des niveaux déterminés par les gouvernements. Dans le cadre des taux de change « flottants » que nous connaissons depuis 1973, les taux de change sont déterminés par les personnes qui achètent et vendent des devises sur les marchés des changes. L'instabilité des taux flottants a surpris et déçu de nombreux économistes et hommes d'affaires, qui ne s'attendaient pas à ce qu'ils créent autant d'incertitudes. L'histoire du taux de la livre sterling et du dollar américain est instructive. De 1949 à 1966, ce taux n'a pas changé du tout. En 1967, la dévaluation de la livre de 14 % a été considérée comme une décision de politique économique majeure. Toutefois, depuis la fin des taux fixes en 1973 et 1991, la livre s'est en moyenne appréciée ou s'est dépréciée de 14 % tous les deux ans.

L'instabilité des taux de change dans les années soixante-dix et quatre-vingt n'aurait pas surpris les fondateurs du système de Bretton Woods, qui nourrissaient une profonde méfiance à l'égard des marchés financiers. L'expérience antérieure des taux de change flottants (dans les années vingt) avait été marquée par une instabilité massive. Dans une étude influente de cette expérience, publiée en 1942, l'économiste norvégien Ragnar Nurkse a fait valoir que les marchés des changes étaient soumis à une « spéculation déstabilisatrice » qui créait des fluctuations inutiles et économiquement dommageables.

Au cours des années cinquante et soixante, alors que les tensions se développaient sur le système de taux de change fixes, les économistes et les décideurs politiques ont commencé à voir la flexibilité des taux de change sous un jour plus favorable. Dans un article fondateur de 1953, Milton Friedman soutenait que la crainte d'un flottement des taux de change était injustifiée. L'instabilité des taux de change dans les années vingt a été causée par des politiques instables, et non par une spéculation déstabilisatrice. Friedman a poursuivi en affirmant que les spéculateurs maximisant les profits auraient toujours tendance à stabiliser, et non à déstabiliser, le taux de change. À la fin des années soixante, le point de vue de Friedman était devenu largement accepté dans la profession économique et parmi de nombreux hommes d'affaires et banquiers. Par conséquent, l'inquiétude suscitée par l'instabilité des taux de change flottants a été remplacée par une appréciation de la plus grande flexibilité que les taux flottants donneraient à la politique macroéconomique. Ce changement d'attitude a contribué à préparer l'abandon des taux fixes en 1973.

L'instabilité des taux de change depuis 1973 a donc été une grave déception. Certaines des variations des taux de change peuvent être attribuées à des différences dans les taux d'inflation nationaux. Mais les variations annuelles des taux de change ont été beaucoup plus importantes que ne peuvent l'expliquer les différences dans les taux d'inflation ou dans d'autres variables, telles que les taux de croissance différents dans les réserves monétaires de divers pays.

Pourquoi les taux de change sont-ils si instables ? Les économistes ont suggéré deux explications. L'un, exprimé à l'origine dans un article célèbre de 1976 par l'économiste du MIT, Rudiger Dornbusch, est que même sans déstabiliser la spéculation, les taux de change seront très variables en raison d'un phénomène que Dornbusch a qualifié de « surajustement ». Supposons que les États-Unis augmentent leur masse monétaire à long terme, cela doit entraîner une baisse de la valeur du dollar, à court terme, et un fléchissement du taux d'intérêt sur les titres libellés en dollars. Mais comme l'a souligné Dornbusch, les anticipations d'une appréciation du dollar à plus long terme sont autoréalisatrices en ce sens que, par suite d'une hausse de la masse monétaire engendrant une dépréciation du dollar à court terme, les anticipations des investisseurs seraient que le dollar ne pourra que s'apprécier à long terme. Dans ce cas de figure, les autorités monétaires pourraient se permettre d'impulser une création monétaire et une baisse du taux d'intérêt sur les titres libellés en dollars. Si le taux d'intérêt sur les obligations libellées en dollars tombe en dessous de celui des autres actifs, les investisseurs ne seront pas disposés à les détenir, à moins qu'ils ne s'attendent à ce que le dollar augmente par rapport à d'autres devises à l'avenir. Comment concilier la perspective d'une baisse à long terme du dollar et la nécessité d'offrir aux investisseurs un dollar en hausse ? La réponse, selon Dornbusch, est que le dollar doit tomber en dessous de sa valeur à long terme à court terme, afin qu'il ait de la place pour augmenter. Autrement dit, si la masse monétaire américaine augmente de 10 %, ce qui signifiera finalement un dollar plus faible de 10 %, l'impact immédiat sera une dépréciation du dollar de plus de 10 % – disons 20 ou 25 % – « dépassant » la valeur à long terme. L'hypothèse du surajustement aide à expliquer pourquoi les taux de change sont tellement plus instables que les taux d'inflation ou les réserves monétaires.

Malgré l'attrait intellectuel de l'hypothèse du surajustement, de nombreux économistes sont revenus à l'idée que la spéculation déstabilisatrice est la principale cause de l'instabilité des taux de change. Si ceux qui achètent et vendent des devises étrangères sont rationnels, alors les taux de change à terme — les taux actuels pour la vente de dollars dans quelques mois — devraient être les meilleurs prédicateurs des taux de change futurs. Mais une étude clé réalisée par Lars Hansen de l'université de Chicago et Robert Hodrick de l'université Northwestern en 1980 a révélé que les taux de change à terme n'ont en fait aucun pouvoir prédictif utile.

L'histoire monétaire des États-Unis a toujours oscillé entre un dollar fort afin d'attirer des capitaux et un dollar faible qui stimulerait les exportations.

La forte appréciation du dollar à la fin de 1984, a impacté négativement l'industrie états-unienne. Il s'en est ensuivi un dollar plus faible, afin d'endiguer les déficits commerciaux.

Paul Krugman soutient que les effets sur les prix et les volumes des biens et services dans le commerce mondial ont été étonnamment faibles au cours des années quatre-vingt. Durant cette période les salaires réels ouest-allemands sont passés de 20 % au-dessus du niveau états-unien à 25 % en dessous, puis à 30 % au-dessus.

Cependant la comparaison n'est que fortuite. Tout d'abord les entreprises s'adaptent aux fluctuations des prix relatifs en rognant sur leurs marges.

En outre, le *made in Germany* s'impose par sa qualité et sa robustesse et est relativement insensible à une élasticité-prix.

Le débat taux de change fixe *versus* taux de change flexible a traversé tous les courants, mais des tendances lourdes se sont dégagées entre ceux qui font confiance aux marchés et à leur capacité de s'équilibrer. Ainsi, Robert Mundell plaide pour un retour aux taux de change fixes et pourquoi pas un retour à l'étalon-or. *A contrario*, James Tobin, considère l'instabilité des taux de change comme un prix à payer pour la liberté de poursuivre une politique monétaire active. John Williamson se méfie trop des marchés financiers pour leur faire confiance afin de déterminer le taux de change.

Après une période d'instabilité des marchés des changes et des taux d'intérêt en hausse, afin de défendre les monnaies des pays du Sud européen, l'instauration du Système monétaire européen fut assimilée à une expérience de taux quasi fixes.

D'après Jeffrey A. Frankel, la banque centrale (l'autorité monétaire du pays) n'achète ni ne vend de devises étrangères, et le prix est plutôt déterminé sur le marché privé. Comme les autres prix du marché, le taux de change est déterminé par l'offre et la demande. Les pays qui choisissent de ne pas laisser flotter leurs taux de change doivent stériliser la masse monétaire en cas de hausse des réserves de change, afin de laisser la masse monétaire inchangée, assurant ainsi une stabilité de l'inflation.

Une façon courante d'y parvenir est de vendre des obligations sur le marché libre ; un moyen moins courant consiste à augmenter les réserves obligatoires imposées aux banques commerciales.

Certains pays optent pour une solution ni taux de change fixe ni taux de change flottant en arrimant leurs monnaies à une devise (souvent le dollar) ou en optant pour une bande de fluctuation au sein d'une zone monétaire (Système monétaire européen ancêtre de l'euro) ou une indexation sur un panier de devises. Frenkel rappelle que de nombreuses banques centrales pratiquent le « flottement géré », par lequel elles interviennent sur le marché des changes en « se penchant contre le vent ». Pour ce faire, une banque centrale vend des devises quand le taux de change monte, freinant ainsi sa hausse, et achète quand il baisse. Le but est de réduire la variabilité du taux de change.

L'expérience récente montre que les spéculateurs privés ne pratiquent pas la « spéculation stabilisatrice » ; acheter bas avec l'objectif de vendre haut ; c'est approprié si les spéculateurs anticipent correctement la direction des taux de change futurs.

Avant les années 1970 et la fin de l'indexation du dollar sur l'or, l'offre et la demande de devises étaient réglées uniquement par les exportations et les importations. La valeur de la monnaie est alors fonction des seuls fondamentaux de l'économie nationale, du solde de la balance des paiements et de celui de la balance commerciale. Le taux d'inflation et les taux d'intérêt sont les autres facteurs déterminants.

La théorie quantitative mettant en adéquation positivement la variation de la masse monétaire et les prix relatifs est bouleversée par l'ouverture sur l'économie mondiale.

D'après Jeffrey A. Frenkel, l'augmentation de la masse monétaire se traduit par une augmentation proportionnelle du taux de change en tant que celui-ci est le prix relatif de la monnaie (intérieur par rapport à l'étranger), pouvant être considéré comme déterminé par la demande de monnaie (intérieure par rapport à l'étranger), qui est à son tour influencée positivement par le taux de croissance de l'économie réelle et négativement par le taux d'inflation.

En réalité, comme nous le verrons plus loin, il y aura une distinction entre les devises clés, qui pourront créer de la monnaie internationalement demandée (dollar, euros) sans créer de l'inflation intérieure, au contraire des monnaies inconvertibles.

Néanmoins, Frenkel a raison quand il prétend que le défaut de la théorie quantitative internationale de la monnaie est qu'elle ne peut pas tenir compte des fluctuations du taux de change réel par opposition au simple taux de change nominal. En effet, c'est le taux de change réel (qui est le taux de change nominal déflaté par les niveaux de prix) qui détermine la compétitivité sur les marchés internationaux, ce qui aura tendance à décourager les exportations et à encourager les importations. Si la parité de pouvoir d'achat n'est pas garantie à court terme, pour les biens échangeables internationalement, il aurait tendance à se maintenir sur le long terme.

En évoquant la théorie du surajustement de Rudiger Dornbusch, comme analysé plus haut, Frenkel confirme l'incapacité des économistes à prédire l'orientation à court terme des taux de change. Ils considèrent, pour la plupart d'entre eux, que les variations des taux de change suivent une direction aléatoire, ce qui signifie qu'une hausse future est aussi probable qu'une baisse. Les fluctuations à court terme sont difficiles à expliquer, même après coup.

Les variations des taux de change peuvent refléter des anticipations sur les fondamentaux macroéconomiques futurs, mais aussi des vagues spéculatives menant parfois à des bulles spéculatives.

En outre, si la parité d'intérêt non couverte se maintient, les pays peuvent financer des déficits illimités en empruntant à l'étranger, à condition qu'ils soient disposés à payer le taux de rendement mondial en vigueur – et capables de le faire. Mais si la parité d'intérêt non couverte ne tient pas, alors les pays constateront que plus ils empruntent, plus le taux d'intérêt qu'ils doivent payer est élevé.

Jeffrey Sachs

Jeffrey Sachs (1987) exprime dans "Trade and Exchange Rate Policies in Growth-Oriented Adjustment Programs" un malaise par rapport aux plans d'ajustement structurel du FMI.

D'après ce conseiller de plusieurs États du « Monde tiers », l'accent a été mis sur la libéralisation imposée aux pays débiteurs, en leur imposant une situation d'équilibre budgétaire plus élevé et d'inflation plus faible. Cela devrait aboutir à une base macroéconomique de stabilité nécessaire à une croissance soutenue.

Cependant, il est évident qu'il existe des limites macroéconomiques et politiques quant à la réduction des déficits budgétaires à court terme et que ces limites sont particulièrement contraignantes en pleine crise économique. Sachs suggère l'annulation de la dette et une aide étrangère plus généreuse, pouvant avoir un rôle à jouer dans la stabilisation des économies d'un nombre de pays. Il conteste « les dépréciations agressives du taux de change afin de stimuler les exportations » dans la perspective de stabiliser l'économie et de résoudre la crise de la dette. D'après l'auteur, la politique de change n'est pas dissociée des politiques budgétaires et des questions de répartition des revenus.

Sachs suppose qu'une réduction du déficit budgétaire aura un effet de contraction sur l'économie réelle à court terme, et cela est probablement correct pour un passage du financement par la dette à une hausse des impôts ou à une réduction des dépenses. Cependant, lorsque l'on passe d'une finance inflationniste à des impôts, l'effet de contraction est susceptible d'être beaucoup plus faible. Une hausse des impôts qui permet une stabilisation des prix est en réalité un passage d'une taxe, la taxe d'inflation, à une autre. Il y a peu de raisons pour qu'un tel changement dans les impôts soit restrictif. Pour cette raison, les programmes de lutte contre l'inflation impliquant simultanément des hausses d'impôts et de fortes réductions de l'inflation n'ont pas besoin d'avoir un effet de contraction majeur sur l'économie.

Un taux de change indexé sans mesures budgétaires d'accompagnement aura une certaine viabilité à court terme, même si l'on pense généralement que l'arrimage s'effondrera dans un proche avenir.

La clé du maintien de la nouvelle parité à plus long terme est, bien sûr, un degré d'ajustement budgétaire qui contourne la nécessité de la taxe d'inflation. Bien que des données comparables à jour sur les situations budgétaires ne soient pas accessibles au public pour les cinq pays ayant des programmes de choc, il semble que des degrés divers de correction budgétaire aient été appliqués.

J. Sachs conteste la priorité urgente que le FMI et la Banque mondiale semblent accorder à la libéralisation des marchés dans les pays débiteurs. Il suggère que le problème le plus urgent dans ces pays est la crise budgétaire prolongée, qui a provoqué une forte réduction des investissements du secteur public et des dépenses de protection sociale et a conduit à des inflations élevées dans plusieurs pays. Dans une large mesure, la crise de la dette internationale est le reflet de cette crise budgétaire, plutôt que le reflet du problème de transfert des pays débiteurs aux pays créanciers.

Joseph Stiglitz et le taux de change de la Chine

Joseph Stiglitz conteste les arguments présentés en faveur de la réévaluation du renminbi chinois sur le site du *Wall Street Journal* le 9 octobre 2010. Il a déclaré :

> Les changements dans le taux de change peuvent en fait augmenter les déséquilibres. La raison en est que si les élasticités de la demande de produits chinois sont relativement faibles, lorsque le taux de change augmente, la quantité diminue moins que le prix n'augmente. Et les dépenses américaines augmentent en fait. L'augmentation nette pourrait donc être une augmentation des déséquilibres commerciaux. Donc, l'idée que c'est une panacée est clairement fausse.

Le Prix Nobel d'économie explique :

> Le taux de change du Renminbi est clairement une question qui mérite l'analyse économique la plus précise, étant donné qu'elle implique le plus grand exportateur du monde, la Chine, et la plus grande économie du monde, les États-Unis. Il peut donc sembler surprenant qu'une caractéristique fréquente des appels à une réévaluation précoce du RMB soit la tentative de justifier cela par ce qui est, dans un sens tout à fait littéral, des « non sequiturs » économiques — *non sequitur* étant le latin pour « ça ne suit pas les prémices ».

L'argumentaire se compose de deux phrases.

> La Chine enregistre un excédent commercial. Par conséquent, pour l'éliminer, la Chine devrait augmenter le taux de change du RMB.

Malheureusement, une réflexion économique élémentaire montrera que la deuxième phrase ne découle pas nécessairement de la première. La prise en compte de l'offre et de la demande nous rappelle qu'une augmentation du taux de change du RMB ne réduira les recettes d'exportation de la Chine que si la demande pour les exportations chinoises est *élastique* — c'est-à-dire que toute baisse en pourcentage des ventes est supérieure à toute augmentation en pourcentage des prix résultant de la réévaluation. De même, les importations de la Chine en termes de valeur n'augmenteront que si une augmentation de leur volume est supérieure à toute baisse de leur prix due à la réévaluation.

> La question de savoir si l'excédent commercial de la Chine diminuera ou augmentera en réponse à la réévaluation du RMB est donc une question de fait, et non de logique, qui doit donc être examinée empiriquement. Il ne s'ensuit tout simplement pas qu'une augmentation du taux de change de la Chine entraîne logiquement nécessairement une baisse de l'excédent commercial de la Chine. En effet, il est tout à fait possible logiquement, par exemple si la demande pour les exportations chinoises est inélastique, et que le volume de ses importations n'est pas particulièrement sensible aux prix, qu'une hausse du taux de change du RMB entraîne une *augmentation* de l'excédent commercial de la Chine.

Stiglitz suggère :

> Compte tenu de la gravité de la question, on aurait pu penser que si cette question était traitée objectivement, l'administration américaine aurait produit une montagne de documents pour justifier son affirmation selon laquelle une augmentation du taux de change du RMB entraînerait une baisse de l'excédent commercial de la Chine, qui a certainement produit des données abondantes, y compris directement par le ministre du Commerce, montrant le contraire. Mais aucun document de ce type n'a été fourni par l'administration américaine.
> La raison pour laquelle les preuves n'ont été produites ni par l'administration américaine ni par ceux qui sont d'accord

avec elle est qu'au moins en ce qui concerne la situation économique à court et à moyen terme, leur argument est factuellement faux. Une augmentation du taux de change du RMB entraînerait immédiatement une augmentation de l'excédent commercial de la Chine et non une baisse — et c'est l'une des dernières choses dont le monde a besoin pour tenter de sortir de la crise financière internationale.

De 2005 à 2008, à mesure que le taux de change du RMB augmentait, la balance des paiements de la Chine augmentait, tirée par l'excédent commercial. C'est exactement ce qui se passerait dans des conditions d'inélasticité de la demande pour les exportations et les importations de la Chine et l'exact opposé de ce qui se produirait si la demande pour les exportations et les importations de la Chine était élastique. En bref, étant donné que l'affirmation selon laquelle l'excédent commercial de la Chine diminuerait en réponse à une augmentation du taux de change du RMB dépend de l'élasticité de la demande d'exportations et d'importations chinoises, la preuve est faite que ce n'est tout simplement pas vrai.

Graphique 1.

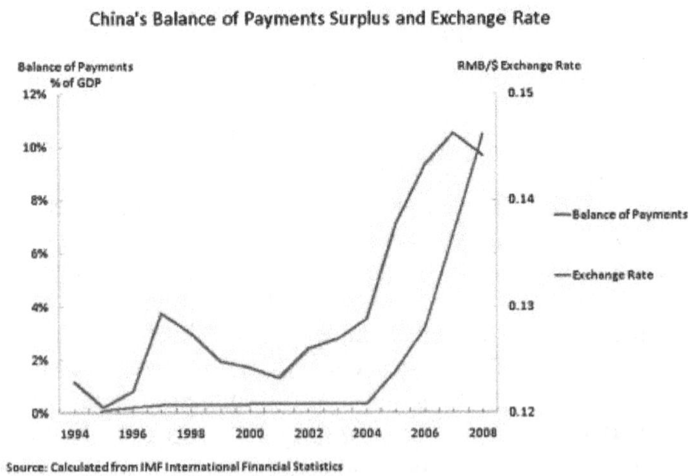

Ce graphique, reproduit à partir du message original, montrait l'excédent de la balance des paiements de la Chine par rapport à son taux de change – cela a été utilisé dans l'article original, car il analysait l'effet international complet de l'excédent de la Chine. Ils ont demandé : qu'en est-il de l'excédent commercial de la Chine en lien avec le taux de change du RMB ? pour isoler l'effet spécifique du taux de change sur le commerce.

Cela est illustré dans le graphique ci-dessous. Comme on peut le voir, la tendance est exactement la même ; l'excédent commercial de la Chine a augmenté en même temps que son taux de change. La seule différence est qu'au début de la période, la Chine avait un déficit de -0,1 % du PIB sur les revenus de l'étranger et en fin de période, il avait un excédent de 0,7 % du PIB, mais il n'y a pas de différence de tendance.

Graphique 2.

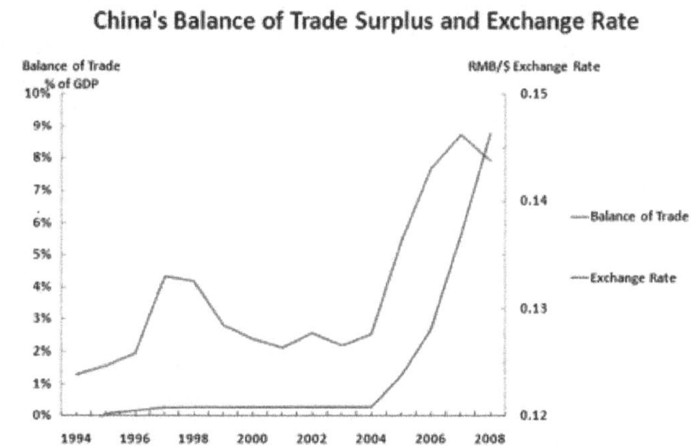

L'Europe peut-elle prospérer sans l'euro ?

En 2010, la crise financière mondiale de 2008 s'est transformée en « crise de l'euro ». Les 19 pays d'Europe qui partagent l'euro – la zone euro — ont été secoués par la stagnation économique et les crises de la dette. Certains pays sont en dépression depuis des années, tandis que les pouvoirs dirigeants de la zone euro sont passés d'urgence en urgence, notamment en Grèce.

Dans *The Euro*, Joseph E. Stiglitz démonte le consensus dominant sur ce qui afflige l'Europe, démolissant les champions de l'austérité tout en offrant une série de plans qui peuvent sauver le continent et le monde d'une dévastation supplémentaire.

Joseph Stiglitz n'a pas échappé au pessimisme régnant pendant la crise de 2011, en posant les vrais problèmes de divergences structurelles, budgétaires ajoutés à l'insuffisance de l'intégration économique. Mais en suggérant la question : l'euro peut-il être sauvé ? L'auteur a fustigé à juste titre le mandat malavisé de la Banque centrale européenne sur l'inflation seule et expliqué comment les politiques de la zone euro, en particulier à l'égard des pays en crise, ont davantage exposé la conception imparfaite de la zone. Mais il a sous-estimé la capacité de la BCE à sortir de ses carcans orthodoxes en affirmant son rôle de prêteur de dernier ressort. Stiglitz propose trois voies possibles : des réformes fondamentales dans la structure de la zone euro et les politiques imposées aux pays membres ; une fin bien gérée de l'expérience de l'euro à monnaie unique ; ou un nouveau système audacieux surnommé « l'euro flexible ».

Dans une interview accordée le 29 novembre 2017 à *Bloomberg News*, Joseph Stiglitz, économiste de Columbia et lauréat du prix Nobel, a donné son conseil sur ce que les décideurs politiques devraient faire pour marquer la date historique où le taux de change entre les bitcoins et les dollars américains a atteint 10 000 dollars : « Cela devrait être interdit. » Les gens raisonnables peuvent ne pas être d'accord sur la question de savoir si le bitcoin représente un bon investissement ou une bulle et sur le type de position réglementaire que les décideurs politiques devraient adopter à son égard.

Non, les utilisateurs de Bitcoin ne sont pas tous de mauvais acteurs

Stiglitz a poursuivi : « Le bitcoin ne réussit qu'en raison de son potentiel de contournement et du manque de surveillance. »

Il souligne à juste titre que le bitcoin doit être banni, car il peut potentiellement être utilisé pour des activités illicites. Ses détracteurs arguent que si c'est la norme, nous devrions interdire non seulement le dollar américain, mais aussi Internet, les téléphones portables et tout le reste sous le soleil. La différence est que l'anonymat et l'insuffisante traçabilité des usagers des monnaies numériques sont beaucoup plus prégnants que pour les autres monnaies.

Stiglitz enfonce le clou et affirme que les « [Bitcoins] ne servent aucune fonction socialement utile. »

Il poursuit : « C'est de la fumée et des miroirs, la valeur du bitcoin aujourd'hui est basée sur les attentes de sa valeur demain. »

Stiglitz complète sa conférence "Economic Ignorance in One Lesson" avec quelques joyaux supplémentaires : « Ce n'est qu'une bulle », « nous devrions simplement revenir à ce que nous avons toujours eu » et « éloignons-nous du papier au XXIe siècle ». Joseph Stiglitz s'oppose à la guerre des monnaies, justement pour plus de coopération entre pays.

Dollar fort *versus* dollar faible

Déprécier le dollar américain afin de stimuler les exportations est une stratégie risquée et accroîtrait la volatilité des taux de change et c'est le signal d'un protectionnisme qui imposera une riposte des concurrents.

Dans cet environnement économique mondial fragile, une guerre des devises fera de tout le monde un perdant.

Pour le Prix Nobel d'économie et ancien économiste en chef de la Banque mondiale, une coopération mondiale fondée sur des politiques de réforme structurelle, de relance économique et de changements institutionnels à long terme dans le système monétaire mondial stimulerait la croissance, et serait beaucoup plus efficace.

Le monde est sur le point de passer à un autre régime de taux de change gérés et de marchés de capitaux fragmentés. Des pays prennent des mesures sans tenir compte de l'impact sur les autres économies.

J. Stiglitz cite les conséquences catastrophiques de la politique monétaire américaine sur l'Amérique latine, lorsque la hausse sans précédent des taux d'intérêt a provoqué la crise de la dette du début des années 1980. De même, la politique monétaire américaine a été en grande partie responsable de la bulle dont la rupture a conduit à la récession mondiale.

Les réductions des taux d'intérêt n'ont pas eu d'impacts positifs sur l'économie productive réelle.

Les États-Unis et la Chine ont, tous les deux, besoin de changements structurels, pas seulement d'un réalignement des taux de change.

Tous deux ont besoin d'une augmentation des dépenses publiques consacrées à l'éducation et à la santé des pauvres. Les deux doivent trouver de meilleurs moyens d'allouer le capital. La Chine ne peut pas continuer à créer des capacités excédentaires dans le secteur manufacturier.

Contrairement à l'idéologie dominante aux États-Unis, J. Stiglitz croit en la coopération sino-américaine en plaidant pour plus de coopération avec des engagements mutuels en faveur de l'expansion budgétaire, des réformes structurelles et de la correction des déséquilibres commerciaux par tous les pays (pas seulement la Chine).

Pour certains, les réalignements des taux de change en feront partie ; pour d'autres, ils ne le peuvent pas. Mais chaque pays déterminera la meilleure façon d'atteindre les objectifs convenus, en accordant l'attention voulue aux externalités négatives et positives.

L'idée d'un nouveau système mondial de réserves ou d'une expansion de la « monnaie » du FMI (appelé droits de tirage spéciaux, ou DTS) dans une approche coopérative est séduisante, d'autant plus qu'avec un tel système, les pays pauvres n'auraient plus besoin de mettre de côté des centaines de milliards de dollars pour se protéger de la volatilité mondiale, ce qui augmenterait la demande globale mondiale.

Intéressante est la réflexion de Stiglitz sur le fait que les États-Unis perdraient leur statut de monnaie de réserve mondiale, qui lui confère l'emprunt bon marché, mais gagneraient dans la voie coopérative en tant que seul moyen de parvenir à des réductions significatives des déséquilibres mondiaux et de ramener le monde à une croissance robuste.

Joseph Stiglitz, sur ce qui ne va pas avec les taux négatifs

Dans son article publié le 14 avril 2016 « Explorez les dernières tendances stratégiques, la recherche et l'analyse », Joseph Stiglitz fustige l'expérience des taux d'intérêt négatifs, qui d'après lui ne garantissent pas le retour au plein-emploi. Pis encore, certains taux débiteurs ont en fait augmenté.

Les critiques des modèles d'avant-crise et d'après-crise sont en effet erronées.

La BCE a relevé les taux d'intérêt à deux reprises en 2011, au moment même où la crise de l'euro s'aggravait et alors que le chômage atteignait des niveaux à deux chiffres, se rapprochant de plus en plus de la déflation.

Dans ces modèles, le taux d'intérêt est l'outil politique clé, à composer à la hausse et à la baisse pour assurer une bonne performance économique. Si un taux d'intérêt positif ne suffit pas, alors un taux d'intérêt négatif devrait redresser les économies. Il n'en est rien en réalité.

Les entreprises empruntent auprès des banques à des taux qui sont le plus souvent plus élevés que ceux pratiqués par le Trésor. Les Banques utilisent des primes de risque et rationnent la distribution des crédits.

Les politiques d'austérité pratiquées par les gouvernements européens ont rendu les prêts fort risqués et les banques ont réduit la voilure en matière de prêts, en particulier aux PME, créateurs majeurs d'emplois.

Les taux d'intérêt négatifs nuisent aux bilans des banques, l'« effet de richesse » sur les banques l'emportant sur la faible augmentation des incitations à prêter.

Les faibles taux d'intérêt peuvent inciter à investir dans les nouvelles technologies et supprimer des emplois. Les personnes âgées perdent du pouvoir d'achat et consomment moins à cause de la baisse des rendements de leur épargne. Les investisseurs s'orientent vers plus de placements risqués.

Joseph Stiglitz, comme Krugman, est un eurosceptique qui a été obnubilé par la crise de la dette européenne et a broyé du noir alors que la solution, comme je l'ai soutenu dans les médias et mes publications, résidait dans l'arrêt des politiques d'austérité et était de faire jouer à la BCE son rôle de banquier central à savoir de prêteur de dernier ressort.

Oui, l'euro a mal été conçu, mais de là à prédire sa fin, il y a une marge qu'il ne fallait pas franchir. L'avenir m'a donné raison.

Le livre de Stiglitz *How to Save the Euro* suggère que, dans son cours actuel, l'euro est certain d'échouer — et en fait, qu'il a été fatalement imparfait dès sa naissance.

Stiglitz souligne le taux de change fixe de l'euro et un taux d'intérêt unique pour ses membres, ce qui signifie que les pays doivent renoncer à la possibilité de dévaluer en période de faiblesse économique.

Les pays membres de la zone euro ont su créer des mécanismes de stabilisation financière et de financement qui ressemblent fort à des eurobonds. Mais dès 2012, la BCE a calmé les marchés en disant, par la voix de son président Mario Draghi, qu'elle interviendra coûte que coûte afin de sauver l'euro. Dans un article paru le 9 février 2022 intitulé : « Une hausse généralisée des taux par la Fed est un remède pire que le mal » (sur le blog du Roosevelt Institute), Joseph Stiglitz impute l'inflation à des facteurs mondiaux comme les pénuries de puces et le comportement des cartels pétroliers. La politique budgétaire aux États-Unis n'en serait pas la cause.

Un peu trop optimiste sur la disparition des énergies fossiles, le Prix Nobel d'économie croit que les grandes compagnies pétrolières s'empressent de se remplir les poches en pratiquant des prix élevés. Nous verrons plus loin le rôle des sanctions occidentales contre la Russie en tant que stimulateur involontaire, mais réel de la spéculation sur les hydrocarbures.

J. Stiglitz pointe les prix aberrants des voitures d'occasion à cause de la pénurie de semi-conducteurs qui limite la production automobile.

En outre, certaines des augmentations de salaires et de prix reflètent le sain équilibre entre l'offre et la demande. Dans le cas des travailleurs quittant leur emploi pour chercher de meilleures opportunités, si la réduction de l'offre de main-d'œuvre qui en résulte se traduit par des augmentations de salaire, elle commencera à rectifier des décennies de croissance faible à inexistante des salaires réels (corrigés de l'inflation).

Freiner la demande chaque fois que les salaires commencent à augmenter est un moyen infaillible de s'assurer que le salaire des travailleurs diminue au fil du temps. L'auteur ajoute :

> Nous ne devrions pas paniquer, si l'inflation dépasse l'objectif de la banque centrale de 2 %, un taux pour lequel il n'y a aucune justification économique [...] Ce que nous savons, c'est qu'une forte augmentation générale des taux d'intérêt est un remède pire que le mal. Nous ne devrions pas nous attaquer à un problème du côté de l'offre en abaissant la demande et en augmentant le chômage. Cela pourrait freiner l'inflation si elle est poussée assez loin, mais cela ruinera également la vie des gens.

La question de la domination du dollar états-unien est centrale dans les relations géostratégiques, financières, monétaires et économiques internationales. La guerre en Ukraine va-t-elle rebattre les cartes et créer de nouveaux blocs qui s'affranchiront du dollar comme moyen de paiement et réserve de valeur ?

Chapitre VI

Le dollar, l'euro et les autres monnaies : de la théorie à la mise en œuvre de nouvelles pratiques monétaires

La guerre en Ukraine marquera un point de non-retour vers de nouvelles recompositions géostratégiques et des blocs politico-économiques souhaitant s'affranchir de la domination du dollar et de l'euro, qui a perdu son indépendance et sa virginité en raison du ralliement de l'Union européenne aux positions états-uniennes.

L'Ukraine : une histoire qui ne suit pas son cours naturel

On ne peut comprendre les tensions États-Unis-Russie sans retour sur l'opposition états-unienne au projet du gazoduc Nord Stream 2. L'administration Biden veut marquer le retour de l'oncle Sam sur la scène internationale après « la mort cérébrale de l'OTAN », dixit Macron. D'une pierre deux coups : torpiller Nord Stream 2 et exporter davantage le GNL états-unien et leur gaz de schiste, et en même temps redorer le blason de l'Alliance atlantique. L'Europe n'a aucun intérêt à alimenter une montée d'hostilité à l'égard de la Russie. Le général de Gaulle a eu raison de promouvoir une politique étrangère française indépendante et d'avoir déclaré : « Oui, c'est l'Europe, depuis l'Atlantique jusqu'à l'Oural, c'est l'Europe, c'est toute l'Europe, qui décidera du destin du monde ! »

Dans cette manière hystérique d'annoncer chaque jour que les Russes vont envahir l'Ukraine demain matin, il ne manque que l'heure. Ridicule !! Rappelons que la réintégration de la France dans le commandement intégré de l'Organisation du traité de l'Atlantique Nord fut annoncée par le président de la République d'alors, Nicolas Sarkozy, au Congrès à Washington le 7 novembre 2007. Ce retour devient effectif lors du sommet de l'OTAN à Strasbourg-Kehl les 3 et 4 avril 2009.

François Hollande achèvera l'alignement de la France sur les États-Unis en annulant le contrat de la vente du navire Mistral et en appuyant les putschistes antirusses à Kiev. S'ensuivra l'annexion de la Crimée par la Russie. Hollande et Merkel s'alignent sur la position américaine et déclarent des sanctions qui ont fait plus de mal aux producteurs agricoles et entreprises industrielles françaises et allemandes qu'aux russes.

Novembre 2013 : Euromaïdan, les manifestations pro-européennes ayant débuté le 21 novembre 2013 à la suite de la décision du gouvernement ukrainien de ne pas signer un accord d'association avec l'Union européenne au profit d'un accord avec la Russie aboutissent à une crise politique majeure qui se conclut par la destitution du président V. Ianoukovitch.

11 mars 2014 : Proclamation de l'indépendance de la Crimée suivie le 18 mars par un référendum sur son rattachement à la Russie (elle est condamnée par l'Ukraine et par une large partie de la communauté internationale).

2014 : Début du conflit armé dans la région de Donetsk, à l'est de l'Ukraine, suivi par la proclamation le 7 avril de la République populaire de Donetsk et le 11 avril de la République populaire de Lougansk (non reconnues par la communauté internationale).

5 septembre 2014/12 février 2015 : Accords de cessez-le-feu Minsk 1/Minsk 2 prévoyant l'arrêt des combats, contre l'engagement des différentes parties à suivre une feuille de route (non appliquée).

21 février 2022 : la Russie reconnaît les républiques de Donetsk et de Lougansk.

24 février 2022 : la Russie attaque l'Ukraine.

L'ambassadrice informe Saddam Hussein, l'été 1990, que « les États-Unis n'ont pas l'intention de commencer une guerre économique avec l'Irak ». Ces déclarations pourraient avoir amené le gouvernement irakien à croire qu'il avait reçu le feu vert des États-Unis pour envahir le Koweït.

On connaît la suite, une guerre terrible avec la montée du terrorisme islamiste.

Biden fait tout pour pousser Poutine à envahir l'Ukraine jusqu'à Kiev. Il dit ne pas intervenir militairement contre l'armée russe et demande au président ukrainien d'aller se cacher à la frontière polonaise.

Mais Poutine n'est pas Saddam, gageons qu'il n'engagera pas une guerre totale contre son voisin et, comme je l'ai écrit depuis des mois, la Russie est déjà au Donbass.

Ce discours de Poutine se trouve en plusieurs langues. Il fait retour sur une période qui va de la création de l'Ukraine par Lénine en 1922 jusqu'à ce jour.

En tant qu'analyste des relations internationales ayant visité l'Ukraine et la Russie depuis dans les années 1990, je retrouve des vérités saillantes sur le fait qu'il s'agit de liens forts entre les peuples de cette partie de l'ex-URSS. L'intérêt du peuple ukrainien est dans une neutralité de l'Ukraine, à l'image de la Finlande, et dans une coopération avec l'Union européenne et la Russie. Avec la chambre de commerce et d'industrie de Paris, nous avions décidé de ne plus participer à des salons industriels en Ukraine postsoviétique, tant la corruption y favorise une élite qui actuellement dispose de comptes bancaires bien garnis aux États-Unis et en Europe occidentale, y compris au Royaume-Uni. Le grand perdant, c'est le peuple ukrainien.

On ne peut pas comprendre la portée des sanctions états-uniennes contre la Russie et tous les pays sous embargo des États-Unis si on n'a pas analysé le rôle mondial du dollar.

Si Poutine a eu mille fois tort d'envahir l'Ukraine, il y a un machin qui l'a poussé à la faute : il s'agit de l'OTAN ; l'Europe a besoin d'une organisation sans soldats ni armement, visant à promouvoir le partenariat économique avec les autres régions du monde, à commencer par l'Afrique et les pays de l'ex-URSS. Cette guerre au sein du vieux continent montre que les conséquences d'un jeu mené par les États-Unis seront lourdes, sauf pour le pays qui a allumé la mèche et maintenant envoie son secrétaire d'État, Blinkin, en Europe, distribuer les bons et mauvais points comme si l'histoire des interventions de l'OTAN y compris en Europe était sans reproche depuis la fin de la guerre froide.

L'ennemi de mon ennemi, c'est-à-dire de l'ennemi de l'Occident, Poutine, est mon Ami, ce principe ne pas doit guider les choix des peuples du Sud, ce qu'on appelle le tiers-monde. Il faut condamner toutes les guerres, dont les victimes sont toujours les plus faibles, qui ne peuvent échapper aux exactions. Je ne peux pas accepter les violences contre une population ukrainienne, dirigée certes par des incompétents corrompus et ayant un programme géopolitique dangereux pour leur pays. J'ai toujours défendu la Russie contre les visées de l'OTAN, qui ne veut pas voir une opposition à ses interventions impérialistes. Le monde a besoin de plus de coopération et de plus de développement économique pour le bien de l'humanité. Ces milliards d'euros dépensés dans l'escalade militaire devraient être consacrés à des investissements mutuellement avantageux. Il faut un retour vers le non-alignement des États ; ni Russie ni États-Unis, que ce soit en Europe ou ailleurs. On ne peut pas soutenir un camp contre l'autre, avec des conséquences collatérales sur toute l'humanité. Regardez la flambée des prix des matières premières et agricoles. L'UE, en s'alignant sur les États-Unis, perd son indépendance, son gazoduc Nord Stream 2, et subit seule les conséquences de cette guerre en son sein, avec les peuples du Sud que j'appelle le Troisième Monde. L'Europe subit l'afflux des réfugiés, aux conséquences dramatiques pour l'Ukraine, qui se vide des forces vives et subit une perte de sa substance humaine. À la fin de la guerre, certains États européens en mal de démographie proposeront des emplois à des « Ukrainiens utiles » pour leurs économies et demanderont le retour des autres. Zelensky et les dirigeants ukrainiens ont-ils compris que l'Ukraine est ballottée entre les puissances russe et états-unienne sans perspective d'entrer dans l'Union européenne eu égard aux coûts de reconstruction de ce pays ? Ont-ils compris que dans notre monde, il n'y a pas d'amis, mais seulement des intérêts, et que Merkel jadis et Scholz ont dit non, car ils savent que ce sera l'Allemagne et la France qui paieront le plus gros de la facture de reconstruction de l'Ukraine ? Zelensky et son gouvernement auraient dû comprendre que seules leur émergence et leur créativité scientifique et économique les auraient menés vers l'adhésion à l'UE.

L'avancée des troupes russes au-delà du Donbass aurait pu être évitée par des négociations menées par la médiation de Macron pour la déclaration d'un pacte de neutralité de l'Ukraine selon le modèle finlandais. Le président Zelensky a commis l'erreur de croire à un soutien militaire des États-Unis et de l'Europe. Les sanctions sont un pis-aller qui pénalise autant si ce n'est davantage les consommateurs européens que les consommateurs russes.

L'administration Biden est satisfaite de la revivification de l'OTAN et du blocage du gazoduc Nord Stream 2. Mais Poutine et son état-major, à force de les exciter et de les diaboliser, perdent toute mesure et « pètent les plombs ». Cela devient dangereux, irrationnel et cela fait ressortir les haines et rancœurs de peuples dont l'histoire commune est multicentenaire.

Ce qui se passe en Ukraine pourrait alimenter et faire ressurgir les conflits dans les Balkans et dans toutes ces Républiques, créées de toutes pièces par des dirigeants de chacune des communautés, qui pourtant ont cohabité pendant des décennies.

Le pouvoir russe ne pourra pas espérer arracher la neutralité de l'Ukraine par les armes et en faisant des victimes ukrainiennes civiles. Il ne faut pas insulter l'avenir.

Pour atteindre la vérité, il faut s'éloigner du brouhaha des médias de convenance, y compris dans les pays occidentaux. J'ai été témoin de la période soviétique et postsoviétique. J'ai visité plusieurs usines d'armement russes après la fin de l'URSS. Les autorités russes nous proposaient de racheter ces usines à des fins civiles. Gorbatchev et après lui Eltsine ont voulu se concentrer sur l'économie russe. Les États-Unis se sont déclarés vainqueurs de la guerre froide et sont devenus une hyperpuissance, selon Hubert Védrine, ancien ministre des Affaires étrangères.

Les groupes français emploient 200 000 salariés dans ce pays. Ce sont les peuples qui souffrent et non pas les oligarques russes qui ont investi 1,5 milliard de dollars au Royaume-Uni officiellement, mais plus dans la réalité via des sociétés-écrans. On peut considérer qu'il en est de même dans le Sud de la France.

La Russie instaure un contrôle des changes bloquant les sorties de capitaux.

L'effondrement de l'économie russe est inenvisageable objectivement.

La Bourse de Paris perd 1 000 points et retrouve ses niveaux de septembre 2021. Se moquer de la chute du rouble et de la Bourse russe, c'est comme le dromadaire qui ne voit pas sa bosse, mais s'amuse de son compagnon.

Les sanctions contre la Russie, c'est 2 % d'inflation de plus en Europe occidentale et - 0,5 % de PIB.

Lagarde parle de cette guerre qui sape le moral des consommateurs européens et par là même la consommation et l'investissement. Le prix du gaz a augmenté de 10 % à cause de ce conflit.

Je déplore que les Banques centrales, FED et BCE stoppent leur décision préalable de rehausser les taux d'intérêt et de réduire les liquidités, causes principales pour moi de la hausse des matières premières et agricoles

L'exclusion de la Russie du système de paiement Swift ne concerne pas toutes les banques russes, sinon il n'y aurait plus ni gaz russe ni pétrole russe sur le marché. Dans ce cas, le pire des cas, les prix du pétrole grimperaient à 200 dollars le baril. Et alors qui va se révolter contre ses dirigeants ? Je parierais que cela serait plus en Europe qu'en Russie !

La dépréciation du rouble est de 40 %. Les Russes y sont habitués. J'ai connu une période, au début des années 1990, où on ne pouvait payer les loyers, les taxes, restaurants, hôtels qu'en dollars ou deutschemarks. Mais le plus grave, pour les citoyens du monde, c'est la flambée des prix du gaz et du pétrole. La Russie exporte dix fois plus de pétrole que de gaz.

La Hongrie ne souhaite pas s'impliquer dans la guerre entre Russie et Ukraine. En Pologne s'élèvent des inquiétudes quant à un éventuel blocus au niveau des frontières ukrainiennes polonaises, ce qui empêcherait le passage de milliers de réfugiés ukrainiens.

Pauvre Zelensky, le président ukrainien et ses partisans pensent qu'en formant « le dernier bouclier contre la Russie », l'Ukraine sera récompensée par une adhésion à l'OTAN et à l'Union européenne. Ni l'une ni l'autre, surtout après les destructions des infrastructures et l'exode de centaines de milliers et bientôt des millions de gens vers l'Europe occidentale. Beaucoup d'entre eux ne reviendront pas en Ukraine. Certains pays de l'UE ont besoin de main-d'œuvre et de rajeunissement de leurs populations. Ces nouveaux immigrés forment un apport inespéré pour les équilibres économiques des autres États. Les Ukrainiens ont hérité d'un système éducatif et culturel supérieur à ce qu'on connaît dans d'autres pays. Ils ont une capacité d'adaptation linguistique et professionnelle que je n'ai pas constatée dans beaucoup de contrées. Merkel a dit non à l'adhésion de l'Ukraine en 2014 eu égard aux coûts économiques pour l'UE, soit 75 milliards d'euros. Le coût de la reconstruction après la fin de la guerre serait de plusieurs centaines de milliards. Alors, M. Zelensky, c'est dommage que vous ayez adopté la position de neutralité de l'Ukraine. En tout cas, j'y crois depuis l'effondrement de l'URSS.

Les sanctions visant à couper le système bancaire et financier russe de la finance internationale sont plus compliquées qu'il n'y paraît. Le gaz continue à inonder l'Europe, et la Russie n'est pas une puissance industrielle comme la Chine. Elle exporte des matières premières et des produits agricoles.

Néanmoins, Poutine est tombé dans le piège tendu par Biden et va bien loin dans sa guerre contre un peuple et non contre des dirigeants.

Exclure la Russie du système de paiement Swift, « la sanction ultime, sorte de mesure atomique », ne requiert pas, d'après Biden, le consensus du monde occidental et pour cause. Les États-Unis n'ont pas de relations économiques avec la Russie. En revanche, comment les pays européens vont-ils régler leurs factures d'achat du gaz russe ? Par des camions de billets de dollars et d'euros à la frontière russo-ukrainienne.

L'élection de Joe Biden comme président des États-Unis a suscité soulagement et espoir d'un nouveau monde plus coopératif, y compris chez les progressistes. La défaite de Trump fut saluée comme le retour à plus de coopération internationale et à davantage de multilatéralisme. Voilà la crise ukrainienne qui fait suite au « poignard dans le dos », avec l'annonce de la résiliation du contrat français d'achat de sous-marins australiens. « America is back », scandait le candidat démocrate après son élection. Pour quoi faire ? Pousser l'encerclement de la Russie par l'OTAN jusqu'à l'est de l'Ukraine au risque d'affamer un peuple ukrainien exsangue, trahi par des dirigeants corrompus aux ordres ? Les sanctions contre la Russie sont une grosse fumisterie qui sera fortement coûteuse pour les Européens de l'Est et de l'Ouest et faiblement pour la Russie. La flambée des prix des hydrocarbures et du blé sera coûteuse et inacceptable pour les Européens et les États-Uniens, « enfants habitués à une vie confortable ». Le peuple russe est plus résilient, et sous le contrôle d'un système autoritaire. Biden et le parti démocrate jouent avec le feu et préparent le retour des trumpistes au pouvoir.

En demandant un statut à la finlandaise de l'Ukraine, une neutralité bienveillante, je ne soutiens pas le pouvoir russe ni son président Poutine. Notre ville, Montreuil, était jumelée avec une ville près de Moscou, Mytchichti. Lors d'une visite prospective en 1998, j'ai constaté la mainmise de la mafia sur cette ville. La montée de la corruption était observable à l'œil nu. À mon retour, j'ai conseillé au maire et député de l'époque, Jean-Pierre Brard, de mettre fin à ce jumelage. J'ai observé comment les grandes entreprises ex-soviétiques ont été privatisées par distribution d'actions à parts égales à tous les salariés. Sauf qu'une minorité de cadres ont racheté à vil prix ces parts et sont devenus majoritaires. Parfois, ces cessions se sont faites en douceur, mais souvent par menace et violence.

Je soutiens les efforts inlassables, du président de la République Emmanuel Macron, afin de parvenir à une solution négociée avec la Russie. Rappelons que les États-Unis, suivis par le président ukrainien, ont voulu négocier avec Poutine sans associer l'Union européenne tout au début de la crise. Quand les contradictions arrivent à leur comble, un accord diplomatique serait à portée de main. Depuis le général de Gaulle, la France est une puissance atomique et donc sa sécurité est assurément totale. C'est le seul pays totalement indépendant de l'UE. Mais Macron doit composer avec une Allemagne démilitarisée depuis 1945 et donc dépendante des États-Unis et des pays d'Europe de l'Est jadis sous le joug soviétique et désormais des vassaux des États-Unis et dont les dirigeants sont ultranationalistes, n'ayant pas dépassé les séquelles de la période soviétique. La classe politique ukrainienne, maintenant qu'elle a bien saisi et fait l'expérience que les puissances occidentales ne les protégeront pas militairement, accepteront-ils un accord sur la base de la *neutralité de l'Ukraine* conformément à mon article de 2014 ?

La pauvre Ukraine, ballottée entre ses espoirs d'adhérer à l'OTAN et l'UE et son voisin russe, est dirigée par un président incompétent et corrompu comme la classe politique ukrainienne doit comprendre que vu l'état de l'économie ukrainienne, l'Europe (Merkel l'avait dit) ne fera pas partie de l'Union.

Le pouvoir à Kiev doit déclarer sa neutralité à la finlandaise et négocier avec la Russie (dirigée par un président et une oligarchie tout aussi corrompus, si ce n'est pas plus, sur la base de la neutralité).

L'ambassadrice informe l'été 1990 Saddam Hussein que « les États-Unis n'ont pas l'intention de commencer une guerre économique avec l'Irak ». Ces déclarations pourraient avoir amené le gouvernement irakien à croire qu'il avait reçu le feu vert des États-Unis pour envahir le Koweït.

On connaît la suite, une guerre terrible avec la montée du terrorisme islamiste.

Biden a tout fait pour pousser Poutine à envahir l'Ukraine jusqu'à Kiev. Il dit ne pas intervenir militairement contre l'armée russe et demande au président ukrainien d'aller se cacher à la frontière polonaise, à Lviv.

Poutine n'est-il pas tombé dans le piège tendu par le président états-unien ?

Poutine dit : si l'Ukraine fait partie de l'OTAN et qu'ensuite elle tente de récupérer la Crimée, la Russie devrait déclarer la guerre à l'OTAN.

Voici le nœud du problème. La faute à l'Europe, qui a suivi les États-Unis en intervenant en 2014 contre un président ukrainien « pro-russe », mais néanmoins élu démocratiquement

Cet homme est interdit de séjour en Europe selon les sanctions européennes, mais l'Europe est obligée de l'accueillir. Heureusement que le ridicule ne tue pas. La Russie peut exporter son gaz avec la Chine, s'y approvisionner en produits agricoles et industriels. La Russie a conclu des accords avec la Chine portant sur 400 milliards d'euros sans utiliser le dollar. L'économie russe est de plus en plus dédollarisée, c'est-à-dire utilisant de moins en moins de dollars.

Une politique étrangère française indépendante doit être partagée par toute la classe politique et non pas défendue seulement par les extrêmes, de Mélenchon à Zemmour.

Les États-Unis n'ont jamais tenu compte des intérêts de leurs alliés. Demain, Trump ou son succédané, soutenu par une bonne partie de l'opinion états-unienne, larguera l'OTAN et l'Europe.

Pourquoi l'Union européenne cherche-t-elle à demander à l'Ukraine d'être le bouclier antirusse, mettant en difficulté le vieux continent et surtout les pays limitrophes de l'Ukraine ?

De la même façon que le pacte de Varsovie a été dissous, l'OTAN doit l'être. La Russie exporte le gaz indispensable à l'Europe : 40 % de la consommation européenne ; mais les entreprises européennes seront privées d'un marché aussi vaste que l'est la Russie, et ses alliés de l'ex-URSS.

Biden a dit qu'il n'enverrait pas de troupes pour défendre l'Ukraine : dont acte. Menacer au moyen de sanctions, tout le monde sait que cela n'a jamais réussi à déstabiliser la Russie.

À l'époque, la Russie de Boris Eltsine peinait encore à sortir du marasme de la crise économique de 1998. Dans les coffres de la Banque centrale, le pays possédait alors l'équivalent de quatre milliards de dollars en or. En ce début d'année 2022, le montant est passé à un peu plus de 130 milliards de dollars.

Cette explosion de la valeur s'explique en partie par la flambée du cours de l'or ces deux dernières décennies (+500 %). Mais également par la volonté du Kremlin de diminuer sa dépendance au dollar. D'ailleurs, la banque centrale russe accumule le métal jaune dans ses coffres depuis plus de dix ans. Selon les données disponibles du World Gold Council, les réserves de la Russie sont passées de 450 tonnes d'or en 2007 à 2 298,5 tonnes d'or fin 2021. Soit pratiquement autant que la France (2 436,4 tonnes d'or selon la même source).

Pour la première fois, la Russie possède désormais plus d'or que de dollars dans les caisses de sa banque centrale :

autour de 20 % des réserves (630 milliards de dollars en valeur) sont en métal jaune et ce n'est sûrement pas un hasard.

La Russie de Vladimir Poutine prend soin de « dédollariser » son économie un peu plus chaque année, notamment pour réduire l'impact des sanctions économiques américaines. D'autant que Washington n'hésite pas à brandir la menace d'une interdiction des transactions en dollars pour les banques russes.

Selon Bloomberg, la Russie a dépensé 40 milliards de dollars ces cinq dernières années pour acheter de l'or. En parallèle, le pays écoule ses hydrocarbures aux BRICS (Brésil, Inde, Chine, Afrique du Sud) en prenant soin d'éviter les transactions en dollars. En 2013, 95 % de ces ventes se faisaient en dollars, ce n'est plus le cas en 2020.

Au passage, l'euro est devenu la première devise des réserves monétaires russes. Selon le dernier rapport annuel de la banque centrale russe, l'euro représentait fin juin 2021 pas moins de 32,3 % des réserves en monnaies étrangères et en or (hors réserves monétaires liées au FMI donc) de la Russie. L'or pesait 21,7 % des actifs, le dollar 16,4 %, le yuan 13,1 % et la livre sterling 6,5 %. Sur un an, la part des réserves en euros est celle qui avait le plus progressé.

Les dirigeants français et allemands savent que les États-Unis veulent provoquer la guerre et le désordre en Europe loin de chez eux. D'une pierre, plusieurs coups. Avorter l'exploitation de Nord Stream 2 afin de livrer du GNL états-unien, encercler une puissance russe qui pourrait gêner leurs visées impérialistes de par le monde. La visite de Macron à Poutine marque le retour de l'Europe dans un jeu où le vieux continent d'est en ouest sortirait perdant et ravagé politiquement et économiquement, eu égard aux liens entre la Russie et les autres pays d'Europe de l'Ouest. Le dindon de la farce est l'Ukraine, qui a déjà perdu la Crimée et le Dombass, et se voit infliger une déstabilisation durable sans perspectives, s'appuyant sur un allié états-unien qui a fait preuve de cynisme et d'immoralité dans les relations internationales depuis 1945.

Si l'Union européenne avait suivi ma position et celle d'illustres anciens ministres des Affaires étrangères états-uniens et européens, la Crimée serait toujours ukrainienne et l'Ukraine aurait développé des relations apaisées avec ses voisins de l'Est comme de l'Ouest. Actuellement l'Ukraine est un pion au milieu d'un jeu d'échecs entre la Russie et les États-Unis sur fond de constat de faiblesse humiliante de l'Union européenne.

Il est clair que ce pays ne fera jamais partie de cette dernière eu égard aux coûts financiers, humains et géostratégiques faramineux de son intégration. Sa position « ni guerre ni paix » retarde les investissements étrangers et fait de l'Ukraine le grand perdant de ce bras de fer. D'ailleurs, le rejet de la candidature de ce pays à l'UE a été clairement exprimé par Angela Merkel, et le choix de Nord Stream 2 condamne ce frère jumeau de la Russie économiquement et géopolitiquement.

Si les deux principales Banques centrales la FED et la BCE reculent face à la dictature des marchés financiers et n'augmentent pas leurs taux d'intérêt tout en réduisant les liquidités injectées depuis la crise de la Covid-19, les spéculateurs sur les marchés des matières premières et agricoles notamment à la Chicago Board of Trade vont continuer à se gaver et à faire grimper les prix de ces actifs. Lors de ma visite à cette plus grande bourse des produits dérivés et marchés à terme, à la clôture, les intervenants de certains compartiments ont failli en venir aux mains et se taper dessus. C'était en 2001.

Un plan de paix ne peut s'appuyer sur les menaces et les sanctions. Première étape : constitution d'un gouvernement d'union nationale rassemblant les russophones, les pro-occidentaux et les pro-russes ; deuxième étape : reconnaissance de la neutralité de l'Ukraine par rapport à l'OTAN, signée par ce gouvernement d'union nationale ; troisième étape : un cessez-le-feu signé par la partie russe et la partie ukrainienne, retour des réfugiés ; quatrième étape : fin des hostilités et retour des réfugiés ; cinquième étape : négociation des modalités du retrait des troupes russes au-delà du Donbass.

L'attaque armée russe a visé un bâtiment administratif, mais c'est un avertissement de Poutine disant qu'il n'a pas besoin d'appuyer sur le bouton nucléaire, il a d'autres solutions comme les centrales nucléaires. Inutile de dire que c'est toute l'Europe qui serait impactée. Le chancelier allemand Olaf Scholz commence à lâcher l'Ukraine en disant que ce n'est pas NOTRE guerre et que l'OTAN n'est pas partie prenante de cette guerre qui ne concerne pas un pays membre. Il ajoute : « L'adhésion à l'UE de l'Ukraine ne peut pas se faire du jour au lendemain. »

Pourquoi les États-Unis n'ont-ils levé l'embargo économique sur le Vietnam qu'en 1994 et l'embargo sur la vente des armes qu'en 2016, alors que la guerre entre les deux fut achevée sur une défaite humiliante des États-Unis en 1975 ?

Toute une génération de Vietnamiens punis pour un conflit impliquant leurs ancêtres. Nous étions au Vietnam en 1992 et plusieurs contrats de partenariat furent conclus. J'y suis retourné chaque année et le développement de ce pays se voyait à l'œil nu ; et le Vietnam est devenu un tigre, grâce à l'intégration régionale dans le cadre de l'ASEAN.

Le gouvernement, et M. Castex, son chef, nous promettent des milliards d'euros afin de compenser les conséquences économiques sur le pouvoir d'achat des Français à la suite de cette guerre. Mais ce sera avec l'argent public.

Donc, c'est le contribuable qui paiera en plus de sa qualité de contribuable.

L'honneur de l'Europe est de refuser le diktat de l'impérialisme états-unien. Hier l'humiliation de l'annulation du contrat de sous-marins commandés par l'Australie, aujourd'hui l'enterrement du gazoduc Nord Stream 2.

Les interventions militaires en Irak, en Syrie, en Libye ont engendré pertes humaines, terrorisme et coûts élevés du surarmement de pays européens comme l'Allemagne.

Le Monde tiers (un nouveau concept que je développe, qui recouvre les pays qui subissent les décisions des puissants, États-Unis, Europe, Chine et Russie) subit une hausse des produits agricoles et des matières premières, et certains risquent la famine.

Cet appel n'est pas en faveur d'un alignement sur une puissance russe ou états-unienne, mais d'une indépendance de décision pour de nouveaux partenariats économiques mutuellement avantageux.

Les autorités russes diront :

> Vous nous coupez l'accès à nos avoirs en devises et vous empêchez notre Banque centrale d'accéder à la finance internationale, donc nous ne pouvons plus payer vos entreprises qu'en roubles. C'est l'arroseur arrosé.

Selon toutes les agences de notation internationales, la Russie déclarera son défaut de paiement de sa dette. Ce n'est pas comme la crise de 1998, ce sera mis sur le compte des sanctions.

L'alternative aux hydrocarbures russes en Europe et aux États-Unis, à moyen terme, ce sera moins d'énergie renouvelable et plus de charbon, surtout en Allemagne, et plus de gaz et de pétrole de schiste états-uniens.

Les ultralibéraux, comme Jean-Marc Daniel sur BFM Business, sont contre les sanctions, car elles amplifient les revenus pétroliers et gaziers de la Russie par la hausse des prix. Ce pays engrange un milliard de dollars par jour de revenus et est en excédent budgétaire. Cela ne sert à rien. Pousser le peuple russe à se révolter contre Poutine est cynique, c'est de la chair à canon contre l'armée russe. Les effets sont négatifs pour ce peuple, mais aussi pour les peuples du monde.

Les bourses financières en Europe et aux États-Unis flambent. Un regain d'espoir dans une solution diplomatique. Si l'agression militaire russe en Ukraine est condamnable, et je la condamne, je ne félicite pas le président Zelensky et son gouvernement pour avoir pris tardivement l'engagement de ne pas exiger l'adhésion de l'Ukraine à l'OTAN.

Ceux qui croient que Poutine va capituler ou subir une révolution devraient revenir sur les crises financières que la Russie a surmontées, alors qu'en 2022, le pouvoir russe a pris ses dispositions de résilience. Ne faites pas souffrir les peuples d'Europe et du Monde tiers pour faire le bonheur des États-Unis, grands gagnants de cette guerre destructrice et insensée, et privilégions la diplomatie et la réintégration de la Russie et non son humiliation.

En 1995, j'étais avec Jean-Pierre Brard, à l'époque maire et député de Montreuil en délégation politique et économique à

Vilnius. Nous avions rencontré le président et le Premier ministre de ce pays balte fraîchement indépendant de l'URSS. Les deux responsables étaient amers, car les États-Unis ont poussé ces pays à rompre avec Moscou. Une fois l'indépendance atteinte, Washington les a abandonnés. Les Russes ont exigé des Lituaniens de régler leurs factures d'importation de gaz aux prix du marché.

La Lituanie fabriquait des composants électroniques pour l'URSS et donc fut impactée par la fin de l'empire soviétique. Nous étions logés par le gouvernement lituanien dans l'hôtel le plus luxueux de la capitale, mais sans chauffage ni eau chaude.

Un homme se distingue par son discours incendiaire véhément et guerrier, c'est Boris Johnson, on pourrait croire que cela ferait peur à Poutine et que les yeux sortis de leurs orbites du Premier ministre britannique vont faire tomber le maître du Kremlin de son piédestal.

Mais le Royaume-Uni est le seul pays d'Europe (et non de l'UE) qui refuse d'accueillir les réfugiés ukrainiens !

Si les deux principales Banques centrales, la FED et la BCE, reculent face à la dictature des marchés financiers et n'augmentent pas leurs taux d'intérêt tout en réduisant les liquidités injectées depuis la crise de la Covid-19, les spéculateurs sur les marchés des matières premières et agricoles, notamment à la Chicago Board of Trade, vont continuer à se gaver et à faire grimper les prix de ces actifs. Lors de ma visite à cette plus grande bourse des produits dérivés et marchés à terme, à la clôture, les intervenants de certains compartiments ont failli en venir aux mains et se taper dessus. C'était en 2001.

La guerre prendra fin un jour. Les dirigeants s'embrasseront et se salueront, mais les victimes panseront leurs plaies pendant longtemps. J'ajoute pour ma part une parole célèbre : « la guerre est déclarée par des personnes qui se connaissent très bien, mais exécutée par des gens qui ne se connaissent pas ». En regardant les informations, je suis horrifié par les sirènes d'alerte à Kiev et dans d'autres villes. La souffrance des Ukrainiens et Ukrainiennes ne peut être ni pardonnée ni justifiée.

Poutine et ses amis au pouvoir ont commis l'inacceptable. D'autres moyens pouvaient être utilisés et nombreux sont ceux qui ont condamné l'attitude des États-Unis et de l'Union européenne en 2014 et avant le conflit, poussant des dirigeants ukrainiens naïfs, inexpérimentés et hostiles à la Russie à s'illusionner sur une éventuelle adhésion à l'Union européenne et à l'OTAN.

Le sommet européen à Versailles signe l'impuissance de l'UE et le cynisme de sa direction, en la personne de la présidente de la Commission européenne, et son irresponsabilité.

Dire que l'Ukraine doit choisir ses alliances et lui fermer la porte de son adhésion !

Macron, président de l'UE, est on ne peut plus clair : on ne peut pas accepter un pays en guerre.

Quelle belle leçon à Zelensky, qui croit qu'être l'Ami des États-Unis et l'ennemi de son voisin historique suffit à faire accepter l'Ukraine dans ce monde où seuls les intérêts comptent.

L'Ukraine aurait pu demander son adhésion à l'UE en assainissant son économie, en purgeant son système de la corruption – dont je fus témoin lors de mes déplacements à Kiev avec des chefs d'entreprise.

La situation économique et les infrastructures vont se dégrader de plus en plus.

Quant aux sanctions additionnelles, c'est une bonne nouvelle pour la balance commerciale russe et pour le peuple russe et une mauvaise nouvelle pour les entreprises de luxe auxquelles il sera interdit d'exporter vers la Russie.

Lors des expositions et missions organisées par Ubi France et les chambres de commerce, j'ai mesuré les efforts faits pour s'installer en Russie.

Quelle naïveté de la part de l'UE !! Comme si les oligarques allaient manquer des parfums et produits de luxe ! Ils n'achètent pas ceux-ci aux supermarchés du coin, ils peuvent les importer de partout. Fermer les MacDo, Facebook, Google, quelle aubaine pour la balance des paiements russes et la production russe !

Last but not least, la Russie a accumulé des milliards d'euros et peu de dollars, des stocks d'or pour tenir plusieurs années comme au bon vieux temps de l'URSS.

Les régimes qui ne tiendront pas, ce sont ceux dont la population manquera de céréales et de produits agricoles moins chers.

Données générales

Données sur l'économie ukrainienne :

□ 1re réserve européenne de minerais d'uranium ;

□2e réserve européenne de minerais de titane – 10e réserve mondiale ;

□2e réserve mondiale de minerais de manganèse (2,3 milliards de tonnes, soit 12 % des réserves mondiales) ;

□2e réserve mondiale de minerais de fer (30 milliards de tonnes) ;

□2e réserve européenne de minerais de mercure ;

□3e réserve européenne de gaz de schiste (22 milliards de mètres cubes) – 13e réserve mondiale ;

□ 4e place mondiale en valeur totale des ressources naturelles ;

□ 7e réserve mondiale de charbon (33,9 milliards de tonnes).

□□□ L'Ukraine est un pays agricole – elle peut répondre aux besoins alimentaires de 600 millions de personnes :

□Plus grande superficie de terres arables d'Europe ;

□3e plus grande superficie de terre noire (*tchornozem*) dans le monde (25 % du volume mondial) ;

□1er exportateur mondial de tournesol et d'huile de tournesol ;

□2e producteur mondial d'orge – 4e exportateur mondial ;

□3e producteur mondial de maïs – 4e exportateur mondial ;

– 4e producteur mondial de pommes de terre ;

– 5e producteur mondial de seigle ;

– 5e place mondiale en production apicole – miel, cire, gelée royale, pollen, propolis, venin d'abeille (75 000 tonnes) ;

– 8e exportateur mondial de blé ;

– 9e producteur mondial d'œufs de poule ;

– 16e exportateur mondial de fromages.

□□ L'Ukraine est un pays industrialisé :

□ 1er producteur européen d'ammoniac ;

□ 2e plus grand réseau de gazoducs d'Europe et 4e mondial (142,5 milliards de mètres cubes de capacité de débit de gaz dans l'UE) ;

□ 3e plus grand parc nucléaire européen – 8e mondial ;

□ 3e plus long réseau ferroviaire d'Europe – 11e mondial (21 700 km) ;

□ 3e producteur mondial de localisateurs et d'équipements de localisation (après les États-Unis et la France) ;

□ 3e exportateur mondial de fer ;

□ 4e exportateur mondial de turbines pour centrales nucléaires ;

□ 4e fabricant mondial de lance-roquettes ;

□ 4e exportateur mondial d'argile ;

□ 4e exportateur mondial de titane ;

□ 8e exportateur mondial de minerais et concentrés métallurgiques ;

□ 9e exportateur mondial dans l'industrie de l'armement ;

□ 10e producteur mondial d'acier (32,4 millions de tonnes).

Paiement en roubles du gaz et du pétrole russes : début de dédollarisation à la russe ?

Poutine déclara lors d'une réunion gouvernementale retransmise à la télévision le 24 février 2022 : « J'ai décidé de mettre en œuvre un ensemble de mesures pour passer aux paiements en roubles russes pour l'approvisionnement en gaz des pays hostiles. »

Le président russe a déclaré mercredi 23 mars que la Russie n'accepterait que les paiements en roubles pour la livraison de gaz aux « pays hostiles », y compris tous les membres de l'Union européenne, après les sanctions sévères imposées pour son invasion de l'Ukraine.

Et l'agence Bloomberg a cité Interfax disant que Poutine avait ordonné à la Banque centrale et au gouvernement d'élaborer un plan pour traiter avec l'Europe en roubles. Poutine a ajouté que la Russie continuera à fournir du gaz, mais ne changera que la monnaie de paiement.

Les sanctions économiques sévères imposées par les pays occidentaux à Moscou en raison de l'invasion de l'Ukraine ont paralysé une partie du système bancaire russe et provoqué un effondrement brutal de la valeur du rouble par rapport aux devises étrangères. La valeur de la monnaie locale est tombée à 177 roubles pour un dollar le 7 mars 2022 (contre 75 pour un dollar début février).

On estime que jusqu'à 300 milliards de dollars de réserves de devises russes seront gelés.

Les prix du pétrole ont augmenté dans des échanges turbulents, en raison de l'interruption des exportations de bruts russes et kazakhs via l'oléoduc de la mer Caspienne. Le prix des contrats à terme sur le Brent a augmenté de 3,13 dollars, soit 2,7 %, pour atteindre 118,61 dollars le baril à 11 GMT. Le prix était tombé plus tôt à 114,45 dollars le baril.

Le prix des contrats à terme sur le brut West Texas Intermediate a augmenté de 2,69 dollars, soit 2,5 %, pour atteindre 111,96 dollars le baril, et était tombé plus tôt à 108,38 dollars le baril.

Les marchés restaient préoccupés par la possibilité de sanctions supplémentaires contre la Russie, deuxième exportateur de pétrole au monde, après son invasion de l'Ukraine, qu'elle qualifie d'« opération spéciale ».

La Russie a mis en garde contre une baisse des exportations de pétrole via le consortium du pipeline de la mer Caspienne, jusqu'à un million de barils par jour, soit 1 % de la production mondiale de pétrole, en raison des dommages causés par une tempête. Les exportations par le pipeline ont été complètement interrompues, et l'agence de presse Seven a déclaré que les réparations prendraient au moins un mois et demi.

Le co-responsable du négoce de pétrole de la société mondiale de négoce de matières premières, Trafigura, a déclaré que le marché pourrait voir le brut grimper à 150 dollars le baril cet été et que la perte globale de pétrole russe deviendrait plus apparente en avril 2022.

« Je pense que vous allez voir le baril cet été à 150 dollars », a déclaré Ben Lowcock au Financial Times Global Commodity Summit. « Vous saurez fin avril quelle est la perte totale de pétrole russe », a-t-il déclaré, ajoutant qu'en raison de la faiblesse de la demande, les Russes ont dû annuler des expéditions de brut et stocker certaines expéditions qu'ils ne pouvaient pas vendre.

Une forte hausse des prix du pétrole en raison des tensions et du manque d'approvisionnement est à prévoir.

Le pétrole pourrait atteindre 300 dollars le baril !

Les commentaires de Ben Lowcock interviennent deux jours après que le vice-Premier ministre russe Alexander Novak ait déclaré que les prix du pétrole pourraient atteindre 300 dollars le baril si l'Occident arrêtait d'acheter du brut russe, mais il a ajouté qu'un tel scénario était peu probable, a rapporté lundi l'agence de presse TASS.

Selon des sources commerciales, certains acheteurs hésitent à acheter du pétrole russe pour éviter d'être exposés aux sanctions occidentales imposées à Moscou au cours de la crise ukrainienne.

Il est impossible pour l'Europe d'éviter d'acheter du pétrole russe à l'heure actuelle, a déclaré Novak, ajoutant que les appels occidentaux à l'arrêt des achats sont des gestes politiques pour attirer l'attention.

Novak a déclaré que Moscou envisageait d'interdire les exportations d'uranium vers les États-Unis en représailles contre les sanctions.

Les États-Unis dépendent de la Russie et de ses alliés du Kazakhstan et de l'Ouzbékistan pour environ la moitié de leurs importations d'uranium, qu'ils utilisent pour alimenter les réacteurs nucléaires américains.

Au moment où le rouble chute après les premières salves de sanctions contre la Russie, essentiellement économiques et financières, et le gel des 300 milliards de dollars d'avoirs russes en Europe et aux États-Unis, le maître du Kremlin sort sa décision sur le règlement des livraisons de gaz russe en roubles.

Vladimir Poutine avait fait savoir que pour les pays jugés « inamicaux », la Russie allait continuer à livrer du gaz naturel « conformément aux volumes et aux prix [...] fixés dans les contrats précédemment conclus ». « Les changements concerneront seulement la monnaie de paiement, qui sera modifiée en rouble russe », avait-il précisé. La Banque centrale russe disposait d'une semaine pour mettre en place les mécanismes adéquats.

Le 28 mars 2022, les pays du G7 refusent de payer leurs approvisionnements de gaz russe en rouble.

« Tous les ministres du G7 sont tombés d'accord sur le fait qu'il s'agissait d'une violation unilatérale et claire des contrats existants », a dit Robert Habeck, ministre allemand de l'Économie et du Climat. « Nous demandons aux entreprises concernées de ne pas répondre à la demande de Poutine », a-t-il encore affirmé, qualifiant la Russie de « fournisseur pas fiable ». À travers cette exigence, « la tentative de Poutine de nous diviser est évidente », a-t-il souligné.

Nous n'allons pas fournir de gaz gratuitement, c'est très clair », a déclaré le porte-parole de la présidence russe, Dmitri Peskov, lors d'une conférence téléphonique. « Dans notre situation, il n'est ni possible ni approprié de faire de la charité », a-t-il ajouté.

À ce stade, c'est bien une question de droit et de respect des contrats qui est en jeu. Emmanuel Macron avait insisté sur la « clarté » des textes signés : « C'est interdit [...]. Ce n'est donc pas possible aujourd'hui de faire ce qui est demandé, et ce n'est pas contractuel. »

La Pologne, fortement dépendante des hydrocarbures russes, est sur la même longueur d'onde, comme l'a fait valoir le président du groupe gazier PGNiG, Pawel Majewski :

> Le contrat, dont je ne peux révéler les détails, fixe le mode de paiement. Il n'est pas prévu qu'une partie puisse le modifier selon son bon vouloir. Nous remplirons ce contrat conformément à nos engagements.

Pour Thierry Bros, professeur à Science Po et spécialiste de l'énergie :

> Les déclarations de Vladimir Poutine ne sont qu'un effet d'annonce, il y a peu de chance que cela se concrétise au niveau contractuel [...] Les entreprises concernées n'ont aucune raison d'accepter la modification de leur contrat

> pour un paiement en roubles, sinon elles pourraient toujours demander quelque chose en échange : une baisse de prix, de volume ou de la durée du contrat.

À l'avenir, et s'il n'y a pas d'embargo, ajoute-t-il :

> C'est plutôt une opportunité pour les entreprises européennes concernées de revenir avec une liste de demandes et de voir ce que Gazprom veut bien faire. Les grands groupes se plieront sans doute aux demandes de leurs gouvernements, mais d'autres pourraient y voir l'occasion de renégocier avantageusement leur contrat pour devenir plus compétitifs.

Au-delà de ce sujet contractuel se pose la question du paiement effectif en rouble. Nicolas Mazzucchi, chercheur à la Fondation pour la recherche stratégique, indique à l'AFP qu'il s'interroge la réalité de la mise en œuvre :

> Est-ce qu'il va falloir passer par des banques particulières ? Si oui, ce sont des banques qui n'ont plus forcément la capacité d'être actives sur le territoire européen. Est-ce qu'il va falloir passer par des pays tiers ? Cela peut être du cas par cas, chaque acteur va peut-être, s'il veut continuer à faire du commerce d'hydrocarbures avec la Russie, mettre en place sa propre stratégie et son propre circuit, il n'y aura pas forcément un seul modèle.

Le feuilleton ne fait que commencer. Vladimir Poutine a beau vouloir des paiements en roubles pour ses exportations de gaz vers l'Union européenne, et non plus en euros ou en dollars, le groupe des plus grands pays industrialisés (G7) — États-Unis, France, Grande-Bretagne, Canada, Japon, Allemagne et Italie — ne compte pas satisfaire à sa requête : « […] un paiement en roubles n'est pas acceptable », a déclaré le ministre allemand de l'Économie, Robert Habeck, à l'issue d'une réunion virtuelle avec ses homologues du G7. Et d'ajouter : « Je pense qu'il faut interpréter cette demande comme le fait que Poutine est dos au mur. »

Qualifiant la Russie de « fournisseur pas fiable », le ministre allemand, au nom des membres du G7, que le pays préside cette année, a demandé « aux entreprises concernées de ne pas répondre à la demande de Poutine ». À travers cette exigence, « la tentative de Poutine de nous diviser est évidente », a-t-il ajouté.

L'Allemagne est tiraillée entre ses intérêts économiques eu égard à sa dépendance énergétique à l'égard de la Russie, et la solidarité européenne et les pressions des États-Unis, puissance protectrice de la première économie de l'Union européenne. Le chancelier allemand Olaf Scholz a confirmé que son pays ne voulait pas imposer d'interdiction sur les importations de pétrole et de gaz en provenance de Russie, dans le contexte de l'intervention militaire russe en Ukraine. Et l'agence de presse Bloomberg a rapporté que Scholz a déclaré dans des déclarations à l'hebdomadaire allemand *Die Zeit*, que son pays souhaitait plutôt établir « de nouveaux modes d'approvisionnement énergétique », notant que des centaines de milliers d'emplois sont en jeu. Scholz a souligné son manque de soutien à l'imposition à l'Organisation du traité de l'Atlantique Nord (OTAN) d'une zone d'exclusion aérienne au-dessus de l'Ukraine, notant en retour que l'Allemagne « est prête à imposer de nouvelles sanctions si nécessaire ».

Un responsable du gouvernement allemand a confirmé qu'une interdiction européenne du pétrole et du gaz en provenance de Russie n'était pas actuellement à l'ordre du jour de l'Allemagne, ajoutant que Berlin souhaitait évaluer l'impact des sanctions existantes avant de décider de toute mesure supplémentaire. Le responsable, s'exprimant avant un sommet de l'UE, a déclaré que l'Allemagne n'était pas convaincue par les propositions faites jusqu'à présent pour plafonner les prix de l'énergie. La chancelière allemande avait souligné la nécessité de l'indépendance de son pays vis-à-vis des importations énergétiques russes, tout en s'opposant aux demandes de réduction des objectifs de protection climatique à la lumière des conséquences de la guerre en Ukraine et de la difficulté d'approvisionnement en énergie qui en résulte.

Scholz a déclaré au parlement allemand, concernant les objectifs de protection du climat :

> « Particulièrement maintenant » et non « lent maintenant » est le slogan de l'étape. Notre objectif — la neutralité climatique en Allemagne d'ici 2045 — est plus important aujourd'hui que jamais.

Scholz a expliqué que l'Allemagne a un besoin urgent d'indépendance vis-à-vis du pétrole et du gaz russes, et d'autre part, a besoin d'une énergie fiable et abordable, soulignant la nécessité pour l'Allemagne de sécuriser à court terme des capacités supplémentaires de charbon, de gaz et de pétrole.

Par ailleurs, la Commission européenne entend demander aux États membres d'augmenter les réserves de gaz naturel, afin de sécuriser les approvisionnements énergétiques pour l'hiver prochain, faire face à la hausse des prix et réduire la dépendance du bloc européen aux importations russes.

Le commissaire européen à l'énergie, Kadri Simsun, a déclaré que l'UE devait prendre des mesures pour réduire « la pression de la hausse des coûts de l'énergie sur nos citoyens et nos entreprises ».

Cette proposition intervient à la lumière de la pression publique croissante sur les dirigeants de l'Union européenne pour faire face aux coûts élevés de l'énergie. La proposition, qui a été approuvée par les 27 États membres et le Parlement européen, stipule que les gouvernements européens s'assurent d'avoir des réserves de gaz de 80 % avant le 1er novembre 2022.

La proposition ajoute que le pourcentage devrait être porté à 90 % les années suivantes, la Commission européenne rendant compte du niveau des réserves de gaz avant d'atteindre le pourcentage cible en novembre 2022. Afin d'inciter les entreprises, la commission a proposé d'offrir une remise de 100 % sur certains frais de stockage de gaz pour stimuler l'approvisionnement.

La hausse du taux de change du rouble russe par rapport au dollar américain a atteint des niveaux plus élevés qu'avant l'invasion russe de l'Ukraine et l'exposition de Moscou à de féroces sanctions américaines et internationales.

Le taux de change du rouble est monté à 79,25 roubles pour un dollar, après avoir atteint des niveaux records de 117 roubles pour un dollar, après l'annonce de sanctions occidentales contre la Russie.

Le collègue économiste de l'université Johns Hopkins a écrit dans un tweet jeudi :

> Le rouble russe a atteint 77,85 RUB/USD dans le commerce, plus fort que son niveau d'avant-conflit. Le rouble est maintenant en hausse de 128 % par rapport au dollar depuis qu'il a atteint un creux record le 7 mars à 177,26 RUB/USD. Le gouverneur de la Banque centrale russe, Nabioullina, semble avoir résisté à la tempête.

Cette hausse a suscité une large interaction parmi les militants sur les sites de réseaux sociaux, où le média Faisal Al-Qassem a commenté dans un tweet : « Urgent : le sous-secrétaire américain au Trésor : l'économie russe s'effondre de plus en plus en raison des sanctions, cela a affecté le rouble. »

Le Trésor américain a déclaré que le rouble russe est devenu plus fort après les sanctions et s'améliore constamment par rapport au dollar.

Mais d'autres considéraient la hausse du rouble comme artificielle et non fondée sur de véritables raisons économiques, s'attendant à un effondrement complet de celui-ci ultérieurement.

Le taux de change du rouble par rapport au dollar a atteint 96,75 roubles par rapport au dollar, après avoir atteint des niveaux records depuis le début des opérations militaires russes en Ukraine et l'annonce de la décision des pays occidentaux, menés par les États-Unis d'Amérique, d'imposer des règles économiques strictes comme sanctions contre Moscou.

Les sanctions occidentales imposées en réponse à l'invasion de l'Ukraine ont poussé la monnaie russe à s'effondrer, et un dollar américain pouvait acheter 117 roubles à Moscou après que la monnaie avait chuté de 10 % et atteint un nouveau record après l'annonce des sanctions.

Dimanche 1er mai 2022, la Hongrie a révélé qu'elle avait ouvert un compte dans la banque russe pour payer le gaz naturel en roubles, comme c'est le cas avec neuf autres pays européens. Et le chef du Cabinet Office, Gyrgy Goyach, a souligné que tandis que la Hongrie l'annonçait publiquement, le reste des pays ouvraient leurs comptes « en cachette ». Dans une interview à Radio Kossuth, il a déclaré :

> La Hongrie a ouvert un compte en euros, sur lequel le prix du gaz est converti en euros, puis la banque le convertit en roubles. En plus de nous, il y a neuf autres pays qui le font, mais ils n'annoncent pas qu'ils le font [...] Pour être bon pour l'Europe, vous n'avez pas besoin de parler honnêtement avec votre peuple et dans la vie internationale.

Il a rappelé une fois de plus que l'Union européenne n'avait adopté aucune sanction qui rendrait impossible le paiement du gaz russe en roubles. Après avoir refusé de payer en roubles, la Finlande s'apprête à stopper l'approvisionnement en gaz russe. Auparavant, l'agence Bloomberg avait révélé que dix acheteurs de gaz russe en Europe avaient ouvert des comptes à la banque Gazprom pour payer les fournitures de carburant bleu russe en roubles.

L'agence a déclaré que quatre entreprises européennes ont déjà payé l'approvisionnement en gaz russe en roubles. Tout en justifiant sa décision, la société italienne Moniper a déclaré qu'elle paierait le gaz qu'elle achète à la Russie en euros, et qu'il sera converti en roubles, via un nouveau compte ouvert dans la devise russe, selon Reuters. Elle a ajouté que les options disponibles sont inexistantes, soulignant son attachement aux sanctions, étant donné que le transfert des paiements conformément au Code pénal et au décret russe est possible.

Cependant, des responsables européens ont averti que l'Union européenne envisagerait de se conformer aux exigences de Moscou d'ouvrir un deuxième compte avec Gazprom en roubles, une « violation » des sanctions imposées à la Russie. Et selon ce qui a été rapporté par le journal britannique *The Guardian*, un responsable européen a déclaré que l'UE « ne peut pas accepter » que les paiements en euros pour le gaz russe ne soient considérés comme complets qu'après avoir été convertis en roubles :

> Si les entreprises paient en euros, elles ne violent pas les sanctions. Ce que nous ne pouvons pas accepter, c'est que les entreprises soient obligées d'ouvrir un deuxième compte, et le paiement n'est effectué que lorsqu'il est converti en roubles.

Le responsable a noté qu'un tel système était « un contournement très clair des sanctions ».

La Russie résiste mieux que prévu aux sanctions

Le produit intérieur brut (PIB) de la Russie s'est contracté de 4 % au deuxième trimestre par rapport à la même période en 2021, selon une estimation statistique officielle montrant l'impact des sanctions économiques contre Moscou.

Le PIB s'est élevé « à 96 % (de sa valeur) à la même période en 2021, selon les estimations préliminaires », a déclaré l'agence de statistiques Rosstat dans un communiqué.

Après le déclenchement de cette intervention militaire, les pays occidentaux ont imposé de lourdes sanctions à Moscou, qui pèsent sur l'économie russe.

Si le PIB russe avait enregistré au premier trimestre 2022 une croissance de 3,5 % sur un an, selon Rosstat, le pays s'enfonce désormais dans une période de récession.

La Banque centrale russe a indiqué s'attendre à une contraction du PIB comprise entre 4 % et 6 % en 2022, puis entre 1 % et 4 % en 2023, avant une remontée à partir de 2024.

Le déclin du PIB atteindra un plancher lors des six premiers mois de 2023 », a estimé le vice-gouverneur de la Banque centrale, Alexeï Zabotkine. « L'économie se dirige vers un nouvel équilibre à long terme [...] Avec la transformation de l'économie, la croissance reprendra », a-t-il ajouté.

Les sanctions occidentales, qui ciblent notamment les secteurs énergétique et bancaire, ont frappé l'économie russe de plein fouet, avec un impact sur les chaînes logistiques et les exportations.

Les ministres européens discutent de la nécessité de sécuriser d'urgence les approvisionnements en gaz non russe et de remplir le stockage, alors que les pays se préparent à des chocs d'approvisionnement.

La Russie a interrompu l'approvisionnement en gaz à la Bulgarie et à la Pologne, après avoir refusé de répondre à ses demandes de paiement effectif en roubles.

Ces pays ont déjà prévu de cesser d'utiliser le gaz russe cette année et disent qu'ils peuvent s'adapter à la fermeture, mais ils ont fait craindre que d'autres pays de l'Union européenne, dont l'Allemagne, la puissance économique européenne dépendante du gaz, ne soient les prochains.

Cela menace de diviser le front uni de l'Union européenne contre la Russie, au milieu d'un désaccord sur la bonne marche à suivre.

Avec plusieurs entreprises européennes confrontées à une date limite pour payer le gaz plus tard ce mois-ci, les pays de l'UE doivent de toute urgence clarifier la question de savoir si les entreprises peuvent continuer à acheter du carburant sans violer les sanctions de l'UE contre la Russie pour son invasion de l'Ukraine.

Les diplomates ont ajouté que l'Allemagne, l'un des plus gros acheteurs de pétrole russe, semblait prête à accepter d'arrêter les importations à la fin de 2022, mais il y avait encore des réserves de pays comme l'Autriche, la Hongrie, l'Italie et la Slovaquie.

Certains pays de l'UE ont suggéré de choisir un prix maximum qu'ils sont prêts à payer pour le pétrole russe.

Mais le plan les obligera à payer des prix plus élevés pour s'approvisionner ailleurs.

Gazprom a interrompu l'approvisionnement en gaz naturel de la Pologne et de la Bulgarie, pour leur non-paiement du gaz en roubles, ce qui a poussé les prix du gaz naturel et du pétrole à une hausse significative sur les marchés mondiaux.

L'Agence internationale de l'énergie a déclaré que la Russie tire 400 millions de dollars par jour de l'exportation de gaz naturel vers l'Europe et 700 millions de dollars par jour des exportations de pétrole. Pour le Kremlin : d'autres pays pourraient voir leur approvisionnement en gaz russe coupé. La Russie vendait plus de la moitié de ses exportations de pétrole aux pays de l'Union européenne avant l'invasion, mais à la suite des sanctions occidentales sévères contre la Russie et ses institutions financières, les négociants en pétrole en Europe évitent les expéditions de pétrole russe en raison des coûts d'assurance élevés et des risques de sanctions et entraves bancaires.

Selon le rapport de l'Agence internationale de l'énergie pour le mois d'avril, les exportations de pétrole russe ont perdu environ 700 000 barils par jour en un mois en mai 2022, et les pertes des exportations de pétrole russe pourraient s'élever à 1,5 million de barils par jour en raison de « l'embargo volontaire » mis en place par les commerçants de matières premières pétrolières en Europe.

À cet égard, l'expert du Fonds national de sécurité énergétique, Igor Yushkov, a déclaré que l'un des plans de livraison de pétrole russe aux acheteurs est basé sur un stratagème trompeur, qui consiste à empêcher le pétrolier de tourner sur l'émetteur-récepteur, et il se rend au port russe de Ust-Luga ou Primorsk. Là, il charge du pétrole russe et navigue jusqu'à l'endroit où un plus gros pétrolier l'attend en mer, et le fret est renvoyé, après quoi la navette d'origine, le pétrolier, revient à sa position, redémarre l'émetteur, et évite ainsi le processus de détection. Entre autres astuces utilisées par les vendeurs russes, le minerai russe est mélangé avec du minerai d'autres pays, comme l'Ouzbékistan ou le Kazakhstan, de sorte que l'acheteur ne peut pas déterminer la source de la production de minerai. La présidente de la Commission européenne, Ursula von der Leyen, a déclaré mercredi matin que l'annonce de la décision prise par le géant russe de l'énergie Gazprom de cesser unilatéralement de livrer du gaz à certains clients en Europe est une nouvelle tentative de la Russie d'utiliser le gaz comme outil de chantage. « C'est injustifié et inacceptable. Cela montre une fois de plus que la Russie est un fournisseur de gaz peu fiable », a ajouté von der Leyen dans un communiqué.

Peu avant la déclaration du ministre allemand ce lundi 28 mars, la Russie avait annoncé qu'elle prendrait des décisions en temps voulu si ses clients européens refusent d'utiliser la monnaie nationale. Cette décision du Kremlin pourrait remettre en cause à court terme les livraisons de gaz russe à l'Union européenne.

L'Union européenne applique des sanctions sur les ventes de pétrole russe après un changement majeur dans la position de l'Allemagne, le plus grand consommateur d'énergie de Russie, qui privera Moscou d'une source majeure de revenus d'ici quelques mois.

La Commission européenne devrait proposer cette semaine un sixième paquet de sanctions de l'Union européenne contre la Russie pour son invasion de l'Ukraine, par le biais d'une opération militaire lancée le 24 février 2022, y compris un éventuel embargo sur l'achat de pétrole russe.

Kiev affirme que les exportations d'énergie de la Russie vers l'Europe, jusqu'à présent largement exemptes de sanctions internationales, financent l'effort de guerre du Kremlin, rapportant des millions d'euros par jour.

L'Allemagne a annoncé qu'elle était prête à soutenir un embargo immédiat sur le pétrole russe. Alors que le ministre de l'Économie, Robert Habeck, a déclaré : « Nous avons réussi à atteindre une situation dans laquelle l'Allemagne pourra résister à l'embargo pétrolier ». Le chancelier allemand Olaf Scholz, s'adressant à la chaîne de télévision publique ZDF, a promis de ne pas lever les sanctions tant que le président russe Vladimir Poutine n'aura pas signé un accord de paix avec l'Ukraine que Kiev peut soutenir.

Pour sa part, le ministre hongrois des Affaires étrangères, Peter Szijjarto, a déclaré dans un communiqué que son pays ne soutiendrait pas l'imposition de sanctions qui entravent les expéditions de pétrole et de gaz russes vers la Hongrie. S'exprimant au Kazakhstan, Szijjarto a ajouté que les expéditions de pétrole russe via l'oléoduc Druzhba représentent environ 65 % du pétrole dont il a besoin.

Pour sa part, le ministère slovaque de l'Économie a déclaré que la Slovaquie demanderait une exemption de tout embargo sur le pétrole russe convenu par l'Union européenne dans le cadre de son prochain train de sanctions contre Moscou à la suite de son invasion de l'Ukraine. « S'il y a un accord sur un embargo russe sur le pétrole dans le cadre d'un autre ensemble de sanctions contre la Russie, la Slovaquie demandera une exemption », a déclaré le ministère en réponse aux questions de Reuters.

Le haut représentant de l'Union européenne pour la politique étrangère, Josep Borrell, a annoncé lors d'une visite au Panama que le sixième paquet de sanctions européennes contre Moscou comprendra l'exclusion des « autres banques russes » du système Swift pour les transactions internationales.

Borrell a déclaré lors d'une conférence de presse que ces sanctions sont liées « au secteur bancaire : il y a d'autres banques russes qui vont sortir de Swift ».

En outre, des sources diplomatiques européennes ont révélé que Sberbank, la plus grande banque de Russie, avec une part de 37 % du volume de ses transactions, sera exclue de Swift dans le cadre du nouveau paquet de sanctions.

Les sanctions européennes visaient jusqu'à présent l'exclusion de VTB, deuxième banque russe, du système Swift, ainsi que des banques : Otkrit Bank, Novicombank, Promisvitsbank, Russia Bank, Sofcombank et VIP (Banque de développement du système).

L'économie russe souffrirait moins des sanctions occidentales. *A contrario* les familles et entreprises européennes ne sont qu'au début de leurs souffrances.

L'économie russe était extravertie, importait des produits de luxe et de consommation au lieu de produire localement. Les revenus en devises des exportations de matières premières étaient détournés par une poignée d'Oligarques qui achetaient villas, yachts et clubs sportifs, sans compter des entreprises et commerces sans retours bénéfiques vers la Russie.

Les exportations russes sont composées de produits de base indispensables au fonctionnement des foyers et des établissements publics et privés.

Bien entendu, mon propos n'est pas de dire que la Russie ne sera pas affectée par les sanctions notamment en matière technologique, car cela manquera à des secteurs comme l'aviation, les véhicules. Le monde entier est perdant, en premier lieu, le peuple ukrainien. Une solution négociée entre Russes et Ukrainiens demeure la solution.

Politique monétaire et crise énergétique

Encore une usine à gaz qui va raréfier l'offre de pétrole et maintiendrait les prix du baril à un niveau élevé avantageux pour les producteurs de pétrole de schiste

D'après mes analyses passées et ce que nous avons appris de l'histoire monétaire et financière, l'arrêt des injections de liquidités par les banques centrales états-unienne et européenne et la hausse des taux d'intérêt provoquant l'arrêt de la spéculation sur les matières premières et agricoles auraient dû faire chuter les prix du baril de pétrole à moins de 50 dollars. Ce qui aurait impacté les recettes en devises de la Russie. Ce scénario n'arrange pas les compagnies états-uniennes produisant le gaz et le pétrole de schistes. Au lieu de crier du matin au soir que l'Union européenne compte réduire drastiquement les importations de gaz et de pétrole russes, les dirigeants européens auraient tout à gagner en affirmant le contraire. Les sanctions économiques et financières ont créé des anticipations de déséquilibres sur les matières premières et les hydrocarbures et ont fait flamber leurs prix.

Le monde est aujourd'hui au cœur d'une crise énergétique sans précédent. En rendant incertain l'approvisionnement en gaz et en pétrole en provenance de Russie, le conflit russo-ukrainien a poussé à la hausse le prix du gaz, mais aussi du pétrole et du charbon. Pourtant, depuis quelques semaines, le prix de l'or noir abandonne près de 25 % et s'est stabilisé sur les niveaux qui prévalaient avant le conflit.

La FED et la BCE, respectivement la Banque centrale états-unienne et européenne, ont eu raison de faire monter leurs taux d'intérêt et de réduire les injections de liquidités afin de juguler l'inflation en bridant la spéculation sur les matières premières et agricoles via les contrats à terme. Mais cela ne doit pas s'inscrire dans la durée. Conformément à mes analyses précédentes, notamment dans : *Monnaie et Finance : du boom au krach*, les prix du pétrole et des matières premières baissent malgré les tensions géostratégiques.

La Chine et les pays dont la monnaie n'est pas convertible n'ont pas besoin d'augmenter leurs taux d'intérêt, bien au contraire, il convient de les baisser afin de stimuler la croissance dans un contexte de récession mondiale.

La hausse des taux d'intérêt va ensemble avec la réduction des liquidités injectées par les deux principales banques centrales. Ceci aurait dû réduire la spéculation sur les marchés des matières premières et agricoles, notamment le pétrole, surtout que le monde industrialisé connaît une récession potentielle.

Mars 2015 : début programme de rachat d'actifs BCE : 2 200 m^{ds} d'euros.

Mars 2020 : plan d'urgence Covid-19 : 5 500 m^{ds} d'euros.

2022 : 8 759,12 m^{ds} d'euros.

Bilan de la FED :

2008 : 980 m^{ds} de dollars.

2022 : 8 822,4 m^{ds} de dollars.

Concernant le montant de l'aide fournie par Berlin à Kiev, le ministère allemand de l'Économie a expliqué, en réponse à un briefing parlementaire, que des armes et du matériel d'une valeur de plus de 190 millions d'euros (201 millions de dollars) avaient été fournis à l'Ukraine au cours des huit premières semaines après l'invasion russe.

L'Allemagne a donné son feu vert pour livrer des armes de guerre d'une valeur de 120,5 millions d'euros et d'autres armes d'une valeur de 71,4 millions d'euros entre le 24 février et le 19 avril, a annoncé le ministère.

Cela se compare à plus de 3,7 milliards de dollars d'armes et de munitions que les États-Unis ont promis ou ont déjà livrés à l'Ukraine. L'Estonie a jusqu'à présent fourni plus de 220 millions d'euros d'aide militaire à l'Ukraine.

La semaine dernière, Berlin a approuvé l'exportation de 50 chars antiaériens Geberd. C'est la première fois que des armes lourdes sont livrées directement d'Allemagne.

La guerre en Ukraine et les sanctions contre la Russie ont augmenté le coût de la vie en Allemagne, affectant les consommateurs. En mars 2022, le taux d'inflation de l'Allemagne a atteint son plus haut niveau depuis 1981. En ce qui concerne les sanctions, le gouvernement allemand tient à faire avancer l'interdiction du charbon russe, mais n'a pas encore décidé d'interdire le gaz et le pétrole russes.

La Banque mondiale a publié fin septembre 2022 des prévisions économiques désastreuses pour l'Ukraine en raison de l'invasion russe affectant toute la région, et a mis en garde contre un scénario encore plus sombre si le conflit s'éternise.

Le produit intérieur brut de l'Ukraine baissera de 45,1 % cette année, tandis qu'il reculera de 11,2 % en Russie, selon les dernières prévisions publiées par l'institution basée à Washington.

Pour l'Ukraine, c'est bien pire que la prévision du Fonds monétaire international d'une baisse de 10 à 35 % du PIB, et que la prévision du 31 mars de la Banque européenne pour la reconstruction et le développement d'une baisse de 20 %. Toute la région est sous le choc des retombées économiques de la guerre, qui a commencé le 24 février 2022 et a fait fuir plus de 4 millions d'Ukrainiens vers la Pologne, la Roumanie et la Moldavie, et provoqué la flambée des prix des céréales et de l'énergie.

La Banque s'attendait à une contraction de 4,1 % du produit intérieur brut cette année dans tous les pays émergents et en développement d'Europe et d'Asie centrale, alors qu'elle tablait sur une croissance de 3 % avant la guerre. C'est bien pire que la récession provoquée par la pandémie de Covid-19 en 2020 (-1,9 %). L'Europe de l'Est à elle seule devrait voir son PIB baisser de 30,7 % par rapport aux prévisions d'avant l'invasion, de 1,4 % de croissance. « Les résultats de notre analyse sont très sombres », a déclaré la vice-présidente de la Banque mondiale en charge de cette région, Anna Birdie, lors d'une conférence téléphonique avec des journalistes. Elle a également noté qu'« il s'agit du deuxième choc majeur à frapper l'économie régionale en deux ans et qu'il survient à un moment très critique, car de nombreuses économies sont toujours confrontées à des difficultés pour se remettre de l'épidémie ».

Les auteurs du rapport suggèrent que la Moldavie sera l'un des pays les plus touchés par le conflit, non seulement en raison de sa proximité géographique avec la zone de guerre, mais aussi en raison de ses faiblesses inhérentes en tant que petite économie et de son association étroite avec les deux pays en conflit, l'Ukraine et la Russie. Les perspectives les plus sombres restent pour l'Ukraine, où les recettes fiscales du gouvernement ont diminué ; les entreprises sont fermées ou partiellement opérationnelles et les échanges sont gravement perturbés.

Les exportations de céréales sont devenues impossibles « dans de vastes zones du pays en raison des énormes dégâts causés aux infrastructures », selon Anna Berdy.

Une autre préoccupation évoquée dans le rapport de la Banque mondiale est l'augmentation de la pauvreté en Ukraine. On s'attend à ce que la proportion de la population vivant avec 5,50 dollars par jour passe de 1,8 % en 2021 à 19,8 % en 2022, selon les statistiques de la Banque mondiale.

Le vice-gouverneur de la Banque centrale d'Ukraine, Katerina Rozhkova, a révélé que la banque avait vendu pour 12,4 milliards de dollars de réserves d'or depuis le début de l'invasion russe le 24 février. « Nous vendons cet or pour que nos importateurs puissent acheter les produits de base du pays », a-t-elle déclaré à la télévision d'État. Elle a ajouté que l'or n'était pas vendu pour soutenir la hryvnia, selon Reuters.

La Banque mondiale publie des prévisions économiques désastreuses pour l'Ukraine et les pays voisins. L'Ukraine a déclaré avoir besoin de 60 à 65 milliards de dollars cette année pour répondre à ses besoins de financement, plus que les milliards que ses alliés ont réussi à promettre jusqu'à présent.

Le montant nécessaire comprend une aide dite de stabilisation macro-financière pour financer le budget d'urgence et les projets d'infrastructure logistique. Le chiffre, qui n'inclut pas les dépenses de défense et de sécurité, fait partie d'un plan plus large de reconstruction à long terme du pays, qui est estimé à plus de 750 milliards de dollars, selon Bloomberg.

Le plan de relance comprend trois phases couvrant la prochaine décennie, en commençant par la reconstruction des infrastructures essentielles en 2022 et 2023, la restauration des bâtiments, des logements et d'autres biens détruits lors des combats, et le renforcement des services publics, et enfin l'utilisation des investissements pour créer une économie ukrainienne moderne. « Immédiatement après la fin de la guerre et la victoire de l'Ukraine, nous devons mettre en œuvre des milliers de projets de reconstruction », a déclaré le Premier ministre ukrainien Denys Shmyhal.

Le Fonds monétaire international avait déclaré que l'Ukraine avait besoin d'environ 5 milliards de dollars par mois pour couvrir les services de base et maintenir son économie à flot. Le FMI estime que le déficit budgétaire de l'Ukraine pour cette année est d'environ 39 milliards de dollars.

On ne sait pas comment les alliés de l'Ukraine pourront couvrir ce niveau de dépenses, d'autant qu'ils doivent de plus en plus faire face à la hausse de l'inflation chez eux et à la menace d'une coupure de l'approvisionnement énergétique par la Russie. Les dirigeants du Groupe des sept, lors de leur réunion en Allemagne, ont déclaré que leurs pays se sont engagés à fournir un soutien financier et économique d'un montant de 29,5 milliards de dollars cette année.

L'Union européenne a proposé un milliard de dollars d'aide financière à court terme, alors que l'Allemagne continue de soutenir un programme plus important de 9 milliards d'euros. L'argent de l'UE viendra s'ajouter à une ligne de crédit antérieure de 1,2 milliard d'euros accordée à Kiev plus tôt cette année.

Après avoir interrompu l'approvisionnement en gaz de la Russie, Bruxelles a confirmé que la Pologne et la Bulgarie obtiendraient du gaz de leurs voisins européens, avertissant les entreprises cherchant à payer la Russie en roubles qu'il y aurait des sanctions. Les ministres européens de l'Énergie se réunissent pour discuter de la situation énergétique dans l'Union.

La Pologne et la Bulgarie vont désormais s'approvisionner en gaz auprès de leurs voisins européens après que le géant russe de l'énergie Gazprom a coupé les approvisionnements, a annoncé la présidente de la Commission européenne Ursula von der Leyen mercredi 27 avril 2022.

« Nous allons travailler pour que la décision de Gazprom ait le moins d'impact possible sur les consommateurs européens », a souligné le chef de la Commission dans un bref discours à la presse, et elle a estimé que « la mesure prise par la Russie affectera la Russie elle-même ».

Von der Leyen a noté que cet « arrêt unilatéral » des livraisons était « injustifié et inacceptable », et a déclaré : « Cela montre une fois de plus le manque de fiabilité de la Russie en tant que fournisseur de gaz », ajoutant : « aujourd'hui, le Kremlin a de nouveau échoué dans sa tentative de semer la division entre les États membres ».

Pour sa part, Josep Borrell, coordinateur de la politique étrangère de l'Union européenne, a qualifié la décision de Gazprom d'« acte hostile », avertissant qu'elle ne ferait qu'« accélérer la transition de l'Europe vers des sources d'énergie propres qui ne créent de dépendances pour personne ».

De son côté, la ministre française de la Transformation environnementale, Barbara Pompele a déclaré : « Après l'arrêt des expéditions de gaz russe vers la Pologne et la Bulgarie, les Européens restent unis. »

Le géant russe de l'énergie Gazprom a annoncé qu'il avait coupé tous les approvisionnements en gaz de la Pologne et de la Bulgarie pour ne pas avoir reçu de paiements en roubles des deux membres de l'Union européenne.

Von den Leyen a prévenu que les entreprises européennes qui accepteraient de payer le gaz russe en roubles, comme l'exige Moscou, violeraient les sanctions de l'UE et s'exposeraient à des risques juridiques « importants ». Les entreprises avec de tels contrats ne devraient pas céder à la demande de la Russie, car cela contreviendrait aux sanctions imposées par les pays de l'UE. Elles doivent payer en euros ou en dollars.

L'avertissement de von der Leyen est venu en conjonction avec la divulgation, de source bien informée, que le géant italien de l'énergie, Eni, se prépare à ouvrir des comptes bancaires en roubles russes dans la Gazprom Bank russe, afin qu'il puisse payer la valeur de ses achats de gaz naturel russe en monnaie russe, en application de la décision du président Vladimir Poutine.

Et l'agence de presse Bloomberg a cité les sources disant que cette étape est une précaution, car Eni demande au gouvernement italien et aux autorités européennes plus de précisions sur les conditions qui lui permettent d'utiliser ces comptes pour acheter du gaz russe.

Bloomberg a indiqué qu'un porte-parole d'Eni a refusé de commenter cette nouvelle. Il est à noter que l'Italie obtient 40 % de ses importations de gaz naturel de Russie, tandis que le Premier ministre Mario Draghi cherche à trouver des sources alternatives d'approvisionnement en gaz.

La banque centrale de Russie a abaissé son taux d'intérêt directeur à 11 % et envisage une marge pour d'autres réductions en 2023, alors que l'inflation ralentit après avoir atteint des sommets depuis plus de 20 ans et que l'économie se dirige vers une contraction.

Elle a annoncé cette décision, qui fait suite à deux précédentes réductions de 300 points de base qui ont porté le taux à 14 %, lors d'une réunion extraordinaire. La banque a progressivement annulé une hausse d'urgence du taux à 20 % fin février 2022, déclenchée par la décision de la Russie, le 24 février, d'envoyer des dizaines de milliers de soldats en Ukraine et l'imposition de sanctions occidentales en réponse.

La baisse des taux d'intérêt directeurs par la banque centrale russe de 14 à 11 %, alors que le rouble s'apprécie, est la conséquence de la mesure du président Poutine d'obliger les entreprises des pays « inamicaux » à acheter le gaz russe en rouble. D'autres explications sont à mettre en relief : l'arrêt des exportations de certains produits de luxe et autres biens de consommation vers la Russie et les sanctions contre les oligarques russes allant jusqu'à la confiscation de leurs avoirs et biens acquis en Europe et aux États-Unis. La balance commerciale et celle des paiements sont forcément excédentaires et créent un rééquilibrage en faveur de la demande de roubles et dans une moindre mesure de celle des devises.

Le Royaume d'Arabie saoudite montre un grand intérêt à développer ses relations avec la Chine et à en faire un allié stratégique.

Les cercles diplomatiques du Golfe affirment que la politique menée par l'Occident et sa manière ambivalente d'aborder la suprématie constituent une incitation supplémentaire pour le Royaume d'Arabie saoudite à aller de l'avant dans le développement de sa relation avec l'Est, en particulier avec la Chine, tant au regard de la puissance de son économie et des immenses ressources énergétiques dont il dispose, qu'au regard de son poids politique au niveau régional.

Les relations saoudo-américaines connaissent un grand froid en raison du refus du Royaume d'augmenter la production de pétrole pour contrôler les marchés du brut, qui connaissent une augmentation significative en raison de la guerre d'Ukraine. En outre l'administration du président Joe Biden tente de faire pression sur le Royaume en soulevant certaines questions controversées en matière de droits de l'homme.

Les cercles du Golfe précisent que le géant asiatique, la Chine, sera le premier bénéficiaire des erreurs occidentales accumulées, en particulier les erreurs américaines résultant d'un manque de compréhension de la dynamique changeante de l'environnement du Golfe, alors que les États-Unis poursuivent toujours la même vieille méthode basée sur la pression, qui n'est pas sans arrogance, et sur le fait de donner des leçons, dont certaines sont provocantes. Par exemple sur le dossier des droits de l'homme dans le Royaume après la condamnation à mort prononcée contre des éléments impliqués dans des groupes extrémistes.

L'Arabie saoudite envisageait d'utiliser le yuan chinois au lieu du dollar dans les ventes de pétrole à la Chine, ce qui causerait de grands dommages au dollar américain.

La Chine est le plus grand importateur de pétrole au niveau mondial, et elle achète plus de vingt-cinq pour cent des exportations du Royaume, et si ces exportations sont tarifées en yuan, la Chine renforcera la position de sa monnaie et ouvrira la voie à d'autres pays pour traiter avec Pékin loin du dollar américain, une ambition que Pékin cherche depuis longtemps à réaliser.

Le *Wall Street Journal* a cité des sources informées — anonymes — disant que Riyad est en pourparlers actifs avec Pékin pour fixer le prix de certaines de ses ventes de pétrole à la Chine en yuans. Les sources ont averti que cette étape réduirait la domination du dollar sur le marché mondial du pétrole.

Les milieux du Golfe affirment que relancer la question des échanges commerciaux entre l'Arabie saoudite et la Chine en utilisant le yuan, après que les discussions sur cette question ont été gelées pendant près de six ans en raison de l'intervention américaine, constitue un nouveau message saoudien qui n'est pas sans défi pour l'administration américaine et son contenu est que le Royaume ne peut accepter aucune pression exercée sur lui et qu'il ira là où ses intérêts l'exigent.

Les fuites du journal américain sont survenues un jour après avoir publié des informations selon lesquelles l'Arabie saoudite avait invité le président chinois Xi Jinping à une visite.

Le journal a cité une source informée — anonyme — disant que l'Arabie saoudite cherche à renforcer et à approfondir ses relations avec Pékin à la lumière d'un changement géopolitique au Moyen-Orient, où la Chine et la Russie cherchent à étendre leur influence en Asie et dans la région.

La source a indiqué que le prince héritier saoudien Mohammed bin Salman et le président chinois sont de bons amis, et que tous deux se rendent compte qu'il existe un énorme potentiel pour des relations plus fortes, ajoutant que l'affaire n'est pas liée à l'achat de pétrole du Royaume et d'armes de Chine.

Appliquant le principe de l'inspirateur du pragmatisme économique en Chine, Deng Hsiao Ping, qui disait : « un chat qu'il soit blanc ou noir pourvu qu'il attrape les souris », le dirigeant chinois Ji Xin Ping veut le suggérer aux Iraniens et aux Saoudiens.

En effet, le 10 mars 2022 est annoncé le rétablissement des relations diplomatiques entre l'Arabie saoudite et l'Iran, rompues depuis sept ans à Pékin.

Les divergences cultuelles devraient céder la place à la *realpolitik*, car pour le moment le leader du sunnisme et celui du chiisme ont tout à perdre en poursuivant leur affrontement par peuples du Moyen-Orient interposés en Irak, au Liban, au Yémen et en Syrie.

Désamorcer les conflits commence au Liban par une injection de liquidités saoudiennes et une souplesse dans les relations avec les sunnites.

Sur le front yéménite, David Rigoulet-Roze, chercheur à l'Institut de relations internationales et stratégiques, explique, dans le quotidien *Les Échos* le 21 mars 2023, que « Mohamed Ben Salmane cherche désormais à s'extraire de cette impasse stratégique et humanitaire, désastreuse pour l'image, et très coûteuse financièrement : plusieurs milliards de dollars par mois au plus fort de l'opération militaire ».

Les attaques houthistes contre les installations pétrolières saoudiennes le 15 septembre 2019, sont restées gravées dans les mémoires et constituent un traumatisme chez les Saoudiens, dirigeants et populations, sans que Washington n'intervienne.

L'Arabie saoudite a tiré les leçons du manque de soutien de l'Administration états-unienne et rentre dans un processus de déconfliction.

Sur le front irakien, David Rigoulet-Roze pense que :

> Ce qui est relativement nouveau, c'est la prise en compte de la réalité que le gouvernement ne peut être qu'à dominance chiite, compte tenu de la majorité démographique, mais en insistant sur l'arabité de l'Irak, qui peut ainsi jouer le rôle d'interface entre l'Iran chiite et le bloc arabo-sunnite.

L'Iran a tout intérêt à desserrer l'étau tant interne, avec les manifestations et les tensions sociopolitiques, qu'externe et essentiellement économique, à la suite des sanctions occidentales, que géopolitique.

Pour autant, tous les contentieux ne disparaissent pas. David Rigoulet-Roze soutient : « Il ne s'agit pas non plus d'une alliance entre Riyad et Téhéran, mais l'accord du 10 mars 2023 est un véritable changement de paradigme, fondé sur des intérêts réciproques bien compris. »

Cette nouvelle créerait une nouvelle dynamique vertueuse favorisant l'arrivée d'investisseurs étrangers et l'atteinte de la « vision 2030 » promue par Mohamed Ben Salmane.

Le coup est double pour Pékin : occuper le terrain laissé vacant par Washington qui se concentre désormais sur la Russie et la Chine et également créer les conditions d'un nouveau multilatéralisme fondé sur de nouvelles coopérations et — pourquoi pas ? — renforcer les BRICS et le recours aux monnaies autres que le dollar et l'euro.

La Chine est le premier partenaire commercial de l'Arabie saoudite et l'un de ses principaux clients en pétrole ; 40 % des importations chinoises de pétrole proviennent de la région.

La Chine a des relations diplomatiques avec la Chine depuis 1971, soit 20 ans de plus qu'avec l'Arabie saoudite.

En 2021, la Chine a promis d'investir en Iran 400 milliards de dollars en échange de livraison de pétrole.

Ce projet fut avorté en raison des sanctions occidentales contre l'Iran.

Avec ces taux d'intérêt qui augmentent et la réduction des liquidités sur les marchés financiers par une politique monétaire restrictive, on aurait dû avoir un prix du baril à 35 dollars.

Mais Mme Van der Layen et la Commission européenne soutenue par les chefs d'État et de gouvernement poussent les prix des hydrocarbures en déclarant l'arrêt des importations de pétrole russes et du gaz et en maintenant le plafonnement de leurs prix.

L'UE n'a pas la maîtrise de matières premières demandées internationalement et cotées sur des marchés dominés par la spéculation.

Grâce aux panneaux photovoltaïques, l'Europe a économisé 29 milliards d'euros sur sa facture énergétique.

Il faut dire que la hausse du taux de change de l'euro face au dollar renchérit le coût des importations des hydrocarbures libellées en monnaie états-unienne.

L'Europe face aux défis d'un positionnement pro-états-unien

Les États-Unis ne seraient pas opposés à voir le baril au plus haut niveau, car les producteurs de pétrole et gaz de schiste nord-américains pourraient continuer à produire avec profit.

Pendant ce temps l'Europe sombre dans le marasme et dans une crise énergétique sans précédent.

La surenchère conduit à une envolée des cours. Même plafonnés, les prix du pétrole et du gaz poursuivent leurs hausses, alors que les conditions économiques et financières mondiales auraient dû faire chuter le baril à 35 dollars.

L'Europe est le sacrifié, dans un jeu de superpuissances dont elle est exclue, mais qu'elle subit. Il est temps que l'UE comprenne que le monde a changé et qu'elle a tout intérêt à développer des partenariats économiques avec des pays du Monde tiers jadis dominés par elle.

Gazprom peut dire merci aux dirigeants de l'UE, mais les populations européennes qui souffrent et souffriront davantage des hausses des prix de l'énergie ne félicitent pas la commission de Bruxelles et les États d'Europe orientale qui poussent vers plus de radicalité dans le dossier des sanctions. Sans celles-ci, les prix du baril seraient en 2022-2023 de 50 dollars, voire de 35 dollars suite aux hausses des taux d'intérêt de la réduction des liquidités par les banques centrales qui freinent la spéculation sur les matières premières. La stagflation et le ralentissement de l'économie chinoise sont des facteurs additionnels de baisse des prix de l'énergie.

Les déficits des États sont la cause d'une dette mondiale de 100 000 milliards de dollars en 2021, soit 115 % du PIB mondial. Les pays occidentaux ayant une monnaie convertible qui circule internationalement peuvent faire financer leurs dettes par les banques centrales, mais pas les pays à monnaie inconvertible.

Les sanctions occidentales décidées contre la Russie après son invasion de l'Ukraine ne sont pas efficaces pour arrêter la guerre en Ukraine.

L'Europe n'avait pas d'autre choix que d'appliquer les sanctions économiques, si elle voulait rester dans le jeu géostratégique occidental. Tout autre engagement, physique par exemple, par des armées européennes, aurait entraîné un contact direct avec les troupes russes sur le territoire ukrainien. Ce qui aurait entraîné une troisième guerre mondiale. Donc, évidemment, l'Europe a fourni des armes, des experts et l'accueil des réfugiés ukrainiens, et a mis plusieurs milliards sur la table pour aider l'Ukraine. Par contre concernant les sanctions économiques et financières, je rappelle que l'Europe, avec les États-Unis, a décidé d'exclure des banques russes du système Swift, sauf les banques qui opèrent dans le domaine des hydrocarbures et également dans le domaine des céréales, afin de faciliter les exportations de ces produits demandés par le monde entier.

Est-ce que l'Europe a eu raison d'opérer ces sanctions économiques afin d'aboutir à l'arrêt de la guerre ? Certainement pas. Je pense que l'Europe se punit elle-même dans la configuration actuelle. L'histoire nous enseigne que les États hostiles aux intérêts américains n'ont pas chuté à cause des sanctions. C'était le cas de Kadhafi, de l'Afrique du Sud au moment de l'apartheid, du Vietnam, de la Corée du Nord ou de l'Iran. En outre, dans le cas russe, nous constatons que les revenus pétroliers et gaziers de la Russie sont au plus haut niveau.

L'économie russe plus résiliente ?

La Russie exporte le double de ce qu'elle importe. D'ordinaire, ce n'est pas parce que ce pays a augmenté ses exportations de gaz et de pétrole en volume, mais parce qu'il a réduit ses importations soit par mesure de rétorsion, soit à la suite des sanctions financières et économiques. La Russie veut-elle empêcher que le vieux continent se dote de réserves suffisantes de gaz, au vu de l'hiver prochain ? C'est possible, sous prétexte que les turbines qui ne fonctionnent pas ou en raison de l'entretien des gazoducs.

La Russie a baissé ses exportations et a gagné sur le plan des prix.

Graphique 3.

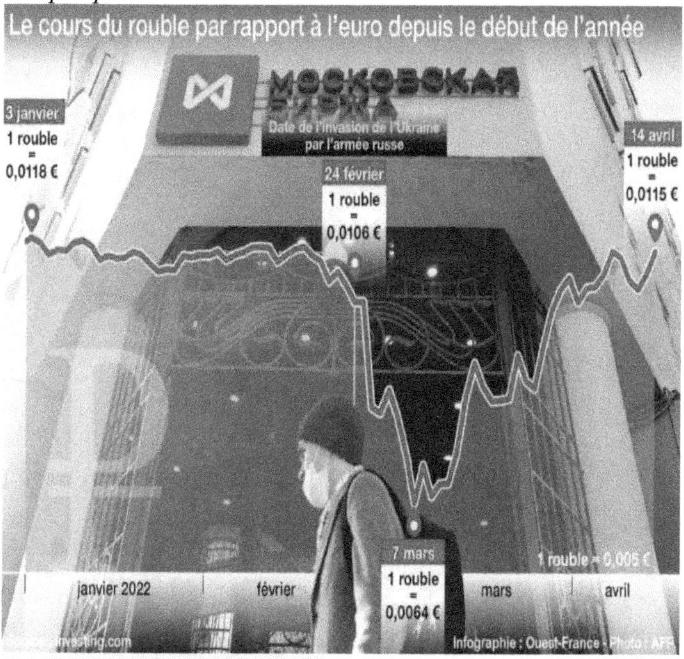

© Service infographie OF. Un rouble vaut 0,011 euro, soit autant qu'à la veille de l'invasion de l'Ukraine.

L'acheteur doit ouvrir deux comptes auprès de Gazprombank : un en euros et un autre en roubles. Il doit effectuer un virement égalant le montant, sur son compte en euros. Gazprombank le convertit en roubles auprès de la banque centrale. L'acheteur règle alors ensuite son gaz en roubles.

De quoi transformer des milliards d'euros en roubles. Les autorités russes contrôlent strictement les sorties de capitaux.

Les sanctions économiques ont fait chuter drastiquement les importations, notamment des biens de consommation occidentaux et de luxe.

Certes cela devrait insatisfaire des classes sociales russes aisées, mais aussi engendrer des excédents commerciaux de la Russie dans les trois premiers trimestres.

Tableau 2.
Balance commerciale (milliards d'US dollars).

	T1 2021	T2	T3	T1 2022	T2	T3
Exportations	104,8	127,9	146,2	168,1	162,2	153,0
Importations	79,1	93,2	98,9	88,8	71,9	84,6
Balance commerciale	25,7	34,7	47,3	79,3	90,3	68,4
En % de l'année précédente				308,6 %	260,2 %	144,6 %

Source : Banque centrale de Russie.

Paradoxalement, la Russie a engrangé plus de revenus des exportations des hydrocarbures en janvier-septembre 2022, avec une croissance de 30,9 % contre 25,7 % pour la même période en 2021. S'y ajoute la contribution de l'appréciation du taux de change du rouble.

Les importations ont fortement baissé, surtout si on les calcule en prix constants (de 2021). Il y a substitution des importations venant de pays « inamicaux » par des importations venues de pays « amicaux », mais des évolutions positives des producteurs locaux.

L'évolution des différentes branches industrielles montre que si certaines ont connu un fort recul de la production du fait du choc des sanctions, d'autres ont continué à croître fortement.

Tableau 3.
Évolution de la production industrielle sur l'année 2022 par rapport à 2021.

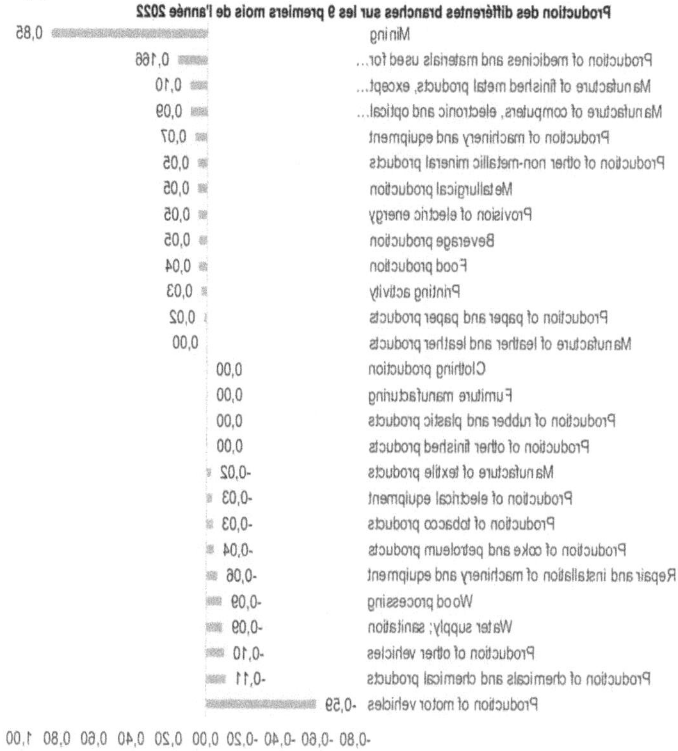

(Taux d'accroissement)

Le revenu disponible des ménages s'est contracté après les très fortes hausses du deuxième trimestre et du troisième trimestre de 2021, de manière paradoxale entre les différentes régions de la Russie. La baisse est de -3,4 % au troisième trimestre 2022. En effet, les ménages ont recouru à l'épargne soit par crainte de l'avenir ou en raison de pénuries de produits.

Graphique 4.

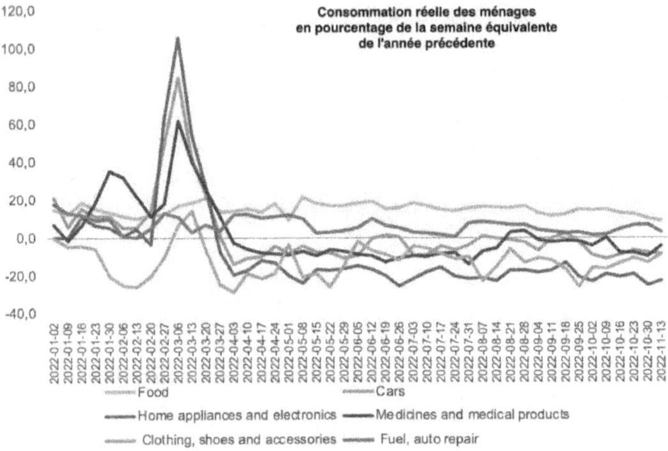

Source : Présentation d'A. Shirov.

L'économie russe est entrée en récession au deuxième trimestre de 2022. Cette récession est moins forte que celles observées lors de la crise des « subprimes » (2009-10) ou de celle de la Covid-19.

L'industrie connaît des restructurations, avec un appel à d'autres fournisseurs et l'ébauche d'une substitution aux importations, certes freinée par une insuffisance d'investissements. Il n'est pas aisé pour des rentiers russes et une classe de dirigeants de passer de la rente pétrolière et gazière à l'entrepreneuriat productif. L'État demeure le recours stratégique d'une politique industrielle nationale ainsi que l'impulsion de l'appareil productif. Il semble qu'un retour à la planification non pas impérative, mais indicative se produise. Une politique budgétaire devrait cibler les produits stratégiques à financer et promouvoir les capacités de production. Des secteurs commencent à ébaucher une reprise, comme l'industrie automobile, les échanges avec la Chine pour les approvisionnements en composant sont atteint 173 milliards de dollars en 2022. D'après ROSSTAT, le taux de croissance prévisionnel en 2022 se situerait entre -3,4 % (hypothèse basse) et -2,0 % (hypothèse haute).

Outre des investisseurs russes, on trouve des investisseurs indiens, chinois, asiatiques. Les pays du Golfe ne sont pas absents. La Banque centrale de Russie a fait fléchir ses taux d'intérêt à 7,5 % après une hausse visant à endiguer la chute du rouble. Le taux réel reste négatif compte tenu du taux d'inflation élevé à 12,5 %.

Suite aux sanctions, il semblerait que le système bancaire s'est adapté à l'exclusion d'une bonne partie des banques du système Swift. Il y a une tendance à la concentration bancaire, manière soviétique, et une tendance à la dédollarisation. Plusieurs décisions monétaires et financières ont été prises, comme la séparation du marché du rouble offshore et du marché local, la mise en place de canaux spécifiques de financement, la sortie des non-résidents de la détention de roubles. La détermination du taux de change officiel a connu une modification quant à sa méthodologie. Il en résulte des changements structurels quant à la détention du dollar.

Tableau 4.
Volume quotidien moyen des transactions USD/RUB au Royaume-Uni, millions USD.

	Avril 2021	Octobre 2021	Avril 2022
TRANSACTIONS, SPOT	12 316	15 192	1 549
NON-DELIVERABLE FORWARDS*	4 654	5 098	338
OUTRIGHT FORWARDS**	1 920	2 311	1 653
FOREIGN EXCHANGE SWAPS	12 813	15 174	4 528
CURRENCY SWAPS	92	82	98
FOREIGN EXCHANGE OPTIONS	2 521	2 827	716
Total	34 316	40 684	8 882

Source : United Kingdom's Foreign Exchange Joint Standing Committee (FXJSC).

*Paiement en devises non livrables pour entreprises importatrices : exportatrices.

**Avances en devises.

Graphique 5.

Ratio des volumes de transactions au comptant USD/RUB à la Bourse de Moscou et à Londres.

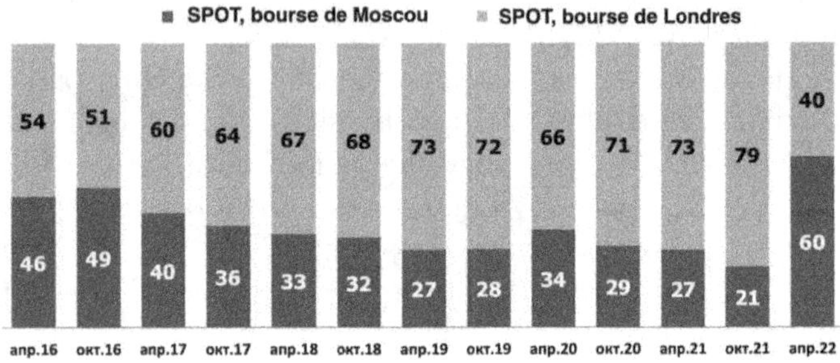

Il en résulte un renforcement de la Bourse de Moscou et un affaiblissement des opérations sur les marchés « offshore ».

La détention du dollar états-unien est passée de 83 % des transactions en février 2022 à la Bourse de Moscou à 42 % en octobre 2022. Parallèlement l'euro est passé de 12 % à 22 %, et le yuan à 25 %.

Le volume des opérations en Yuan est passé de 60 trillions de roubles à 7 007 trillions, soit un accroissement de 117 fois. Les contrats à terme sur la paire yuan/roubles occupent la deuxième place en termes de volume de positions ouvertes parmi les contrats à terme sur devises et sont passés de 0,1 trillion de roubles à plus de 122 trillions de roubles.

Cette politique volontariste a sans conteste porté ses fruits : en trois ans, les échanges commerciaux sont passés de 17,1 milliards de dollars en 2009 à 28,1 milliards de dollars en 2014. En dépit d'une contraction en 2012 (liée à la crise de la zone euro), la France est en 2013 le troisième fournisseur européen de la Russie (derrière l'Allemagne et l'Italie), avec 4,1 % de parts de marché. À l'origine circonscrits à quelques secteurs-clés, les investissements français se sont diversifiés et touchent désormais l'agroalimentaire, l'automobile, les transports (SAFRAN), le secteur financier (avec notamment la Société générale et BNP Paribas), les assurances (AXA) ; la distribution (Auchan, Décathlon, Leroy Merlin), et l'énergie (Total, GDF-Suez, EDF). Dans ces échanges franco-russes en pleine croissance, la comparaison avec l'étroite relation commerciale germano-russe sert bien.

Chapitre VII

Quid de monnaies communes régionales ?

L'Afrique aura-t-elle sa monnaie commune ?

L'éco remplacera le franc CFA pour les États d'Afrique de l'Ouest : révolution ou évolution de façade ?

Deux hommes côte à côte cette soirée du 21 décembre 2019 pour annoncer la fin du franc CFA et la naissance de l'éco : le président français Emmanuel Macron et le président ivoirien Alhassane Ouattara. Le premier veut tourner la page d'une Françafrique et d'un néocolonialisme qui sont décriés tant par des Européens que par des Africains. Le second, utilisant ses compétences techniques, œuvre auprès des chefs d'État membres de l'UEMEAO afin d'atténuer cette animosité montante vis-à-vis de l'ancienne puissance coloniale et de montrer aux peuples que les Africains ont repris la main sur cette union monétaire.

Économiste au Fonds monétaire international (FMI) en 1968, A. Ouattara poursuit ses études postmaster à l'université de Pennsylvanie et obtient un doctorat d'État en sciences économiques en 1972. Après des allers-retours entre la Banque centrale des États de l'Afrique de l'Ouest (BCEAO) et le FMI, il devient gouverneur de celle-là en novembre 1984.

Le changement dans la continuité. Le successeur du franc CFA, l'éco, sera indexé sur l'euro selon des parités fixes

L'annonce de la fin du franc CFA sera-t-elle suivie par un mouvement de panique ? C'est un changement de façade et le calme doit s'imposer.

L'éco devait naître en 2020 et sonner le glas du dépôt des réserves de change sur le compte d'opérations auprès du trésor français. Ce serait aussi la fin de la présence des représentants français dans les instances monétaires africaines.

La grande question est comment des accords de 46 ans peuvent être remplacés en quelques mois par l'éco ?

Au total le changement se fera sous la houlette de l'UEMEAO. Mais sous garantie de l'État français.

La France doit cesser de surévaluer « le risque africain », miser sur la croissance partagée et ne plus voir en l'Afrique un simple marché de matières premières ou de consommateurs. Parmi les sujets qui font polémique, la relation monétaire entre la France et la zone franc. En effet, le franc CFA a été créé le 26 décembre 1945, au lendemain de la Seconde Guerre mondiale, par le général de Gaulle. Dans son livre « Sortir l'Afrique de la servitude monétaire : à qui profite le franc CFA ? », Demba Moussa Dembélé fustige cette monnaie unique et son insuccès à faciliter l'intégration régionale, arguant que les échanges entre pays membres de l'UEMOA ne dépassent pas 15 % de leur commerce total. Dans la Cémac (en Afrique centrale), ces échanges sont inférieurs à 10 %. En matière de développement, sur les 14 pays africains qui utilisent le franc CFA, 10 sont classés parmi les « pays les moins avancés » (PMA) par les Nations unies. Et leurs indicateurs de développement sont parmi les plus bas du monde, selon le Programme des Nations unies pour le développement (Pnud). Les pays sont tenus de déposer la moitié de leurs réserves de change auprès du Trésor français. Lors de mes déplacements en Afrique de l'Ouest (depuis 1996), j'ai constaté et entendu le désarroi des Africains après la dévaluation de 1994 qui a été décidée à Paris sans concertation avec les chefs d'État africains. Au sein de la CDEAO, huit pays seulement utilisent le franc CFA. Il serait question que ces derniers créent à l'horizon 2020 une monnaie unique intégrant le Cap-Vert, la Guinée, la Gambie, le Ghana, le Liberia, le Nigeria et la Sierra Leone. Il est acquis qu'aucun pays ne souhaite créer sa propre monnaie, source de dévaluations successives forcées et de poussées inflationnistes déstabilisantes. Seize pays utilisent le franc CFA. La BEAC (Banque des États de l'Afrique centrale) supervise la Cémac (Communauté économique et monétaire de l'Afrique centrale) pour les six États membres, à savoir le Cameroun, le Congo, le Gabon, la Guinée équatoriale, la République centrafricaine et le Tchad. La BCEAO (Banque centrale des États de l'Afrique de l'Ouest) gère l'UEMOA (Union économique et monétaire ouest-africaine) qui regroupe le Bénin, le Burkina Faso, la Côte d'Ivoire, la Guinée-Bissau, le Mali, le Niger, le Sénégal et le Togo. Les deux banques centrales de la zone franc disposaient en 2005 de plus de 3 600 milliards de francs CFA (environ 72 milliards d'euros) auprès du Trésor français. D'aucuns s'interrogent : le franc CFA est-il un frein au développement des pays africains qui l'utilisent ? Ce qui est gênant chez les défenseurs d'une monnaie unique africaine, c'est qu'elle est hors de portée à l'heure actuelle.

J'ai constaté et analysé les causes du faible engagement des banques auprès des PME et des ménages. C'est l'histoire de l'œuf et de la poule. Les banquiers, dont la plupart sont les représentants de filiales de grandes banques internationales, se plaignent de l'opacité des informations provenant des demandeurs de prêts, des turpitudes et déclarations mensongères sur les comptes des entreprises. Les entrepreneurs se plaignent du manque de prise de risques de la part du système bancaire. La solution serait à chercher dans l'institution de dispositifs de garantie des concours bancaires avec le soutien des banques centrales de la zone franc et par ricochet le Trésor français. Plusieurs PME utilisent l'autofinancement pour investir, ce qui limite leur développement ; l'effet levier est inexistant. Nous savons que les sociétés qui ont atteint la taille critique et dont certaines sont devenues des firmes multinationales ont opéré grâce à l'existence de financements bancaires et financiers plus abondants. En Afrique, l'intermédiation bancaire domine le financement de l'économie en raison de la faiblesse des bourses régionales. En attendant l'instauration d'une monnaie régionale commune, selon les zones économiques, le franc CFA est la solution optimale. Cependant, plusieurs modes de fonctionnement de ce système bancaire seraient à améliorer. Le taux de change fixe entre l'euro et le franc CFA crée des distorsions pour les économies africaines. Lorsque l'euro est surévalué par rapport au dollar, certains produits exportables sont moins compétitifs et inversement. Une dépréciation de l'euro par rapport à la devise américaine fait augmenter l'inflation. Mais une étude plus fine de notre part met en évidence l'impact limité des variations des taux de change de l'euro sur les économies de la zone franc, et ce pour plusieurs raisons. Il y a quasi-inexistence d'élasticité prix de la demande pour la plupart des biens exportables africains, car ils sont composés essentiellement de matières premières dont les prix sont fixés sur les marchés internationaux et facturés en dollars et ne dépendent pas de la demande extérieure. Les produits non pétroliers des pays de la zone franc sont exportés vers l'UE, donc en euros. Le gouverneur de la Banque de France, François Villeroy de Galhau, a affirmé : « Nous menons régulièrement des études économiques sur la valeur du franc CFA par rapport aux niveaux économiques, sur la valeur du franc CFA qui n'est ni sous-évalué ni surévalué », cité par Reuters le 30 septembre 2016. Pour sa part, Lucas Abaga Nchama, le gouverneur de la BEAC, a précisé que « les difficultés actuelles de la Cémac [sa croissance ne dépassera pas les 2 % cette année (2017)] sont d'ordre budgétaire et liées au choc exogène provoqué par la chute des prix du pétrole. Il ne s'agit guère d'une crise monétaire » (cité par *Jeune Afrique* le 16 janvier 2017). Mais les seize pays de la zone franc ont-ils la capacité d'avoir une monnaie unique autre que le CFA ? Le fait que les États membres de la zone monétaire déposent leurs réserves auprès du Trésor public français est une forme de solidarité entre eux et une garantie qu'une monnaie unique ne sera pas créée *ex nihilo* des quantités astronomiques de billets de banque. Des articles ont caricaturé ce système monétaire en donnant des chiffres fantaisistes, comme sur le site Silicon Africa en janvier 2014 : y est décrit un système « diabolique » dont la France ne voudrait pas sortir, puisqu'il lui apporterait « autour de 500 milliards de dollars pour son Trésor chaque année, depuis l'Afrique ». Mais l'auteur, qui le reconnaît lui-même, n'a pas encore tous « les détails des montants, de l'évaluation et des moyens de paiement » de cet impôt colonial. Un peu plus loin, dans le même article, ce n'est d'ailleurs plus « 500 milliards de dollars chaque année », mais un stock de « 500 milliards de monnaies de pays africains » (sic) que la France détiendrait. Il convient de souligner qu'il s'agit de réserves de placements rémunérés à un taux de 0,75 %, alors que les banques centrales en Europe servent des taux négatifs.

Plusieurs vertus de la zone franc sont à mettre en évidence :
— la stabilité des taux de change assure aux particuliers, aux entreprises, aux banques et aux investisseurs de ne pas subir les fluctuations erratiques des cours des monnaies et autorise

une visibilité sur le moyen et long terme. En effet, les entreprises ne font pas appel au mécanisme de couverture contre le risque de change ; les investisseurs ne craindront pas une chute de la monnaie nationale qui déprécierait leurs actifs financiers, — une convertibilité illimitée au sein de la zone, — des taux d'inflation maîtrisés, — la possibilité de fixer des taux d'intérêt compatibles avec les niveaux d'investissement souhaités, — l'absence d'un marché parallèle de devises, — l'interdiction de recourir à la planche à billets, facteur d'hyperinflation et d'effondrement de la monnaie nationale, — la convertibilité du franc CFA au sein de la zone monétaire régionale.

Les contradicteurs des zones franc CFA s'engagent pour des raisons multiples : panafricanisme, concurrents actuels ou potentiels de la présence française ou experts non partisans.

Certaines élites africaines citent le modèle de coopération sino-africain comme le plus utile à l'Afrique et plaident pour une adhésion à la route de la soie.

Cependant, une étude menée, en octobre 2022, par la Banque mondiale, le laboratoire de recherche américain AidData, la Harvard Kennedy School et l'institut Kiel pour l'économie mondiale, montre que la Chine est intervenue de manière croissante :

> Au total, plus de 20 pays débiteurs ont reçu 240 milliards de dollars de prêts de sauvetage chinois depuis 2000. Et l'ampleur des programmes de sauvetage chinois augmente rapidement. Plus de 185 milliards de dollars ont été annoncés au cours des cinq dernières années seulement.

Ses auteurs reconnaissent qu'il n'est pas aisé de se faire une idée précise de la réalité et indiquent :

> Les prêts de sauvetage de la Chine diffèrent de ceux des prêteurs internationaux établis en dernier ressort en ce qu'ils sont opaques, portent des taux d'intérêt relativement élevés et sont presque exclusivement destinés aux débiteurs de l'initiative chinoise [des nouvelles routes de la soie].

En particulier, les taux d'intérêt se situent à 5 % contre 2 % généralement pour les prêts du Fonds monétaire international (FMI).

Le rapport détaille deux moyens d'intervention des autorités chinoises. Le premier mode opératoire consiste en la mise en place de lignes de swaps (dispositif d'échanges de devises) par la Banque centrale chinoise. Depuis 2008, cette dernière a tissé un réseau avec près de 40 banques centrales étrangères. Officiellement, l'objectif de ces lignes de swap est de promouvoir l'utilisation du yuan à des fins de règlement des échanges commerciaux et des investissements.

Mais dans le cas présent, l'étude révèle que ces swaps seraient principalement utilisés pour rembourser la dette :

> Il y a un manque de clarté sur la manière dont les fonds sont réellement utilisés, surtout s'ils assurent directement le service des dettes vis-à-vis de la Chine arrivant à échéance.

Au total, 170 milliards de dollars ont été accordés par Pékin via ce mode opératoire. Les lignes de swap sont en général octroyées pour douze mois, mais durent en moyenne jusqu'à trois ans et demi.

Ces prêts vont directement aux banques centrales et aux gouvernements.

Plus de 70 opérations de sauvetage dédiées à 13 pays ont été répertoriées, pour une valeur globale de 70 milliards de dollars, relate l'étude :

> Ces prêts sont pour la plupart libellés en dollars américains et permettent souvent explicitement aux emprunteurs d'utiliser les fonds pour rembourser les dettes existantes, y compris celles dues aux institutions chinoises.

Autre pratique douteuse : les sociétés pétrolières et gazières publiques chinoises (CNPC et Unipec) octroient des facilités de prépaiement des matières premières, créant une dépendance.

La Chine s'impose de plus en plus comme un prêteur en dernier ressort concurrençant ainsi FMI.

Israël ajoute des yuans à des réserves de 206 milliards de dollars dans un changement de « philosophie ».

Les devises canadienne, australienne et japonaise ont également été ajoutées au panier. La Banque d'Israël s'apprête à réduire l'allocation pour le dollar et l'euro.

Le dollar sous les autres cieux

La banque centrale d'Israël a apporté en avril 2022, des changements significatifs à son allocation de réserves en ajoutant le yuan chinois aux côtés de trois autres devises à un stock qui a dépassé pour la première fois 200 milliards de dollars en 2021.

Outre le dollar états-unien, l'euro et la livre sterling, sont inclus les dollars canadien et australien ainsi que le yen et le yuan (le renminbi).

Ces ajouts marquent un changement dans « l'ensemble des directives et de la philosophie d'investissement de la Banque d'Israël », a déclaré le sous-gouverneur Andrew Abir dans une interview.

La livre et le yen compteront pour 5 % et les devises du Canada et de l'Australie compteront pour 3,5 % chacune. Selon la nouvelle approche, la proportion du yuan est fixée à 2 % pour 2022, selon le rapport annuel de la banque centrale israélienne publié fin mars 2022.

Pour s'adapter aux changements, la part de l'euro tombera à 20 % — le plus bas depuis au moins une décennie — contre un peu plus de 30 %, tandis que le dollar représentera 61 %, contre 66,5 %.

La pondération de la livre, en revanche, doublera presque pour atteindre 5 %, revenant à un niveau observé pour la dernière fois en 2011.

L'augmentation « spectaculaire » des réserves de change d'Israël a conduit la banque centrale à allonger son horizon d'investissement, a déclaré Abir : « Nous examinons la nécessité de gagner un rendement sur les réserves qui couvrira les coûts de responsabilité. »

Un programme d'interventions monétaires lancé il y a plus de dix ans par le gouverneur de l'époque, Stanley Fischer, pour endiguer la flambée du shekel a aidé la banque centrale à amasser des réserves qui dépassent désormais le tiers du produit intérieur brut.

Ils s'élevaient à un peu plus de 206 milliards de dollars fin mars 2022.

Graphique 6.

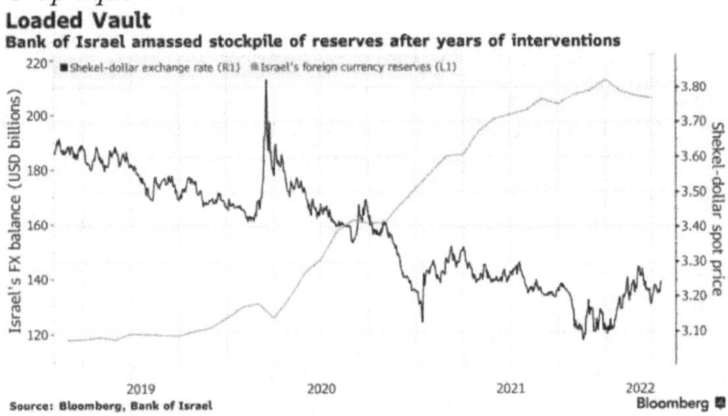

L'enquête du Fonds monétaire international sur la composition en devises des réserves officielles de change montre qu'à la fin de l'année dernière, l'euro représentait près de 20 %, le dollar un peu moins de 59 % et la livre près de 5 %.

Le yuan a légèrement augmenté par rapport au troisième trimestre pour atteindre un nouveau sommet de 2,79 %.

La part du billet vert, tombée au plus bas depuis 1995, en grande partie au profit de l'euro, de la livre, du dollar canadien et du yuan peut s'expliquer par la saisie d'une grande partie des avoirs en devises étrangères de la Russie à cause des sanctions internationales.

Les pays d'Amérique latine ont investi près de 30 milliards de dollars dans des actifs en yuans au cours des cinq dernières années, selon Goldman Sachs Group Inc. plus d'un milliard de dollars de réserves de yuans rien qu'en février 2022.

Graphique 7.

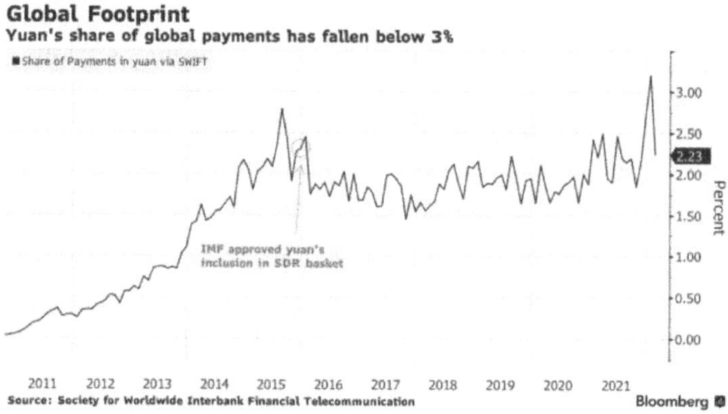

L'actualisation du panier de devises du Shekel israélien reflète la physionomie des flux commerciaux entre Israël et le reste du monde. Quoique grands partenaires d'Israël, les États-Unis sont devant la Chine. Les échanges avec l'Asie s'accroissent en doublant entre 2016 et 2021.

Le détachement du dollar des monnaies des pays du Golfe

Les cercles diplomatiques du Golfe affirment que la politique menée par l'Occident et la manière dont il traite la supériorité du dollar, qui n'est pas dénuée de duplicité, constituent une incitation supplémentaire pour le Royaume d'Arabie saoudite à aller de l'avant dans le développement de sa relation avec l'Orient. La Chine est priorisée, sur la base des outils dont elle dispose, que ce soit par rapport à la force de son économie et aux énormes ressources énergétiques dont elle dispose ou par rapport à son poids politique au niveau régional.

Les relations saoudo-américaines connaissent une grande apathie en raison du refus du Royaume d'augmenter la production de pétrole pour contrôler les marchés du brut, qui connaissent une hausse importante en raison de la guerre d'Ukraine. L'administration du président Joe Biden tente de faire pression sur le Royaume en soulevant certaines questions controversées liées aux droits de l'homme, tout en poussant ses alliés occidentaux, comme la Grande-Bretagne, à se déplacer et à persuader Riyad de changer de position. Cependant, il est peu probable qu'il y parvienne, et la chose la plus probable est que cette politique aura des répercussions négatives.

Les pays du Golfe précisent que le géant asiatique, la Chine, sera le premier bénéficiaire des erreurs occidentales accumulées, en particulier les erreurs américaines résultant d'un manque de compréhension de la dynamique changeante de l'environnement du Golfe. A contrario les États-Unis poursuivent toujours la même vieille méthode, basée sur la pression non dénuée d'arrogance, et continuent de donner des leçons. Motif de friction, le dossier des droits de l'homme dans le Royaume après la condamnation à mort prononcée contre des membres impliqués dans des groupes extrémistes

Et le *Wall Street Journal* a révélé que l'Arabie saoudite envisageait d'utiliser le yuan chinois au lieu du dollar dans les ventes de pétrole à la Chine, ce qui, s'il était réalisé, causerait de grands dommages au dollar américain.

La Chine est le plus grand importateur de pétrole au monde et achète plus de 25 % des exportations du Royaume

La Chine est le plus grand importateur de pétrole au monde et elle achète plus de 25 % des exportations du Royaume, et si ces exportations sont tarifées en yuan, la Chine renforcerait ainsi la position de sa monnaie et ouvrirait la voie à d'autres pays pour commercer avec Pékin loin du dollar américain, ce qui a toujours été une ambition.

Le journal américain a cité des sources informées anonymes disant que Riyad est en pourparlers actifs avec Pékin pour fixer le prix de certaines de ses ventes de pétrole à la Chine en yuans. Les sources ont averti que cette étape réduirait la domination du dollar sur le marché mondial du pétrole.

Les pays du Golfe affirment que relancer la question des échanges commerciaux entre l'Arabie saoudite et la Chine en utilisant le yuan, après que les discussions sur cette question aient été gelées pendant près de six ans en raison de l'intervention américaine, constitue un nouveau message saoudien qui n'est pas sans défi pour l'administration américaine, et que son contenu indique que la position du

Royaume n'est pas de l'acceptation de la pression exercée sur lui, et qu'il ira là où ses intérêts l'exigent.

Le journal a cité une source informée — qu'il n'a pas nommée — disant que l'Arabie saoudite cherche à renforcer et à approfondir ses relations avec Pékin à la lumière d'un changement géopolitique au Moyen-Orient, alors que la Chine et la Russie cherchent à étendre leur influence dans l'Asie et la région.

La source a souligné que le prince héritier saoudien Mohammed ben Salmane et le président chinois sont de bons amis, et que tous deux se rendent compte qu'il existe un énorme potentiel pour des relations plus solides, ajoutant que l'affaire n'est pas liée à l'achat de pétrole au Royaume et d'armes à la Chine.

Les relations entre l'Arabie saoudite, chef de file de l'OPEP, et la Chine ont connu un développement remarquable ces dernières années, et les observateurs l'attribuent à de nombreuses considérations, dont le sentiment croissant en Arabie saoudite qu'elle possède suffisamment d'éléments de force qui lui permettent d'être le maître de sa décision et de ne pas avoir à tenir compte de ses alliés occidentaux, qui pour certains l'ont laissée tomber dans plus d'un dossier. Il y a ceux qui fixent des conditions injustes pour l'exportation d'armes vers lui, et d'autres sont allés jusqu'à immobiliser les achats du Royaume, qui a un besoin urgent de protéger ses terres des attaques répétées auxquelles il est exposé de la part des rebelles houthis fidèles à l'Iran.

Le président chinois Xi Jinping s'est rendu à Riyad en 2016, et le monarque saoudien a rendu la visite en 2017, accompagné d'une délégation d'un millier de personnes. En 2019, le prince héritier saoudien a eu des entretiens avec Xi à Pékin, au cours desquels ils ont conclu un accord pétrolier d'une valeur de 10 milliards de dollars, et le prince Muhammad devait assister à l'ouverture des Jeux olympiques de Pékin en février 2022, mais les circonstances ont empêché une délégation officielle saoudienne à participer malgré le boycott occidental de l'événement.

L'Arabie saoudite est en pourparlers avec Pékin pour fixer le prix de certaines de ses ventes de pétrole en yuan chinois, a rapporté le 14 mars 2022 le *Wall Street Journal*, une décision qui réduirait la domination du dollar américain sur le marché mondial du pétrole et marquerait un changement pour les plus grandes compagnies pétrolières du monde.

Les pourparlers avec la Chine sur les contrats pétroliers libellés en yuans ont été bloqués il y a six ans, mais se sont accélérés en 2022, ont déclaré des personnes proches du dossier au *Wall Street Journal*, alors que les Saoudiens devenaient de plus en plus mécontents des engagements de sécurité américains vieux de plusieurs décennies pour défendre l'Arabie saoudite.

La Chine achète plus de 25 % du pétrole que l'Arabie saoudite exporte, et s'ils sont libellés en yuans, ces ventes renforceront la position de la monnaie chinoise.

Ce serait un changement majeur pour l'Arabie saoudite de tarifer, même certaines de ses exportations de pétrole brut, qui s'élèvent à environ 6,2 millions de barils par jour, en autre chose que des dollars. La majorité des ventes mondiales de pétrole sont d'environ 80 % en dollars américains, et l'Arabie saoudite fixe le prix du pétrole en dollars depuis 1974, dans un accord avec l'administration de l'ancien président américain Nixon, qui comprenait des garanties de sécurité pour le Royaume.

La Chine a introduit des contrats pétroliers libellés en yuans en 2018 dans le cadre de ses efforts pour rendre sa monnaie négociable dans le monde entier, mais cela n'a pas affecté la domination du dollar sur le marché pétrolier.

Pour la Chine, l'utilisation du dollar est devenue un danger, mis en évidence par les sanctions américaines contre l'Iran pour son programme nucléaire, mais aussi contre la Russie en réponse à la guerre en Ukraine.

Dans le même ordre d'idées, la Chine a aidé l'Arabie saoudite à construire ses propres missiles balistiques, l'a consultée sur un programme nucléaire et a commencé à investir dans de futurs projets en Arabie saoudite, comme la ville de Neom.

Les États-Unis d'Amérique comptent désormais parmi les plus grands producteurs de pétrole au monde, alors qu'ils importaient deux millions de barils de brut saoudien par jour au début des années 1990, mais ces chiffres sont tombés à moins de 500 000 barils par jour en décembre 2021, selon l'Energy Information Administration des États-Unis.

En revanche, les importations de pétrole de la Chine ont augmenté au cours des trois dernières décennies, parallèlement à l'expansion de son économie.

L'Arabie saoudite est le plus grand fournisseur de brut de la Chine en 2021, vendant 1,76 million de barils par jour, elle est suivie de la Russie avec 1,6 million de barils par jour, selon les données de l'Administration générale des douanes de Chine.

« La dynamique a radicalement changé, la relation des États-Unis avec l'Arabie saoudite a changé, la Chine est le plus grand importateur de brut au monde et ils offrent de nombreuses incitations lucratives à l'Arabie saoudite », a déclaré au *Wall Street Journal* un responsable saoudien familier avec les pourparlers.

Alors qu'un haut responsable américain a qualifié l'idée que les Saoudiens vendent du pétrole à la Chine en yuan, « d'extrêmement improbable », le responsable américain a déclaré au *Wall Street Journal* que les Saoudiens avaient lancé l'idée dans le passé lorsqu'il y avait des tensions entre Washington et Riyad.

Le responsable américain a ajouté que la conversion quotidienne de millions de barils de pétrole de dollars en yuans pourrait nuire à l'économie saoudienne, dont la monnaie, le riyal, est indexée sur le dollar américain.

Les Saoudiens prévoient toujours d'effectuer la plupart des transactions pétrolières en dollars, selon des sources proches des pourparlers, mais cette décision pourrait inciter d'autres producteurs à fixer également le prix de leurs exportations chinoises en yuan, comme les autres grandes sources pétrolières chinoises, la Russie, l'Angola et l'Irak.

La décision saoudienne pourrait également réduire la domination du dollar américain dans le système financier international, sur lequel Washington s'appuie depuis des décennies pour imprimer les bons du Trésor qu'il utilise pour financer son déficit budgétaire.

« Le marché du pétrole, et par extension, l'ensemble du marché mondial des matières premières, est l'assurance du statut du dollar en tant que monnaie de réserve », a déclaré l'économiste Gal Loft, directeur de l'Institute for Global Security Analysis et co-auteur d'un livre sur la dédollarisation, « et si ce bloc est retiré du mur, le mur s'effondre ».

Dédollarisation : vers une monnaie régionale d'Amérique latine ?

Déjà en 2006, les gouvernements d'Argentine et du Brésil ont modifié le mode de facturation de leur commerce bilatéral, utilisant respectivement le peso argentin ou le real brésilien pour leurs opérations commerciales au lieu du dollar comme devise.

Peut-être est-ce l'ébauche d'une monnaie unique dans le Mercosur. L'objectif est d'intensifier les échanges commerciaux intra-zone économique et monétaire et de diminuer les coûts des transactions. La dépendance des États-Unis et de sa monnaie, le dollar, est recherchée.

Que de chemin parcouru si l'on se rappelle qu'en 1999, Carlos Menem, alors mandataire argentin, affirmait que le dollar était la monnaie « la plus forte » et devait être imposée comme telle aux autres pays et devenir la monnaie commune du Mercosur.

Déjà en 2003, le consultant Ecolatina — fondé par l'ex-ministre de l'Économie Robert Lavagna — indiquait que la création d'une « monnaie verte » signifiait la dédollarisation des économies de la région.

Quant à l'inspecteur des finances brésilien en 1999, Pedro Malan, il avait déclaré que la monnaie unique du Mercosur prendrait tout son sens lorsque « dans un futur éloigné [...], nous aurons progressé dans la consolidation fiscale et l'harmonisation de certaines législations, nous pourrons alors étudier ce qu'ont fait les Européens ». Un des premiers à évoquer une monnaie commune fut Pedro Pou, président de la Banque centrale d'Argentine vers la fin des années 1990. Il estimait que le plus correct était de considérer la convertibilité comme un pas vers l'Union monétaire américaine (UMA).

Le 21 janvier 1999 était envisagé le Traité d'association monétaire (TAM) entre l'Argentine et les États-Unis, dans le format d'une négociation bilatérale laissant les autres pays dans le rôle d'observateurs avant d'incorporer au TAM d'autres nations latino-américaines et, pour finir, de concrétiser l'UMA. Il s'agissait d'avancer vers une monnaie commune : le dollar.

En février 1999 le président argentin Carlos Menem et le président brésilien Fernando Enrique Cardoso ont plaidé pour une coordination macroéconomique, à l'instar du traité de Maastricht instituant l'intégration monétaire européenne grâce à des objectifs précis en matière de taux intérêt, de régimes fiscaux et de taux de change.

Durant la même période, les ministres des Finances des pays du Mercosur se sont réunis afin de mettre en place une banque régionale et de mettre au point une stratégie commune.

Un article publié par Sputnik en septembre 2017 était intitulé : « La dédollarisation de l'économie mondiale est en marche ».

Le mouvement qui a commencé depuis des décennies s'est accéléré de façon considérable à la suite des sanctions à l'encontre de la Russie, non pas quantitativement, mais qualitativement.

Le processus est engagé, mais prendra d'autres décennies. En effet, ceux qui détiennent le dollar sont ceux qui veulent dédollariser, mais en même temps, ils ne souhaitent pas l'effondrement de la monnaie états-unienne.

La Chine, la Russie et l'Inde signent des accords permettant d'utiliser leur monnaie nationale dans le cadre du commerce bilatéral, tandis que l'Europe considère l'euro comme un actif de réserve et un moyen d'échange international.

L'économiste américain Frederick William Engdahl, évoquant le fait que la Chine, soutenue par la Russie, entreprend des démarches déterminées pour créer une alternative très viable à la domination du dollar dans le monde de la finance et le commerce international, écrivit : « Wall Street et Washington ne sont pas surpris, mais sont incapables de s'y opposer. »

Paradoxalement, la Chine et, dans une moindre mesure, la Russie et les autres détenteurs d'obligations en dollars finançaient les guerres américaines dirigées contre eux en rachetant la dette états-unienne.

Comment alors promouvoir la création d'une monnaie internationale soutenable, basée sur l'or et, éventuellement, de plusieurs monnaies similaires afin de constituer un contrepoids à l'hégémonie du dollar ?

Depuis plusieurs années, la Russie et la Chine ont acheté d'importantes quantités d'or et se concertent avec les Brics (Brésil, Russie, Inde, Chine, Afrique du Sud) et les partenaires des pays eurasiatiques de l'Organisation de coopération de Shanghai (OCS) afin d'achever la création d'une nouvelle alternative monétaire au dollar.

Ces pays représentent plus de 3 milliards d'habitants, soit environ 42 % de la population mondiale, unie par une coopération économique et politique pacifique. Mais des contradictions d'intérêts géopolitiques et géostratégiques demeurent.

Quant à l'Amérique latine, *The Wall Street Journal* a rapporté que le Venezuela du président Nicolas Maduro, à la suite des sanctions états-uniennes, a officiellement cessé d'accepter les dollars américains en tant que moyen de paiement pour les exportations de pétrole brut.

Le rapport *In Gold We Trust* aborde de façon récurrente le thème de la dédollarisation en croissance des échanges commerciaux et des réserves de change.

Ses auteurs, Ronald Stöferle et Mark Valek, ont annoncé en 2022 que « la fin de partie a commencé ». Un an plus tard, comment la situation a-t-elle évolué ?

Pour ses rapporteurs « le fruit de la dédollarisation est mûr et il n'attend plus qu'un coup de vent pour tomber ».

Dans l'édition 2020de leur rapport, ils écrivent :

> Dès lors que l'on traite de devises, alors il faut presque toujours en venir à traiter d'énergie, en particulier de pétrole. Après tout, le système actuel du dollar américain est basé sur le commerce de « l'or noir ».
>
> Nous voyons un lent cheminement vers un monde multipolaire dans lequel le dollar américain, l'euro et le yuan jouent un rôle de monnaies d'échange pour le pétrole et de monnaies de réserve.

> Le dollar américain pourrait continuer à être le numéro un incontesté sur le plan structurel et, au final, au niveau mondial. Cependant, au-delà des pas de géant qui nous éloignent du dollar américain, comme l'introduction d'une monnaie européenne commune ou la cotation des prix de l'or et du pétrole en yuans, il y a eu de nombreux petits pas. Le débat autour de la Libra et la réaction nerveuse des banquiers centraux et des politiciens ont montré à quel point le système construit autour de la monnaie clé qu'est le dollar américain est devenu fragile.

Les deux auteurs rappellent ce constat, posé par Stephen Roachen, en juin 2020 : « Pendant presque 60 ans, le monde s'est plaint, mais n'a rien fait. Cette époque est révolue.

Ils ajoutent :

> La Chine travaille sur tous les fronts pour saper l'hégémonie du dollar américain. La Russie et l'Europe en profitent également. Le yuan numérique a parcouru un long chemin, mais le fait que la Chine utilise cette monnaie comme un outil de surveillance en rebute plus d'un. Que vont faire l'Europe et les États-Unis ? […] la Réserve fédérale américaine est encore hésitante au sujet d'un dollar numérique. Les banques centrales du monde entier continuent d'acheter de l'or, notamment en Europe de l'Est. L'euro pourrait sortir renforcé de la crise.

Deux décisions ont sacré le dollar roi, le « Nixon shock » du 15 août 1971 et le « pacte des pétrodollars » conclu entre Washington et Riyad en juin 1974 (pour reprendre l'expression de Ronald Stöferle et Mark Valek).

Emboîtant le pas à ces deux auteurs, Nicolas Perrin publia le 22 février 2022 un billet conclusif en ces termes :

> La « dédollarisation » [consiste à] réorganiser prudemment une architecture monétaire dépassée vers un nouveau système qui soit équilibré du point de vue de toutes les grandes puissances – et qui puisse servir de base à un ordre économique mondial multipolaire.

N. Perrin ajoute au sujet de la Chine :

> Sans pour autant prétendre devenir la monnaie de réserve mondiale, la Chine vise elle aussi à jouir d'un « privilège impérial », quoique limité à sa zone d'influence. [...] Avec un yuan adossé à un stock d'or comparable aux réserves européennes et américaines, sans doute la Chine pourrait-elle bénéficier, dans le cadre d'un système monétaire devenu multipolaire, d'une plus large part d'un « privilège impérial » alors largement multipolarisé. Notez que cela n'implique pas pour autant que le yuan devienne « as good as gold ».

L'objectif premier de la Chine me semble donc être d'asseoir la crédibilité de sa devise.

La part du dollar dans les réserves mondiales de change est tombée fin 2020 à son plus bas niveau depuis 1995 : à 59 %.

Graphique 8.
Part du dollar américain dans les réserves mondiales de change, 2000-2020.

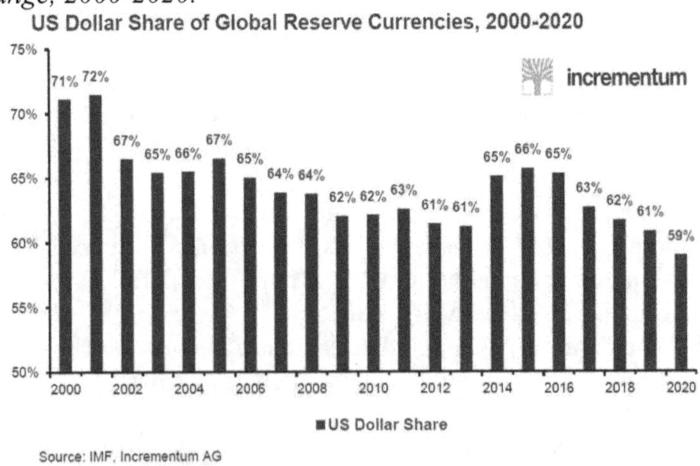

En juillet 2020, l'or a dépassé le dollar dans les réserves de change russes.

Graphique 9.

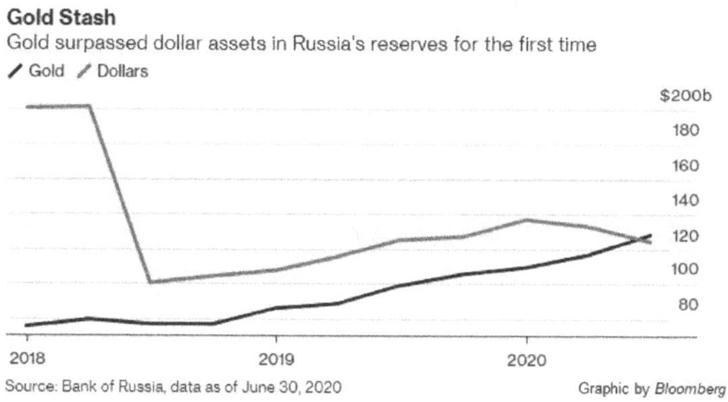

Graphique 10.
Composition des réserves de change russes en juin 2021.

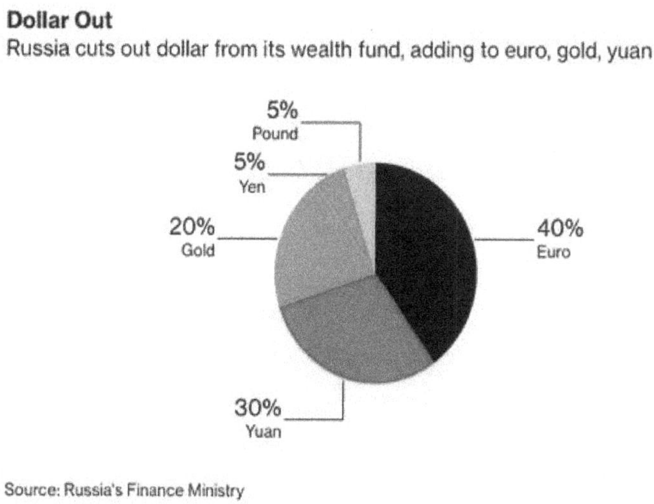

La Chine a réduit la part du dollar en tant que monnaie de réserve.

Graphique 11.

En cours de titres du Trésor américain détenus par la Chine.

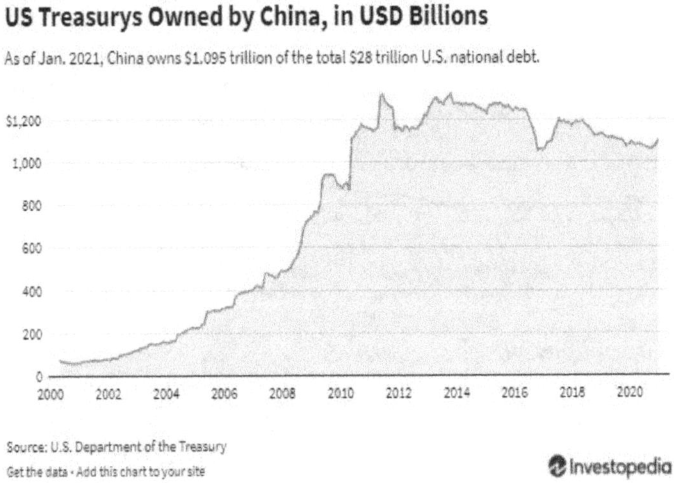

Graphique 12.

Réserves officielles d'or de la Chine et de la Russie (tonnes, 2000-juin 2021).

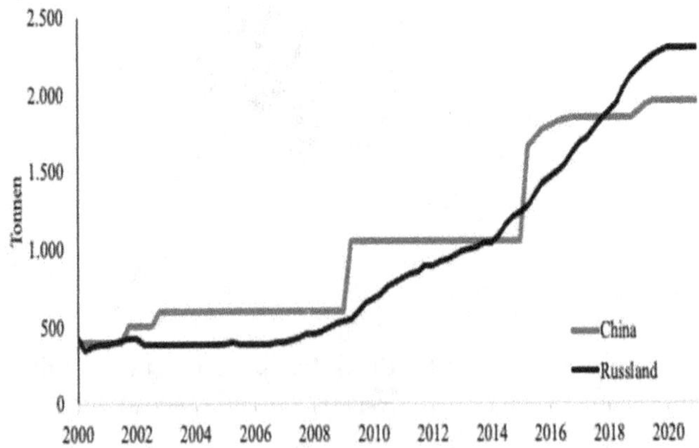

Nous constatons que la part de l'euro dans les réserves de change est quant à elle passée à 21,2 %, et celle du yuan à 2,3 %.

Graphique 13.
Composition des réserves de change officielles mondiales au 4e trimestre 2020.

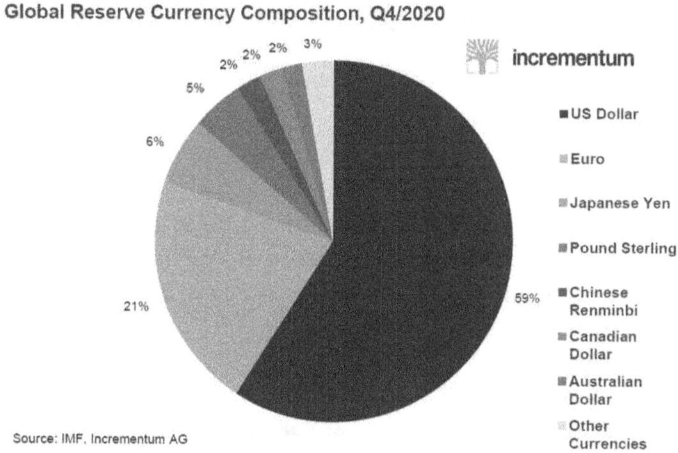

D'après Ronald Stöferle et Mark Valek en 2021 : « Les 2/3 des marchés obligataires internationaux sont libellés en dollars américains, et les3/5de tous les paiements transfrontaliers sont effectués dans la devise américaine. »

La situation de la part du dollar états-unien devrait continuer de se dégrader.

L'euro pourrait occuper plus de place aux dépens du dollar sous deux conditions :

– La monnaie européenne devrait être neutre politiquement et ne pas participer à des sanctions imposées en dehors des Nations unies. On peut dire que cet objectif est gravement compromis avec l'alignement de l'Union européenne sur les États-Unis gelant les avoirs russes en euros déposés par la Banque centrale russe en toute sécurité avant la guerre en Ukraine le 24 février 2022.

– L'UE devrait recourir à des obligations et emprunts européens communs, sorte d'eurobonds qui ne disent pas leur nom.

Comme le font remarquer Ronald Stöferle et Mark Valek : « Sans euro-obligations communes, la monnaie européenne sera condamnée à rester le numéro deux pour toujours. »

Stephen Roach, professeur d'économie à Yale, prédit un crash du dollar états-unien dont l'euro sera le grand bénéficiaire. L'« ère des privilèges exorbitants touche à sa fin », écrivait-il dans *Bloomberg News* en juin 2020. D'après Ronald Stöferle et Mark Valek : « Roach s'attend à ce que le déficit commercial des États-Unis avec le monde se creuse davantage, et que l'euro augmente en conséquence. » Roach voit dans le plan de relance Next Generation EU le « moment hamiltonien » de l'Union européenne, qui lui permettra de renforcer son intégration politique sur la voie d'un véritable État fédéral, renforçant ainsi la crédibilité de la monnaie unique.

Sur le front asiatique, Ronald Stöferle et Mark Valek suggèrent que la Chine va : « développer son centre financier, renforcer le rôle de sa propre monnaie [...] dans le commerce international, et étendre sa domination économique en Asie ». L'usine du monde a supplanté les États-Unis en tant que principal partenaire commercial de la plupart des économies de la planète en dehors du Canada, de l'Amérique centrale et de certains pays d'Europe de l'Ouest.

Figure 1.

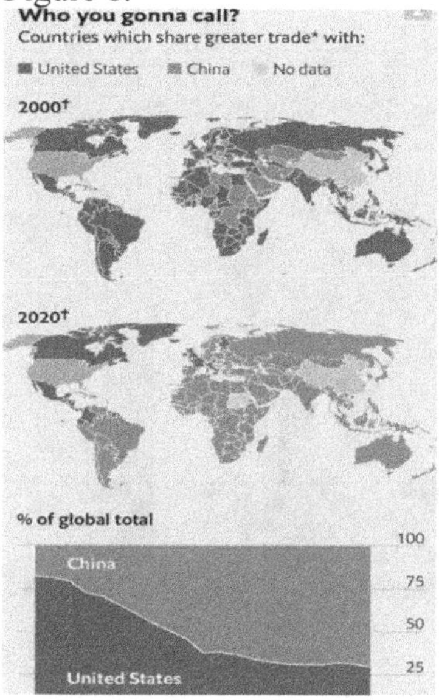

Ronald Stöferle et Mark Valek soutiennent :

> Officiellement, la Chine souhaite depuis 2009 une solution supranationale à la question des monnaies de réserve, mais ses actions racontent une autre histoire. L'objectif est d'amener progressivement le renminbi au même niveau que le dollar américain et l'euro. Cet objectif est loin d'être atteint, car seule une très petite part des réserves internationales est actuellement détenue dans la monnaie nationale chinoise. Mais Pékin a amélioré sa position ces dernières années grâce à d'habiles manœuvres au niveau du commerce du pétrole et de l'or.

Si la part du yuan dans les réserves de change à l'échelle mondiale est minime, c'est en raison de l'inconvertibilité de la monnaie chinoise et de son statut de non-devise échangeable internationalement.

Graphique 14.

Part du yuan dans les réserves de change mondiales (2016-2020).

A contrario, la part des obligations souveraines chinoises détenues par les investisseurs étrangers augmente fortement.

Graphique 15.

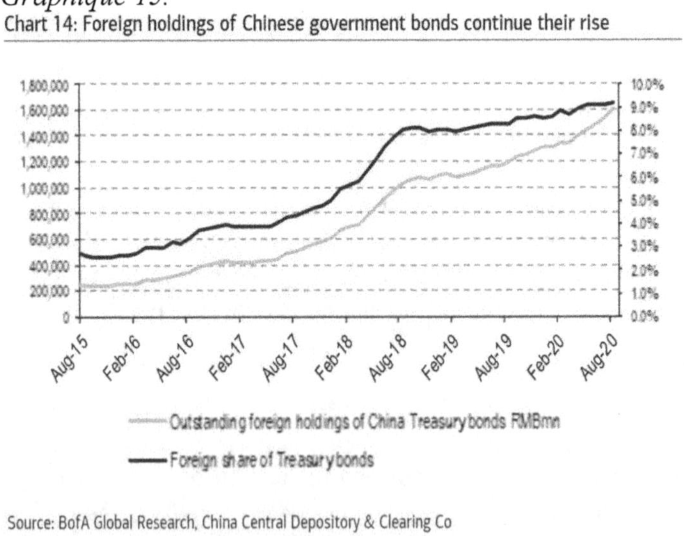

Graphique 16.

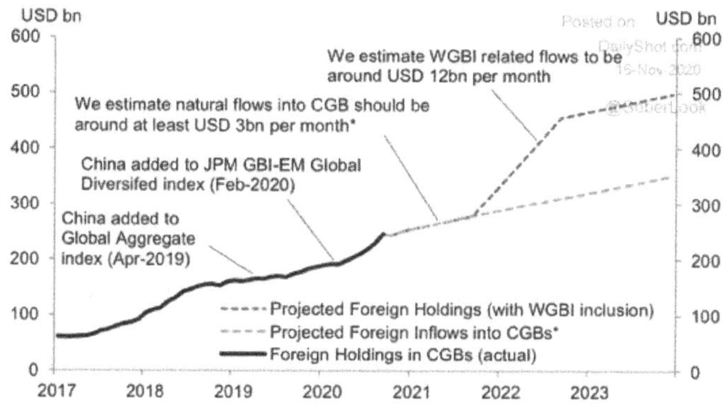

*We estimate natural foreign inflows to China CGBs based on the assumptions that: 1) outstanding CGBs will grow in line with (as a percentage of) Chinese GDP; 2) foreign holdings as a % of outstanding CGBs remain unchanged.

Source: CEIC, Goldman Sachs Global Investment Research

Selon Ronald Stöferle et Mark Valek :

> Le premier assaut verbal de la banque centrale contre le monopole du dollar américain a eu lieu en 2009 et a été suivi quatre ans plus tard par l'annonce que la Chine n'accumulerait plus d'obligations américaines.
> Puis, en septembre 2014, la Chine a lancé un fixing de l'or en yuans. Quatre ans plus tard, les bases du commerce du pétrole dans la monnaie nationale chinoise étaient posées.

En 2020-2021 Pékin avance ses pions dans l'e-yuan. La Chine est en tête dans la course aux monnaies numériques de banques centrales (CBDC). Le front numérique devient rapidement le plus important.

L'or comme substitut au dollar ?

Environ 65 % des Banques centrales détiennent de l'or et seulement 25 % d'entre elles investissent dans des actions, risquées malgré leurs rendements potentiels.

Pendant la crise de 2008, j'avais conseillé, via les médias, que la Banque centrale d'Algérie investisse dans les actions européennes et états-uniennes qui se sont effondrées. J'avais suggéré la création de fonds souverains, l'un en devises, doté de 30 milliards d'euros pour des investissements de portefeuilles en devises, et l'autre en dinars pour des investissements productifs en Algérie. La réponse des autorités monétaires à ma requête : « nous n'avons pas les compétences afin de gérer les opérations financières ».

Mais le Qatar ou les Émirats arabes unis font appel à des experts internationaux. Si mon conseil aux Algériens avait été suivi, l'Algérie aurait empoché au bas mot quelques milliards d'euros.

Autre facteur de détention des réserves d'or et l'optimisation des portefeuilles ; la détention d'un actif afin d'échapper au dollar.

Ainsi la détention d'or en Russie est devenue supérieure à celle du dollar en 2020 puisque ce pays a réduit ses avoirs en cette monnaie de 96 %.

Graphique 17.

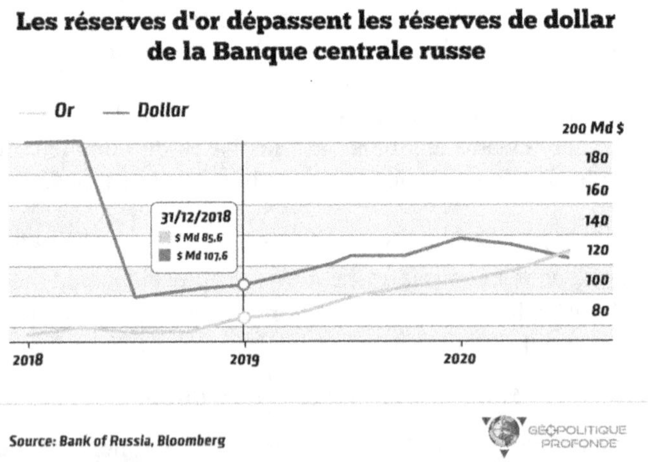

Il convient de signaler que l'or est aussi un actif liquide en dollar américain. En réalité, le système monétaire mondial reste dominé par le dollar, qui demeure une réserve de liquidité pour chaque pays, notamment pour le commerce international. La détention des bons du Trésor américain (donc en dollar) d'une banque centrale accroît sa dépendance au contexte macroéconomique et géopolitique états-unien.

Selon Robert Rékási, responsable de la gestion des réserves de change à la Banque centrale de Hongrie depuis 2013 (rapport du *Central Banking,* 2020), qui est éclairant à ce sujet, l'or est un actif stratégique qui pourrait prendre encore plus d'importance dans les réserves de change.

La volatilité du prix du métal est réelle, mais faible. La Banque nationale hongroise (MNB) a fortement augmenté ses avoirs en or au cours de la dernière décennie pour les passer à 31,5 tonnes, autrement dit à plus de 5 % de la valeur de son portefeuille en juin 2020. La Pologne et de nombreux pays d'Europe centrale, comme l'Autriche, font de même.

La dédollarisation s'inscrit aussi dans une perspective d'indépendance nationale. Rappelons que Charles de Gaulle rapatria l'or déposé à la Réserve fédérale de New York en 1958 afin de reconstituer les réserves de la France.

Nous savons que l'or ne produit pas d'intérêt, mais il peut constituer une ligne de défense dans des conditions extrêmes d'instabilité des marchés ou lors de profondes crises géopolitiques.

Tableau 5.

Réserves d'or des banques centrales et institutions internationales (Top 50)
Source : FMI, Juillet 2019

#	pays	tonnes	var 1 mois	var 12 mois	var année	date
1	United States	8,133.5	-	-	-	2019-06-30
2	Germany	3,366.8	-1.2	-3.1	-3.0	2019-06-30
3	IMF	2,814.1	-	-	-	2019-06-30
4	Italy	2,451.9	-	-	-	2019-06-30
5	France	2,436.1	0.0	0.0	0.0	2019-06-30
6	Russian Federation	2,207.0	16.9	263.0	94.0	2019-06-30
7	China	1,926.6	10.3	84.0	74.0	2019-06-30
8	Switzerland	1,040.0	-	-	-	2019-05-31
9	Japan	765.2	-	-	-	2019-06-30
10	India	618.2	-	56.3	17.7	2019-05-31
11	Netherlands	612.5	-	-	-	2019-06-30
12	Turkey	506.9	8.3	-61.1	18.7	2019-06-30
13	ECB	504.8	-	-	-	2019-06-30
14	Taiwan	423.6	-	-	-	2019-05-31
15	Portugal	382.5	-	0.0	0.0	2019-06-30
16	Kazakhstan	375.4	4.5	53.7	24.9	2019-06-30
17	Uzbekistan	362.4	7.5	25.5	7.2	2019-05-31
18	Saudi Arabia	323.1	-	-	-	2019-05-31
19	United Kingdom	310.3	-	-	-	2019-06-30
20	Lebanon	286.8	-	-	-	2019-06-30
21	Spain	281.6	-	-	-	2019-06-30
22	Austria	280.0	-	-	-	2019-06-30
23	Poland	228.2	94.9	125.2	99.5	2019-06-30
24	Belgium	227.4	-	-	-	2019-06-30
25	Philippines	197.9	-	1.6	0.0	2019-05-31
26	Algeria	173.7	-	-	-	2019-02-28
27	Venezuela	161.2	-3.0	-26.8	-1.0	2018-06-30
28	Thailand	154.0	-	-	-	2019-06-30
29	Singapore	127.4	-	-	-	2019-05-31
30	Sweden	125.7	-	-	-	2019-06-30
31	South Africa	125.3	-	-	-	2019-05-31
32	Mexico	120.2	-	-0.1	0.1	2019-06-30
33	Libya	116.6	-	-	-	2019-02-28
34	Greece	113.3	0.0	0.3	0.2	2019-06-30
35	Korea	104.5	-	0.0	0.0	2019-05-31
36	Romania	103.7	-	-	-	2019-06-30
37	Iraq	96.3	-	6.4	6.4	2018-12-31
38	Kuwait	79.0	-	-	-	2019-05-31
39	Egypt	78.8	0.0	1.6	0.4	2019-06-30
40	Indonesia	78.5	-	-2.1	-	2019-05-31
41	Australia	68.7	-	-	-	2019-06-30
42	Brazil	67.4	-	0.1	-	2019-06-30
43	Denmark	66.6	-	-	-	2019-06-30
44	Pakistan	64.6	0.0	0.0	0.0	2019-06-30
45	Argentina	54.9	-6.8	-6.8	0.1	2019-06-30
46	Finland	49.1	-	-	-	2019-06-30
47	Belarus	47.1	0.0	0.4	0.1	2019-05-31
48	Jordan	43.5	6.2	5.3	2.2	2017-10-31
49	Bolivia	42.5	-	-	-	2019-04-30
50	Bulgaria	40.5	-	0.1	0.0	2019-06-30

En 2022, les banques centrales sont de nouveau des acheteurs nets d'or et détiennent plus de 35 000 tonnes métriques de métal jaune, soit environ un cinquième de tout l'or jamais extrait. L'or est une valeur refuge sûre, mais la relation avec le dollar est inversement proportionnelle. Lorsque le dollar baisse, l'or monte généralement, permettant aux banques centrales de protéger leurs réserves en période de volatilité des marchés. La Chine est le plus gros investisseur en dollars au monde, mais ne détient que 3 % (soit 1 948 tonnes) de ses 3 200 milliards de dollars, contre 68 % pour l'Allemagne, et 77 % pour les États-Unis soit 8 133 tonnes d'or.

En revanche, comme les autres pays asiatiques, les Chinois détiennent des bijoux et des lingots. Le World Gold Council estime à 2 500 tonnes la quantité de bijoux détenus par les particuliers. Si l'on ajoute la production minière nationale et les réserves officielles, on obtient un chiffre d'environ 4 000 tonnes. D'après un article publié le 26 avril 2021 dans Or.fr, Dominic Frisby cite Nick Laird, un éminent spécialiste mondial des données sur l'or, qui a tout rassemblé pour produire le graphique ci-dessous, qui montre que l'or cumulé détenu en Chine s'élève à environ 28 911 tonnes.

D'après le graphique 18, l'or cumulé détenu en Chine s'élève à environ 28 911 tonnes.

Graphique 18.

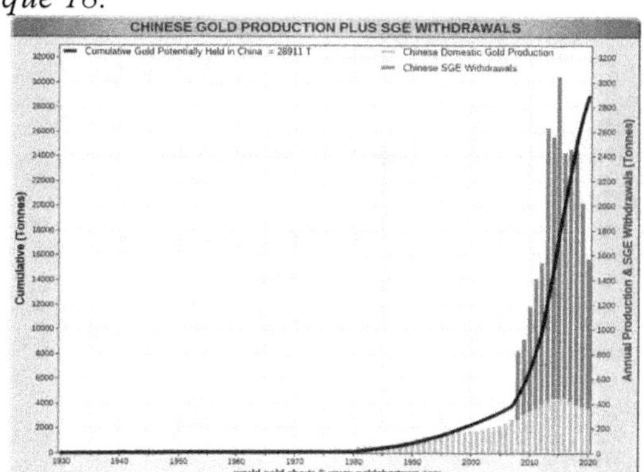

La People's Bank of China (PBOC), la banque centrale chinoise, ne comptabilise pas certaines acquisitions comme les barres de 12,5 kg dans ses réserves en or.

L'armée possède, elle aussi, de l'or, mais elle ne déclare pas ses achats.

La Chine possède environ 14 500 tonnes. C'est 1,8 fois plus que les États-Unis.

Il est possible que seuls 20 % ou 30 % appartiennent à l'État. La Chine encourage ses citoyens à acheter de l'or depuis 2008.

L'auteur cite un de ses lecteurs, illustrant l'engouement pour l'or encouragé par le gouvernement chinois ; il s'agit de « déclencher une frénésie de blanchiment », les citoyens chinois se précipitant pour échanger l'argent liquide qu'ils avaient accumulé :

> Dans ma banque locale à Shanghai, en 2009, je me tenais derrière un Chinois qui déchargeait des liasses d'euros, de dollars américains, de dollars de Singapour et de francs suisses en échange de lingots d'or de cinq kilos.

La Chine ne souhaite pas provoquer un désarroi des marchés et dévaloriser ses avoirs en dollars, incommodant ainsi Washington.

De ce fait, elle ne déclare pas tous ses avoirs en or.

Le précepte de Deng Xiaoping, à savoir « rester dans l'ombre pour mieux briller le moment venu », est toujours d'actualité.

La Chine pourrait adosser sa monnaie à l'or, même de façon partielle, pour donner au yuan une grande crédibilité dans un monde inondé par la planche à billets.

Graphique 19.

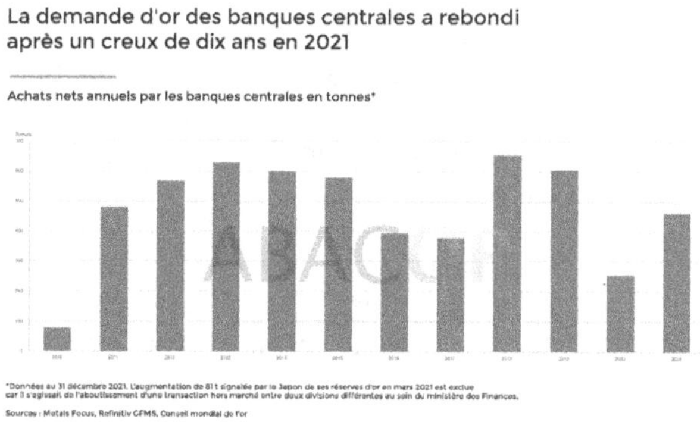

Les BRICS nouvelle organisation des pays non dollarisés

BRICS est un acronyme anglais pour désigner un groupe de cinq pays qui se réunissent depuis 2011 en sommets annuels : Brésil, Russie, Inde, Chine et Afrique du Sud (en anglais : Brazil, Russia, India, China, South Africa). Le 23 juin 2022, outre les cinq pays fondateurs qui ont tenu leur sommet, treize pays s'y sont joints, comme l'Égypte, l'Iran, l'Algérie, le Sénégal, l'Éthiopie et l'Argentine, le Nigeria, le Kenya et l'Indonésie.

Le 14e sommet des BRICS commence déjà à révéler ses secrets : l'Iran aurait déposé sa candidature, appuyé par la Russie. L'Argentine, également présente, serait intéressée. L'Algérie, pour sa part, pourrait bien être le second pays africain à franchir le pas. L'Arabie saoudite ainsi que la Turquie sont potentiellement intéressées par cette institution.

Abdelmadjid Tebboune a souligné « l'impératif de veiller à l'instauration d'un nouvel ordre économique où règneront parité et équité entre pays ». Le président de l'Algérie affirme :

> Nos expériences passées nous ont montré que le déséquilibre enregistré sur la scène internationale et la marginalisation des pays émergents au sein des instances mondiales constituaient une source d'instabilité, de manque d'équité et d'absence de développement.

Le président chinois Xi Jinping a, pour sa part, déclaré :

> Nous devrions rejeter les jeux à somme nulle et nous opposer conjointement à l'hégémonie et à la politique de puissance […] L'apport de sang frais insufflera une nouvelle vitalité à l'intégration des BRICS et augmentera sa représentativité et son influence.

Jusqu'au conflit ukrainien, la croissance des Brics est nettement supérieure à celle des pays développés. Les Brics, cinq pays, mais plus du tiers de la population mondiale – ils représentent 41 % de la population mondiale –, 24 % du PIB mondial et 16 % du commerce mondial.

Ce regroupement de pays se définit comme le contrepoids à « l'hégémonie de l'Occident mené par les États-Unis et de leur monnaie dominante ».

Les Brics plaident pour une refondation des organisations internationales comme le Conseil de sécurité de l'ONU et les organisations de Bretton Woods (FMI, Banque mondiale) dans un sens qui reflète mieux l'émergence des nouvelles puissances et le caractère multipolaire du monde au XXIe siècle.

Lors du sommet des Brics en Chine en juin 2022, les États membres ont insisté sur la nécessité de réformer le système monétaire international et de réviser la composition des droits de tirage spéciaux.

La Banque mondiale a salué l'initiative prise par les pays des Brics de créer une banque de développement. On le voit, le dollar n'est plus la sainte et intouchable monnaie d'échange.

Les pays des Brics commencent à échanger dans leurs monnaies :

> […] Le système post-Seconde Guerre mondiale de Bretton Woods est, désormais, officiellement mort, totalement illégitime. […] Les pays des Brics misent de façon accrue sur le yuan comme leur monnaie alternative.

L'activité quotidienne sur les monnaies a atteint un record en 2022, à 7 500 milliards de dollars, selon la Banque des règlements internationaux. Le marché est quinze fois plus actif que les marchés boursiers internationaux. Ses volumes ont progressé de 14 % depuis 2019 et de plus de 500 % en vingt ans. Cela s'explique par la mondialisation de l'économie et des flux financiers. La guerre des monnaies fait rage chaque fois que les crises commerciales, monétaires ou financières montent d'intensité. Ainsi le renminbi est la monnaie qui a connu la plus forte progression, de la 8e à la 5e place. La Chine ambitionne de faire de sa monnaie un instrument financier et géopolitique en vue d'une tendance de dédollarisation.

Graphique 20.

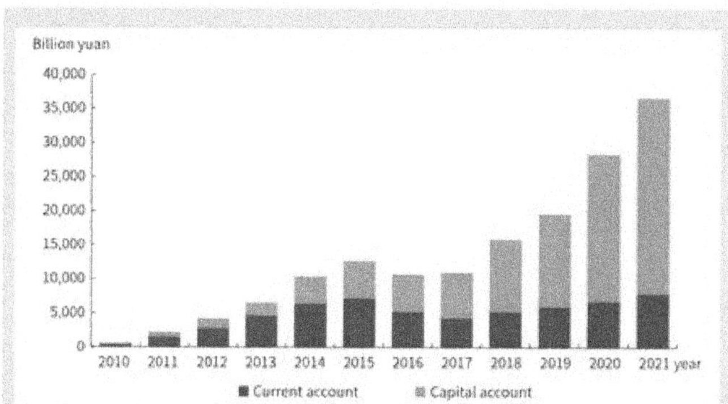

Figure 2-2 Annual Cross-border RMB Settlement during 2010-2021
(Source: the PBC)

Chapitre VIII

Projet de création d'une monnaie commune arabe « dirial »

En tenant compte des spécificités du monde arabe et du refus probable, au moins pendant quelques décennies, d'abandonner la monnaie nationale et par là même de transférer la souveraineté monétaire à une entité supranationale, il est proposé de mettre en place une monnaie commune le « dirial » (contraction des mots *dirham*, *dinar* et *rial*) qui cohabiterait avec les monnaies nationales. Son rôle est de faciliter les échanges de biens, de services et de capitaux sans altérer le droit de battre monnaie de chaque État. L'objectif est de passer d'un taux des échanges entre pays arabes de 2 à 40 %, ce qui est la moyenne des échanges au sein des zones économiques internationales.

L'absence d'une union économique arabe empêche le développement des échanges de biens et services et de capitaux, ainsi que la circulation des ressources humaines. Le monde arabe est la seule région au monde qui ne connaît pas de construction régionale et où le commerce interarabe est insignifiant.

La question de la monnaie commune et des systèmes de paiements compensatoires devrait s'envisager dans le cadre de la CEA (Communauté économique arabe). La contrainte financière est pesante pour certaines économies de la région. La nécessité de faire preuve d'imagination pour développer les échanges commerciaux en économisant les devises est impérieuse. Les mécanismes de compensation, qui régissent, bien qu'encore timidement, une partie des relations économiques internationales, sont aujourd'hui suffisamment élaborés pour permettre de contourner l'obstacle de l'insuffisance des moyens de paiements extérieurs auquel se heurte chacun de ces pays.

Ainsi, l'issue à la crise des échanges commerciaux interarabes résiderait dans la double série d'actions à mener en faveur de la coopération productive industrielle et agricole et de la mise en place de mécanismes élaborés de compensation.

Ces contraintes extérieures justifient, à elles seules, l'utilité et même la nécessité d'un regroupement économique arabe.

Grâce à cette monnaie commune, les opérateurs économiques et financiers arabes pourront exporter, importer, investir au sein de la CEA, sans utiliser de devises. Les voyageurs arabes pourront utiliser cette monnaie et circuler librement sur le territoire de cette Union. Un institut monétaire arabe se chargera d'opérer les compensations entre les flux monétaires chaque année. Le solde négatif (ou positif) au niveau d'un pays doit être réglé (ou encaissé) en devises à l'autre pays créancier (ou débiteur) ou reporté, d'un commun accord, l'année suivante. Mais il est possible de faire une consolidation des comptes, en agrégeant les besoins et les excédents de devises à l'échelle de tous les pays arabes.

Les coéchangistes arabes doivent faire face à l'obstacle de financement du commerce interarabe, car les banques arabes acceptent rarement les lettres de confirmation des accréditifs entre elles. Ce sont les banques internationales qui jouent le rôle d'arbitre, avec un coût financier substantiel et des retards dans les règlements.

Le dirial sera beaucoup plus opérationnel et fluidifiera davantage les échanges commerciaux et les investissements que le régime du barter, qui suppose une coïncidence, à un moment donné, de l'offre et de la demande des biens échangeables.

L'avantage de cette proposition est de faciliter les échanges de biens et de services ainsi que des investissements interarabes.

La monnaie commune arabe

Au cours de la première période, une monnaie commune est instaurée, en tant que celle-ci est mesure des valeurs, moyen de paiements et réserves de valeur à l'instar de l'écu (European Currency Unit), mais beaucoup plus usitée que cet instrument monétaire européen ne le fut pour des raisons politiques et d'hégémonie du deutschemark. À ce stade, la banque centrale arabe est davantage une chambre de compensation et de règlements des paiements interarabes. L'objectif est d'intensifier les échanges commerciaux et la circulation des capitaux et des personnes sans passer par les devises.

La coopération monétaire prendrait la forme d'accords de compensation et de paiements bilatéraux ou multilatéraux avec comme objectif de parvenir à une convertibilité, limitée à l'espace arabe, de la monnaie. Il n'y a pas de contrôle des changes sur la monnaie commune ou sur les transactions de capitaux. En fin d'exercice les déficits (ou excédents) entre les États sont soldés de façon consolidée ou reportée d'un commun accord. Sinon, cela reviendrait à du crédit gratuit.

La monnaie unique intervient dans une deuxième étape, après 20 à 30 ans, en fonction du rythme des réformes structurelles et de la réalisation des mécanismes de convergence des économies arabes. Mais la décision finale sera politique.

L'intégration monétaire impose un transfert de certaines prérogatives des autorités nationales vers les autorités supranationales arabes et une harmonisation des politiques de taux de change. Cela signifie une coordination des politiques monétaires nationales.

Le dirial n'a pas besoin d'être convertible

Les convergences économiques et monétaires imposent une transparence des données statistiques. Les données budgétaires et d'endettement peuvent être insincères.

En ne proposant pas d'instaurer d'emblée une monnaie unique, mais plutôt une monnaie commune arabe, je tiens compte des spécificités historiques, culturelles et du niveau de développement des entités arabes. L'objectif est double : favoriser les échanges de biens, de services et de capitaux afin d'aller plus loin dans l'intégration économique et monétaire et réaliser les convergences économiques.

Dans cette première étape, dont la durée peut être de 20 à 30 ans, où le dirial est une monnaie commune (et non unique), c'est un simple moyen de facturation et instrument de compte et de réserve utilisé par les banques, les entreprises ainsi que les administrations. Les voyageurs arabes pourront disposer d'une dotation en dirial, dont les montants sont régis par les accords intergouvernementaux en vigueur.

Pendant cette période, le calcul de sa valeur se fera suivant un panier de monnaies arabes représentées selon le PIB de chaque État arabe. Ce serait une sorte d'écu, dont j'avais préconisé la généralisation quasi obligatoire comme monnaie de facturation (C. Sari, 1987). Mais le dirial aura des fonctionnalités plus élargies, allant jusqu'à une émission fiduciaire. Il sera convertible seulement au sein de la Communauté économique arabe en sa qualité de *monnaie commune* coexistant avec les monnaies nationales.

La monnaie commune étant liée pendant cette phase à des monnaies nationales inconvertibles, la question de la flexibilité de son taux de change ne se pose pas.

Le dirial va amplifier considérablement les liaisons monétaires, financières et économiques. Grâce à la suppression des risques de change et à la non-utilisation de devises tierces, les coûts d'information et de transactions seront fortement diminués. Le dirial permet la réalisation d'économies considérables accroissant ainsi les économies réalisées selon le carré du nombre d'opérateurs utilisant la monnaie commune. Cela impliquerait une grande fluidité des échanges de biens et de services et une meilleure transparence des prix, qui sont affichés dans la même unité de compte.

Les flux d'investissements directs étrangers connaîtraient une rationalisation et une ampleur sans précédent.

– Avancer dans la création d'une banque arabe pour les investissements et le commerce extérieur. Il ne s'agit pas d'une préfiguration de la future banque centrale arabe, mais d'un outil pour accompagner les investisseurs arabes dans leurs efforts pour se développer seuls ou en association avec d'autres partenaires de la Communauté économique arabe.

– Création de l'institut monétaire arabe (IMA), le précurseur de la Banque centrale arabe. À ce stade, les banques centrales nationales continuent pleinement leurs actions classiques de gestion de la monnaie nationale, la conduite de la politique monétaire et de supervision ainsi que de refinancement des banques commerciales.

Elles ont la charge du contrôle et de supervision avec en contrepartie un rôle de prêteur de dernier ressort.

L'IMA assure la transition entre la monnaie commune et la monnaie unique. Dans ses premiers pas, il commence à cerner les réalités économiques, monétaires et financières et à se coordonner avec les banques nationales.

L'IMA est force de proposition sur l'avenir de la communauté économique en une union monétaire. Les prérogatives de la caisse de compensation des flux de dirial seront progressivement transférées à cet Institut.

– Renforcer la coopération entre les banques centrales nationales.

– Coordonner les politiques monétaires et préparer les conditions de création d'une banque centrale commune.

Chapitre IX

Quelle alternative au roi dollar ?

Remplacer le dollar par des taux de change binaires basés sur la valeur relative de la monnaie

La valeur relative de la monnaie (VRM), en tant que rapport de la valeur propre de la monnaie du pays A et de la valeur propre de la monnaie du pays B, sera déterminée par les comparaisons de leurs composantes respectives.

Ainsi :

$$VRM = \frac{f_1 (W_A, \Pi_A, Q_A, MP_A, t_A i, l_A)}{f2 (WB, \Pi B, QB, MPB, t iB, lB)}$$

Q : quantité (volume) de la production

P : niveau général des prix

L/ Q : inverse de la productivité physique du travail

1/P : inverse du niveau général des prix

Π : profit

Lorsque Q/L s'accroît, L/Q fléchit.

La VRM est alors influencée par les dynamiques de comparaison entre les salaires du pays A par rapport au pays B soit W_A/W_B ; il en va de même pour le différentiel de profit Π_A/Π_B, de la production Q_A/Q_B, des inputs et moyens de production MP_A/MP_B, des taux d'intérêt $t_A i/t\ i_B$ et du travail direct concret dans chacun des deux pays l_A/l_B.

La VRM peut être considérée comme une mesure objective et réaliste du taux de change qui exclut par définition les facteurs représentant les comportements spéculatifs.

Ce qui réglera le problème de l'inconvertibilité des deux monnaies et garantira une stabilité monétaire certaine, dans la mesure où les agrégats qui influencent l'évolution de la VRM sont beaucoup plus rigides que les comportements spéculatifs et/ou une détermination par le marché.

Le choix d'un déflateur se justifie par le souci d'écarter l'influence négative que pourrait exercer l'inflation sur la

VRM. Mais le risque est de voir le pays à fort taux d'inflation exporter moins, car si ses prix intérieurs augmentent alors que le taux de change est constant, il sera moins compétitif. Dans le même temps, on peut laisser à chaque pays le soin d'ajuster ses prix à l'export sur ceux de son partenaire étranger, avec un taux de change constant.

Un autre problème à régler dans le calcul de la VPM serait d'intégrer la comparaison prix-valeur en d'autres agrégats empiriques. Ainsi W, Π, MP, inputs, influencent la VPM lorsqu'il y a un écart entre W constant ou déflaté et W en prix courant. Idem pour le profitΠ, MP, inputs. Dans ce cas la VRM doit refléter l'évolution des VPM telles qu'elles se présentent de cette manière.

Deux solutions sont possibles :

1— VRM enregistre toutes les variations des VPM en tant que celles-ci sont des boîtes d'enregistrement des variations des prix des agrégats par rapport aux mêmes agrégats déflatés.

2— VRM serait définie comme précédemment, mais grosso modo selon l'évolution des PIB déflatés des deux pays. Mais afin de simplifier l'analyse, la question de la transformation est supposée réglée.

La valeur de la monnaie externe ou VRM refléterait dans ces conditions les niveaux et l'évolution des productivités de ces pays.

Lorsqu'on arrive au taux de change, il est défini comme l'addition de la valeur relative de la monnaie (VRM) et une variable ε t exprimant l'incertitude, les anticipations déstabilisantes, la spéculation et autres facteurs irrationnels.

On aura alors :

$e = VRM + \varepsilon t$

Avec e = le taux de change

VRM = valeur relative de la monnaie

Les soubassements théoriques de la valeur relative de la monnaie : une alternative au roi dollar ?

La recherche d'ancrages réels au taux de change a guidé nos recherches dès la première partie de l'ouvrage. La valeur propre et la valeur relative de la monnaie sont déterminées par les fondamentaux. Le débat sur les normes de changes, les taux d'équilibre ou de référence est une illustration des efforts engagés par plusieurs auteurs afin de trouver des référents réels qui peuvent exprimer les valeurs relatives des monnaies.

Les divergences apparaissent autour du niveau d'équilibre à atteindre. S'il s'agit d'aboutir à un taux de change effectif réel nécessaire à l'équilibre de la balance des paiements et plus précisément la balance courante, on est qu'en partie en phase du sujet qui nous préoccupe ici. Lorsque Williamson et Mundell proposent leur définition d'une zone cible, ils parlent aussi bien d'un taux d'équilibre fixé en fonction de données économiques réelles que d'un taux résultant de concertations entre les différents pays. Il y aurait de ce point de vue une détermination mixte ; forces des marchés, interventions étatiques quant à la fixation de ce taux.

C'est Krugman qui donne le ton. Il fait son *mea culpa* en fustigeant les taux flottants et plaide prudemment pour un système de taux de change fixes gérés par les autorités monétaires. Le taux de change est trop important, dit-il, pour le laisser à la merci des marchés des changes.

Le risque est cependant de voir les gouvernements fixer des parités officielles au gré de leurs politiques macroéconomique et commerciale. L'instauration d'un système de fixation ajustable serait plus crédible s'il s'accompagne de la mise en place de bandes de fluctuation larges qui refléteraient les évolutions différenciées des taux d'inflation et des PIB.

La relation taux de change-valeur ajoutée-productivité paraît crédible, car la valeur relative de la monnaie serait le reflet des changements structurels, monétaires et conjoncturels. Le taux de change est ainsi relié aux capacités productives des différents pays.

En partant de la constatation qu'aucune économie ne pouvant vivre en autarcie, il est permis de soutenir que le succès d'accrochage des valeurs externes des monnaies à des évolutions réelles dépend largement de l'acceptation des États, notamment les plus puissants d'entre eux, de politiques coopératives. En pensant qu'on est en présence d'un jeu à somme nulle, chaque pays attend une relance de la demande de ses partenaires commerciaux afin d'écouler ses produits. Dans le même temps, il pressure le pouvoir d'achat de ses populations. Au niveau mondial cela se traduit par une récession généralisée.

Les fluctuations des devises clés reflètent la guerre économique entre les pays industriels et la concurrence vive sur les marchés financiers.

Les gouvernements de pays à monnaies convertibles comme à monnaie non convertible cherchent par tous les moyens à trouver le taux de change qui se rapprocherait le plus de l'équilibre. Nous avons suggéré que celui-ci se confond avec la valeur relative de la monnaie. Cependant, des facteurs de déséquilibres feraient s'éloigner le taux de change de cette valeur intrinsèque ou propre.

Il s'agit en effet des tensions sur les marchés des capitaux et sur les marchés internationaux financiers, et du rôle spécifique (pas toujours équilibrant) du dollar US. Les mouvements spéculatifs s'exprimant tant sur les marchés des actifs financiers que sur les monnaies ne sont pas forcément rationnels et créent des distorsions irrémédiables. Les monnaies dites secondaires subissent le plus souvent la loi des devises clés. Il y a une cristallisation de cette domination par le rattachement de celles-là à celles-ci par le système du panier ou du PEG.

L'inconvertibilité de la monnaie ne peut pas s'expliquer par la recherche d'une plus grande protection des pays qui l'appliquent, mais elle est le reflet d'une domination monétaire subie plutôt que maîtrisée. Les fluctuations erratiques des taux de change et des taux d'intérêt constituent des facteurs aggravants pour les PVD, qui croulent par ailleurs sous le poids de la dette. Lorsque l'endettement génère des transferts nets des PVD vers les pays industriels, on peut s'interroger quant aux possibilités de développement.

Par ailleurs, leur accès au marché financier international reste difficile. L'ensemble de ces facteurs de récession, d'enfoncement dans la crise et de pénurie de devises, explique largement la recrudescence des transactions sur les marchés parallèles des monnaies. Les écarts entre le taux officiel et le taux au noir préoccupent les gouvernements des pays concernés et les incitent à chercher des politiques de change susceptibles d'éradiquer ces marchés informels, ou du moins à chercher à réduire les écarts de taux.

Les agents qui sont prêts à payer des dollars ou des euros sur un marché parallèle plus cher que le taux officiel le font en raison de l'offre insuffisante des devises. Les pays du Monde tiers sont confrontés aux contingentements, à la dégradation des termes de l'échange, à un accès difficile au marché financier international et à l'application du Plan d'ajustement structurel. Les réserves de change s'en ressentent et les banques et l'État sont incapables de satisfaire les demandes en provenance des entreprises et des ménages.

L'inconvertibilité des monnaies de ces pays est un handicap supplémentaire empêchant leur insertion dans les circuits financiers internationaux, c'est également un frein aux échanges commerciaux.

Contrairement à ce qu'affirme McKinnon, l'inconvertibilité n'est pas un privilège permettant aux pays du Monde tiers de protéger leurs marchés. C'est la résultante de structures économiques fragilisées par une politique économique inappropriée. Un pays, même avec un niveau de développement relativement élevé (par rapport aux pays du Monde tiers), ne sort pas de l'inconvertibilité avec aisance, car il traîne derrière lui des structures économiques et un mode de gestion de ses prix et de sa monnaie par trop rigides. Sa volonté de s'insérer dans la division internationale du travail reste limitée par la non-convertibilité de sa monnaie.

De ce point de vue, le fétichisme de la monnaie et l'illusion que l'échange avec des pays à monnaies convertibles est préférable à l'échange avec des pays à monnaies non convertibles paraissent irrationnels, mais posent le problème de l'inconvertibilité comme frein aux échanges.

Notre analyse s'est donné comme objectif la recherche du taux de change qui reflète le plus possible les fondements économiques.

Après une discussion des différentes théories du taux de change chez Dornbusch, Sachs et Krugman et un exposé sur les normes de changes, nous avons avancé l'idée selon laquelle la monnaie a une valeur propre qui résulterait de sa qualité de rapport social et de son insertion dans les processus productifs et distributifs.

Le taux de change paraît dès lors comme étant l'incarnation de la valeur relative des monnaies. Celle-ci, étant définie comme le rapport des valeurs propres des monnaies, est déterminée selon un processus de comparaisons des données fondamentales (salaires, profits, niveaux de production et des productivités), mais aussi monétaires et financières (taux d'intérêt, crédits, actifs financiers).

Nous avons suggéré que l'écart entre le taux de change et la valeur relative de la monnaie s'expliquerait par la persistance de comportements spéculatifs qui sont à l'origine de son instabilité.

Le taux de change apparaît comme l'expression de la valeur relative de la monnaie nationale. La valeur de la monnaie dérive d'un processus de transformation des valeurs en prix.

La question des devises clés et de leur rapport avec les monnaies périphériques, notamment celles non convertibles, est traitée spécifiquement. Si nous n'avons pas comme ambition de déboucher sur une définition d'un « taux de change d'équilibre » (notion d'ailleurs plus que discutable), nous ne pouvions rester indifférent aux travaux qui ont tourné autour de la théorie de la parité du pouvoir d'achat (PPA), des zones cibles, des taux de change de référence, des taux de change à la Kravis. Si notre objectif est d'éclairer notre propre problématique en situant nos points de convergences, il ne pouvait s'agir ni de valider ces théories ni de s'inscrire dans leur propre logique.

Un point d'ancrage stable peut se dégager à partir de la notion de VPM (valeur propre de la monnaie) et VRM (valeur relative de la monnaie). La VPM peut être définie comme étant la valeur interne d'une monnaie dans une économie fermée. La VRM est un rapport entre VPM.

Il s'agit du taux de change qui représente, dans une situation idéale, les fondamentaux. Ce dernier terme englobe beaucoup de choses, et dépend de ce que l'on veut y mettre.

La VRM est en fait le taux de change « dépollué » des comportements spéculatifs. Le taux de change est alors égal à la VRM additionnée à une valeur aléatoire et qui représente les comportements spéculatifs.

En décomposant la valeur ajoutée (VA), on a établi des liens entre valeur de la monnaie et profit, valeur de la monnaie et capital circulant, valeur de la monnaie et capital, valeur de la monnaie et salaire.

Il a été déduit une relation proportionnellement positive entre l'appréciation de la monnaie, ou plus précisément l'augmentation de son pouvoir interne, et l'accroissement des richesses créées sous forme de valeur ajoutée. L'inverse est aussi vrai. Ainsi, tout ce qui peut altérer l'évolution du taux de profit a un impact sur la valeur propre de la monnaie. Il en va de même du salaire, des équipements et des inputs. Contrairement à la théorie dominante, le salaire n'est pas considéré comme inversement proportionnel au profit. La valeur ajoutée peut s'élever à la suite de l'augmentation du profit et du salaire. L'efficacité de l'appareil productif, la formation, la qualification sont autant de facteurs contribuant à la solidité de l'économie et par là même à celle de sa monnaie.

Au total, la monnaie, en tant que rapport social, est un catalyseur de toutes les tensions sociales et de toutes les relations de production et de répartition des richesses. Afin d'être complet, il est avancé le rôle complémentaire du crédit et du taux d'intérêt dans les fluctuations de la valeur propre de la monnaie. La non-coïncidence entre création monétaire et création de richesses est à la base de l'altération du pari fait par le banquier sur des travaux futurs non validés par le marché.

Une fois définis les déterminants de la valeur propre de la monnaie, sa valeur relative est fonction des différentiels de salaires, de profit, de production, du capital et d'inputs, du taux d'intérêt et du travail direct agrégé entre le pays A et le pays B. Une dynamique de comparaisons internationales de ces données fondamentales est à la base de la détermination de la valeur relative de la monnaie.

En considérant le taux de change comme l'expression de cette dernière, cela garantirait la stabilité parfaite des parités monétaires compte tenu de la lenteur d'ajustement des variables déterminant la valeur relative de la monnaie.

La conversion de la monnaie nationale en monnaie étrangère est soumise aux mutations structurelles internes à chaque espace national et aux tensions qui naissent des différenciations nationales. Les déséquilibres monétaires et financiers internationaux constituent l'élément aggravant qui s'ajoute à la situation interne. Pour des économies en développement, dépendant des marchés occidentaux quant à leurs approvisionnements et leurs débouchés, la sensibilité aux taux d'intérêt, aux taux de change, aux mouvements de capitaux et à la conjoncture mondiale est très importante.

Les pays du Monde tiers subissent les contingentements et les quotas imposés par les pays de l'OCDE et leur accès au marché financier international reste difficile. L'inconvertibilité de leurs monnaies est plutôt un handicap majeur empêchant leur insertion complète dans les circuits financiers internationaux. L'inconvertibilité n'est pas un choix de politique monétaire et de change, mais la résultante de structures économiques fragilisées par une politique économique inadaptée, ainsi que par des termes de l'échange et une insertion dans la division internationale du travail défavorable. L'inconvertibilité constitue un frein au développement des échanges et favorise l'épanouissement des marchés informels.

Une réponse adéquate à l'élargissement de l'écart entre un taux de change répondant uniquement à une décision des autorités publiques sans connexion avec le marché et un taux informel résultant d'une situation de déséquilibre permanent entre l'offre et la demande de devises reste à trouver. Il ne s'agit pas de déprécier en permanence le taux officiel afin qu'il rattrape le taux sur le marché parallèle. Il faudrait s'attaquer aux causes de cet écart et faire en sorte que le taux s'exprimant sur le marché officiel « colle » un peu mieux à la valeur relative de la monnaie.

Lorsque le débat tourne autour de la discussion de la meilleure politique de change à suivre, il vise celle qui assurerait les équilibres fondamentaux internes et externes sans transferts de valeurs vers l'étranger, mais sans rigidité non plus. Le débat sur une monnaie forte en lien avec la spécialisation ou, alternativement, sur le choix d'une politique de monnaie faible pour élever les exportations est à prendre en considération dans la mesure surtout où il met en jeu la relation taux de change-structures productives. Le choix de la politique de change la mieux adaptée fait l'objet d'exposés aussi contradictoires que multiples. Cela va des théories dévaluationnistes (FMI) à la nécessité de la convertibilité généralisée (McKinnon) en passant par les zones cibles (Krugman) ou les taux de change de référence.

Conclusion

L'ambivalence de la détermination du taux de change chez Dornbusch n'est discernable qu'au travers d'une ligne de lecture qui traverse plusieurs de ses articles.

Dornbusch (1976a) dégage deux perspectives de détermination des taux de change et de leur interaction avec l'équilibre macroéconomique et les politiques agrégées. Une séparation entre long terme et court terme permet à l'auteur de considérer deux voies de détermination du taux de change. La première se fait par des facteurs réels et monétaires où les variables réelles incluent les structures de prix relatifs. Cela dans le long terme. La deuxième part du rôle de l'équilibre du marché des actifs et de celui des anticipations pour fournir une détermination à court terme du taux de change. Les variations de l'offre de monnaie sont prises en considération. En prolongeant le modèle cité ci-dessus, Dornbusch va insister (1976b) sur la notion de surajustement à vitesses différentes des prix et du taux de change (respectivement sur les marchés des biens et des actifs financiers). De l'affirmation d'une détermination strictement financière du taux de change dans le court terme, Dornbusch tire la possibilité d'introduire également des variables réelles (compte courant, salaire, prix) pour le même horizon temporel. C'est ce qui ressort du modèle Dornbusch et Fischer (1980).

Cependant, l'article de 1983 met l'accent sur les canaux d'interdépendance entre économies qui relient processus d'ajustement interne et contraintes extérieures.

Le mode d'ajustement des salaires joue un rôle important dans une économie interdépendante à l'égard de l'extérieur. En outre, Sachs analyse les effets interactifs entre deux pays sur un point essentiel : les modes d'ajustement des salaires. La boucle salaire-prix-taux de change est clairement affirmée dans Sachs (1980).

Dans un autre article (1979), Sachs écrit :

> La politique monétaire peut être un véhicule important pour altérer les taux d'inflation et potentiellement un instrument

pour contrecarrer la chute du profit. Le taux de change joue un rôle important dans le freinage de l'expansion des salaires réels.

Pour Krugman (1989), une dépréciation du dollar se traduira par une forte inflation si l'indexation du salaire sur le taux de change ou sur le niveau général des prix est prouvée.

Dornbusch (1995) introduit son ouvrage en signalant l'actualité et la validité de ses analyses durant les quinze dernières années. Néanmoins, lorsqu'on établit une grille de lecture des différents articles et ouvrages de Dornbusch, on peut noter une oscillation entre une détermination financière et une détermination réelle du taux de change.

Le marché des actifs s'ajuste instantanément par rapport au marché des biens (à cause d'une certaine rigidité des prix), la raison en est simple ; les agents qui opèrent au sein du premier utilisent toutes les « informations » dont ils disposent afin de maximiser leurs rendements ; cela s'explique par son efficience. Le marché des biens et services s'ajuste plus lentement.

Le taux de change surréagit dans le court terme en réponse à une augmentation du salaire à long terme. Le plein-emploi n'est atteint qu'après une dépréciation réelle. *A contrario*, la surévaluation est jugée nuisible à l'emploi, à la croissance et aux équilibres extérieurs. Elle peut survenir à la suite d'une désinflation rapide avec des taux de change fixes.

D'après Jeffrey Sachs, la politique monétaire permet de réduire le salaire réel, mais la rigidité de ce dernier impose la remontée du salaire nominal à la suite de la hausse des prix. L'expansion monétaire est complètement absorbée. Une politique budgétaire qui obtient des résultats sensiblement différents est envisagée.

Une expansion budgétaire induit une appréciation du change au comptant et une réduction du niveau des prix.

On peut conclure à l'absence de dichotomie entre détermination financière et détermination réelle, notamment à court terme. Nous pourrions retenir de la détermination du taux de change d'après Sachs certains aspects intéressant directement notre problématique : il s'agit de la boucle salaire-prix-taux de change et de la boucle taux d'intérêt-taux de change.

Krugman soutient par ailleurs que si le dollar était resté élevé comme avant 1985, l'industrie américaine aurait décliné. *A contrario*, la chute vertigineuse du dollar US a contribué grandement à la réduction du coût du travail, les secteurs manufacturés japonais et européens s'en sont trouvés dévastés. L'auteur ne préconise cependant pas, comme le fait Sachs et dans une moindre mesure Dornbusch, l'utilisation du taux de change comme moyen de « casser » les rigidités salariales et de prix. Il reconnaît s'être trompé en préconisant un système de taux de change flexible comme étant le meilleur. Il est, d'après ses propres termes, un avocat d'un éventuel retour à un système de taux de change plus ou moins fixes, objet d'ajustements discrétionnaires.

Dornbusch montre que la dépréciation des taux de change nominal et réel est modérée lorsque les salaires ont tendance à baisser. Le taux de change surréagit dans le court terme en réponse à une élévation du salaire à long terme. Autrement dit, si la tendance du salaire est à la hausse, pour casser cette rigidité, le taux de change aura à surajuster. Mais si les salaires ont tendance à baisser, il y aura une dépréciation instantanée du taux de change nominal et réel, de façon modérée. La hausse des taux d'intérêt étrangers entraîne un début de sortie de capitaux, qui induit une dépréciation du change.

L'instabilité des taux de change dans les années soixante-dix et quatre-vingt n'aurait pas surpris les fondateurs du système de Bretton Woods, qui avaient une profonde méfiance à l'égard des marchés financiers.

Pourquoi les taux de change sont-ils si instables ? Les économistes ont suggéré deux explications. L'un, exprimé à l'origine dans un article célèbre de 1976 par l'économiste du MIT, Rudiger Dornbusch, est que même sans déstabiliser la spéculation, les taux de change seront très variables en raison d'un phénomène que Dornbusch a qualifié de « surajustement ».

L'histoire monétaire des États-Unis a toujours oscillé entre un dollar fort afin d'attirer des capitaux et un dollar faible qui stimulerait les exportations.

Paul Krugman soutient que les effets sur les prix et les volumes des biens et services dans le commerce mondial ont été étonnamment faibles, au cours des années quatre-vingt.

Frenkel rappelle que de nombreuses banques centrales pratiquent le « flottement géré », par lequel elles interviennent sur le marché des changes en « se penchant contre le vent ». Pour ce faire, une banque centrale vend des devises quand le taux de change monte, freinant ainsi sa hausse, et achète quand il baisse. Le but est de réduire la variabilité du taux de change.

Sachs suggère l'annulation de la dette et une aide étrangère plus généreuse pouvant avoir un rôle à jouer dans la stabilisation des économies d'un certain nombre de pays. J. Sachs conteste « les dépréciations agressives du taux de change, afin de stimuler les exportations » dans la perspective de stabiliser l'économie et de résoudre la crise de la dette. D'après l'auteur, la politique de change n'est pas dissociée des politiques budgétaires et les questions de répartition des revenus.

Stiglitz souligne à juste titre que le Bitcoin doit être banni, car il peut être utilisé pour des activités illicites. Il enfonce le clou et affirme que les « [Bitcoins] ne servent aucune fonction socialement utile. » Stiglitz poursuit : « C'est de la fumée et des miroirs, la valeur du bitcoin aujourd'hui est basée sur les attentes de sa valeur demain. » Joseph Stiglitz est, comme Krugman, un eurosceptique qui a été obnubilé par la crise de la dette européenne et a broyé du noir alors que la solution, comme je l'ai soutenu dans les médias et dans mes publications, résidait dans l'arrêt des politiques d'austérité et consistait à faire jouer à la BCE son rôle de banquier central à savoir le prêteur de dernier ressort.

Oui, l'euro a mal été conçu, mais de là à prédire sa fin, il y a une marge qu'il ne fallait pas franchir. L'avenir m'a donné raison.

La guerre en Ukraine marquera un point de non-retour vers de nouvelles recompositions géostratégiques et des blocs politico-économiques souhaitant s'affranchir de la domination du dollar et de l'euro qui a perdu son indépendance et sa virginité en raison du ralliement de l'Union européenne sur les positions états-uniennes.

Il faut un retour vers le non-alignement des États, ni Russie ni États-Unis, que ce soit en Europe ou ailleurs. On ne peut pas soutenir un camp contre l'autre avec des conséquences collatérales sur toute l'humanité. Regardez la flambée des prix des matières premières et agricoles. L'UE, en s'alignant sur les États-Unis, perd son indépendance, son gazoduc Nord Stream 2, et subit seule les conséquences de cette guerre en son sein avec les peuples du Sud que j'appelle le Troisième Monde. L'Europe subit l'afflux des réfugiés aux conséquences dramatiques pour l'Ukraine qui se vide de ses forces vives et perd sa substance humaine.

Les sanctions visant à couper le système bancaire et financier russe de la finance internationale sont plus compliquées qu'il n'y paraît. Le gaz continue à inonder l'Europe et la Russie n'est pas une puissance industrielle comme la Chine. Elle exporte des matières premières et des produits agricoles.

La surenchère conduit à une envolée des cours. Même plafonnés, les prix du pétrole et du gaz poursuivent leurs hausses alors que les conditions économiques et financières mondiales auraient dû faire chuter le baril à 35 dollars.

L'Europe est le sacrifié, dans un jeu de superpuissances dont elle est exclue, mais le subit. Il est temps que l'UE comprenne que le monde a changé et qu'elle a tout intérêt à développer des partenariats économiques avec des pays du Monde tiers jadis dominés par elle.

La France doit cesser de surévaluer « le risque africain », miser sur la croissance partagée et ne plus voir en l'Afrique un simple marché de matières premières ou de consommateurs. Parmi les sujets qui font polémique, la relation monétaire entre la France et la zone franc.

L'actualisation du panier de devises du shekel israélien reflète la physionomie des flux commerciaux entre Israël et le reste du monde. Quoique grand partenaire d'Israël, les États-Unis sont devant la Chine. Les échanges avec l'Asie s'accroissent en doublant entre 2016 et 2021.

Les relations saoudo-américaines connaissent une grande apathie en raison du refus du Royaume d'augmenter la production de pétrole pour contrôler les marchés du brut, qui connaissent une hausse importante en raison de la guerre d'Ukraine.

Le mouvement qui a commencé depuis des décennies s'est accéléré de façon considérable, suite aux sanctions à l'encontre de la Russie, non pas quantitativement, mais qualitativement. Le processus est engagé, mais prendra d'autres décennies. En effet, ceux qui détiennent le dollar sont ceux qui veulent dédollariser, mais en même temps ils ne souhaitent pas l'effondrement de la monnaie états-unienne.

La Chine, la Russie et l'Inde signent des accords permettant d'utiliser leur monnaie nationale dans le cadre du commerce bilatéral, tandis que l'Europe considère l'euro comme un actif de réserve et un moyen d'échange international.

L'or est un actif stratégique qui pourrait prendre encore plus d'importance dans les réserves de change. La volatilité du prix du métal est réelle, mais faible. La dédollarisation s'inscrit aussi dans une perspective d'indépendance nationale. Rappelons que Charles de Gaulle rapatria l'or déposé à la Réserve fédérale de New York en 1958 afin de reconstituer les réserves de la France. Nous savons que l'or ne produit pas d'intérêt, mais peut constituer une ligne de défense dans des conditions d'instabilité extrêmes des marchés ou lors de profondes crises géopolitiques.

L'or est une valeur refuge sûre, mais la relation avec le dollar est inversement proportionnelle

La Chine ne souhaite pas provoquer un désarroi des marchés et dévaloriser ses avoirs en dollars, incommodant ainsi Washington. De ce fait, elle ne déclare pas tous ses avoirs en or.

La Chine pourrait adosser sa monnaie à l'or, même de façon partielle, pour donner au yuan une grande crédibilité dans un monde inondé par la planche à billets.

Lors du sommet des Brics en Chine en juin 2022, les États membres ont insisté sur la nécessité de réformer le système monétaire international et de réviser la composition des droits de tirage spéciaux. La Banque mondiale a salué l'initiative prise par les pays des Brics de créer une banque de développement.

L'intégration monétaire impose un transfert de certaines prérogatives des autorités nationales vers les autorités supranationales arabes et une harmonisation des politiques de taux de change. Cela signifie une coordination des politiques monétaires nationales.

En ne proposant pas d'instaurer d'emblée une monnaie unique, mais plutôt une monnaie commune arabe, je tiens compte des spécificités historiques, culturelles et du niveau de développement des entités arabes. L'objectif est double : favoriser les échanges de biens, de services et de capitaux afin d'aller plus loin dans l'intégration économique et monétaire et de réaliser les convergences économiques.

Le dirial pourra se faire en deux étapes :

– 1re étape dont la durée peut être de 20 à 30 ans, le dirial est une monnaie commune (et non unique). C'est un simple moyen de facturation et instrument de compte et de réserve utilisé par les banques, les entreprises ainsi que les administrations. Les voyageurs arabes pourront disposer d'une dotation en dirial, dont les montants sont régis par les accords intergouvernementaux en vigueur. Pendant cette période ; le calcul de sa valeur se fera suivant un panier de monnaies arabes représentées selon le PIB de chaque État arabe. Ce serait une sorte d'écu, dont j'avais préconisé la généralisation quasi obligatoire comme monnaie de facturation (C. Sari, 1987). Mais le dirial aura des fonctionnalités plus élargies, allant jusqu'à une émission fiduciaire. Il sera convertible seulement au sein de la Communauté économique arabe en sa qualité de *monnaie commune* coexistant avec les monnaies nationales.

La monnaie commune étant liée pendant cette phase à des monnaies nationales inconvertibles, la question de la flexibilité de son taux de change ne se pose pas.

La recherche d'ancrages réels au taux de change a guidé nos recherches dès la première partie. La valeur propre et la valeur relative de la monnaie sont déterminées par les fondamentaux. Le débat sur les normes des changes, sur les taux d'équilibre ou sur les taux de référence, est une illustration des efforts engagés par plusieurs auteurs afin de trouver des référents réels qui peuvent exprimer les valeurs relatives des monnaies. Les divergences apparaissent autour du niveau d'équilibre à atteindre. S'il s'agit d'aboutir à un taux de change effectif réel nécessaire à l'équilibre de la balance des paiements et plus précisément de la balance courante, on est qu'en partie en phase du sujet qui nous préoccupe ici.

Nous avons suggéré que l'écart entre le taux de change et la valeur relative de la monnaie s'expliquerait par la persistance de comportements spéculatifs qui sont à l'origine de son instabilité.

Bibliographie

Agenor, P. R. (1992) "Stabilization Policies in Developing Countries with a Parallel Market for Foreign Exchange: A Formal Framework", *IMF staff papers* vol. 37, n° 3, September 8th.

Agenor, P. R., Flood, F. (1994) "Unification of foreign exchange markets", *IMF staff papers,* December (vol. 39, n° 4).

Aglietta, M., Orléan, A., Oudiz, G. (1980) « L'industrie française face aux contraintes de change », *Économie et Statistique*, février.

Aglietta, M. (1986) *La Fin des devises clés*, Paris, La Découverte.

Aglietta, M. (1995) « Ordre et Désordre : l'expression universelle du capital argent », *Futur antérieur*, n° 27, Paris, L'Harmattan, p. 55-85.

Amin, S. (1973) *L'échange inégal et la loi de la valeur, la fin d'un débat*, Paris-Dakar, Anthropos-IDEP.

Amin, S. (1996) *Les Défis de la mondialisation*, Paris, L'Harmattan.

Assidon, E. et Jacquemot, P. (1989) « Politiques de change et ajustement en Afrique », ministère de la Coopération, Paris, Documentation française.

Bagehot, W. (1915) *Lombard Street, The Works and Life of Walter Bagehot*, édité par Mrs. Russel Barrington, Londres, Longmans, Green, vol. VI.

Balassa, B. (1984) "Structural Adjustment policies in Developing Countries, a Reassessment", *World Development*, September.

Balassa, B. (1986) « Endettement des PVD : politiques et perspectives », dans *La crise de l'endettement international* Acte II, publié par H. Bourguinat et J. Mistral, Paris, Economica.

Bali, H. (1993) *Inflation et mal-développement en Algérie, Alger,* OPU — Office des publications universitaires.

Banque mondiale (1989) « Trade, Exchange Rate and Agricultural Pricing Policies in Morocco », Washington, BM.

Banque mondiale (1994) « Développer l'avantage concurrentiel du Maroc : grappes d'industries marocaines compétitives au plan international », *BM, Développement du Secteur privé*, novembre.

Barrère, C. (1977) *Crise du système de crédit et capitalisme monopoliste d'État*, Paris, Economica.

Barthélemy, J.-C. et Girardin, E. (1992) « Crise de la dette et nouvelles stratégies financières internationales », *Finance internationale*, Paris, Economica.

Baslé M., Mazier, Vidal J. -F. (1993) *Quand les crises durent*, Paris, Economica.

Bauchet, P. (1988) *Le transport international*, Paris, Economica.

Benachenhou, M. (1993) *Inflation, Dévaluation, Marginalisation*, Alger, Dar Ech'rifa.

Benbekhti, A. O. (1986) *Études méthodologiques sur l'organisation et l'analyse du travail en système industriel*, OPU.

Benissad, H. (1991). *L'ajustement structurel : objectifs et expériences*, Ed. Alim.

Benissad, H. (1993) *La réforme économique en Algérie*, OPU.

Béraud, Ph. (1998) « L'industrialisation contre le développement : le paradoxe algérien », *Les cahiers de l'Orient*, n° 35-36.

Bergsten et Williamson (1983) "Exchange rates and trade policy", in *Trade policy in the 1980*, W. Cline ed., Institute for International Economics.

Billaudot, B. (1995) « Dynamiques macroéconomiques à court et à moyen terme », dans *La théorie de la régulation : l'état des savoirs*, La Découverte, Paris.

Bourguinat, H. (1982) *Internationalisation et autonomie de décision*, Paris, Economica.

Bourguignat, H. (1992) « Intégration financière et économie internationale d'endettements », dans *Internationalisation et autonomie de décision*, Paris, Economica.

Bouzidi, A. (1991) *Panorama des économies maghrébines contemporaines*, CENEAP.

Boyer, R. et Saillard, Y. (1995) *Théorie de la régulation : l'état des savoirs,* Paris, La Découverte.

Boyer R., Drache D. (1996) *States against Markets: The Limits of Globalisation*, Londres, Routledge.

Brahimi, M. (1991) *L'Économie algérienne : défis et enjeux*, éd. DAH LAB.

Branson, W. H. (1983) "Exchange rate regimes and policy interdependence", in *Staff-papers* IMF.

Branson W. H. (1983) "Economic Structure and Policy for External Balance", *IMF Staff papers*: Volume 30, No. 1.

Brett, E. A. (1979) "The International Monetary Fund, the International Monetary System, and the Periphery", *International Foundation for Development Alternatives,* dossier n° 5, mars.

Brunhoff, S. de (1979) *Les Rapports d'argent*, Paris, Maspero.

Brunhoff, S. de (1996) « Genèse, coût et enjeux », dans *La mondialisation financière*, sous la coordination de François Chesnais.

Bruno, M. and Sachs, J. D. (1979) "Macro-Economic Adjustment with Import Price Shocks: real and monetary aspects" *Discussion paper* n° 793 – Jerusalem, Flak Institute.

Bruno, G. Di Tella, R. Dornbusch, S. Fischer (1988) *Inflacion y estabilizacion, La experiencia de Israel, Argentina, Brasil, Bolivia y México*, Fondo de cultura economica", Mexico, E. Cardoso, Hiperinflaçaona America.

Bülow, J. and Rogomme, K. (1993) "The buyback boondoggle", *Brookings Papers onEconomic Activity*, n° 2.

Cachin, A. (1982) « Pour une théorie de la spécialisation » dans H. Bourguinat, *Internationalisation et autonomie de décision*, Economica.

Calamitis, E. A. (1999) « Ajustement et croissance en Afrique sub-saharienne, le chantier inachevé », *Finance et Développement,* mars.

Carlson, J. B. (1995) "Assessing Real Interest Rates", *Federal Reserve Bank of Cleveland Economic Commentary*, October.

Cartapanis, A. (1984) *Instabilité des taux de change et déséquilibres internationaux ; le cas français*, Calmann-Lévy.

Cartapanis, A. (1996) *Turbulences et Spéculations dans l'économie mondiale*, Paris, Economica.

Chesnais, F. (1995) « Graves secousses dans le système financier mondial », *Le Monde diplomatique*, mai.

Connors, T. A. (1979) « The apparent effects of recent IMF stabilisation programs », *International finance discussion paper* — Washington : board of governors of the Federal Reserve System, April.

Culpeper, R., Berry, A. and Stewart, F. (1997) *Global Development Fifty Years after Bretton* Woods, Londres, MacCuvillan Press Ltd..

Darin, R. and Hetzel, R. L. (1993) "An Empirical Measure of the Real Interest Rate", *Federal Reserve Bank of Richmond Economic Quarterly*.

Deleplace, G. (1999) *Histoire de la pensée économique*, Dunod.

Denizet, J. (1985) *Le Dollar : histoire du système monétaire international depuis 1945*, Fayard.

Diaz-Alejandro, C. (1984) "IMF conditionality: what kind?", *PIDE tidings*.

Donovan, J. (1982) "Macroeconomic performance and adjustment underfund-supported programs: the experience of the seventies" *Staff papers, IMF* Washington, vol. 29.

Donovan, J. (1981) "The Real Responses Associated with Exchange Rate Action in Selected Upper credit Tranche" *Stabilization Programs Staff Papers*, FMI.

Dornbusch, R. (1995) "Exchange Rate Risk and the Macroeconomic Exchange Rate Determination", in *Exchange Rate and Inflation*, MIT Press.

Dornbusch, R. (1993) *Stabilization, Debt and Reform: Policy Analysis for Developing Countries*, Englewood Cliffs, N. J., Prentice Hall.

Dornbusch, R. (1992) *Monetary Reform in Mexico*, MIT.

Dornbusch, R. (1988) "Doubts About the McKinnon standard", *Journal of Economic perspectives,* vol. 2, n° 1.

Dornbusch, R. (1987) "Exchange Rate Economics", *Economic Journal*, mars, vol. 97.

Dornbusch, R. (1986a) "Special Exchange Rates for Capital Account Transactions", *The World Bank Economic Review*,

September 28th.

Dornbusch, R. (1986b) *Dollars, Debts, and Deficits*, Leuven University Press.

Dornbusch, R. (1980a) “Exchange rate economics: where do we stand?”, *Brookings Papers on Economic Activity*, 1, 143–85.

Dornbusch, R. (1980b) *Open Economy Macroeconomics*, Basic Books, New York.

Dornbusch, R. (1975) “Exchange Rates and Fiscal Policy in Popular Model of International Trade”, *American Economic Review* (December).

Dornbusch, R. and Frenkel, J. (1988) “The Flexible Exchange Rate System: Experience and Alternatives”, in S. Borner (ed.) *International Finance and Trade in a Polycentric World*, London, Macmillan.

Dornbusch, R. and Pablo, J. C. (1989) “Debt and Macroeconomic Instability in Argentina”, in J. Sachs (ed.) *Developing Country Debt and the World Economy*, Chicago, University of Chicago Press.

Dornbusch, R. and Fischer, S. (1980) “Exchanges rates and the current account”, December.

Dornbusch, R. and Hemers, C. (1985) *The Open Economy: Tools for Policymakers in Developing Countries*, Oxford, Oxford University Press.

Dornbusch, R. and Werner, A. (1994) “Mexico: stabilization, Reform, and No Growth”, *Brookings Papers on Economic Activity*, 1.

Dubois, R. (1987) « Ruptures de croissance et progrès technique », INSEE, *Économie et Statistique*.

Eatwell, J. (1995) “The International Origin of Unemployment” in J. Michie, J. Greive Smith (eds), *Managing the Global Economy*, Oxford University Press.

Écrément, M. (1986) *Indépendance politique et libération économique* éd. ENAP/OPU.

Edwards, S. (1989) “Exchange Controls, Devaluations, and Real Exchange Rates: The Latin American Experience”, in Economic Development and Cultural change, vol. 37 (April).

El Kaouachi, F. (1992) « La convertibilité du dirham, trois critères pour juger », *Enjeux* n° 38/mars.

El Malki, H. (1982) *L'Économie marocaine 1970-1980*, Paris, CNRS.

Fisher, S. Khan, M. S. (1998) "Africa: Is This the Turning Point?" *Document d'analyse et d'évaluation des politiques* n° 98/6 du FMI, Washington.

Foley, D. K. (1982) "The value of money, the value of labor power and the Marxian transformation problem", *The Review of Radical Political Economics*, 14(2), pp. 37–47.

Friedman, M. (1969) *The optimum of Quantity of money and Other Essays*, Chicago, Aldine.

Gankou, J. M. et Bondoma-Yokono, D. (1998) *Gestion du taux de change et politique d'ajustement dans les pays africains membres de la zone franc*, Paris, Economica.

Giacobbi, M. et Roux, J. -P. (1986) *Le dollar : monnaie américaine ou monnaie mondiale* ? Hatier.

Goldstein, M. and Montiel P. J. (1986) "Evaluating fund stabilization programs with multi-country Data: some methodological Pitfalls", *Staff Papers, IMF*, Washington, vol. 33.

Grenwood et Kimbrough (1993) "An investigation in the theory of foreign exchange controls", *Canadian journal of Economics*.

Guillermo, R. (1994) "Comment on Rudiger Dornbusch: Stabilization and Monetary Reform in Latin America", in *A Framework for Monetary Stability*, edited by J. Beaufort Wijnholds, Sylvester Eijffinger, and Lex H. Hoogduin, Boston, Kluwer Academic Publishers.

Guttentag, J. and Herring, R. (1983) "The lender-of-last-resort function in an international Context", Princeton, Princeton University Press.

Guttmann, R. (1994) "How Credit Money Shapes the Economy: The United States", in M. E. Sharpe (ed.), *A Global System*, Ed. Armonk, New York.

Guttmann, R. (1995) « Monnaie et crédit dans la théorie de la régulation », dans R. Boyer et Y Saillard (eds.) *Théorie de la régulation.*

Guttmann, R. (1996) « Genèse, coût et enjeux », dans *La Mondialisation financière,* sous la coordination de F. Chesnais.

Guttmann, R. (1996) « La mondialisation financière : Genèse, coût et enjeux », dans *La mondialisation financière,* sous la coordination de F. Chesnais.

Hamdouch, B. (1992) *Maroc : le prochain dragon ?,* éditions EDDIF.

Harold, J. (1998) « De l'indulgence vigilante à la saine gestion », *Finances et développement.*

Henni, A. (1991) *Économie de l'Algérie indépendante*, Alger, ENAG.

Hernandez-Cata, E. (1999) « Afrique sub-saharienne, politique économique et perspective de croissance », *Finance et développement,* mars.

Halttunen, H. and Warner D. (1979) "A model of trade and Exchange rate projections", *Working paper,* n° 389, National Bureau of Economic Research, Cambridge, Massachusetts.

Horton, B. (1990) "Economic Development Institute, Development Policy Case Series", *Analytical Case Studies* Number 4, Banque mondiale.

Hugon, Ph. (1993) « La problématique de l'ajustement, l'expérience de l'Afrique sub-saharienne », dans *Ajustement et développement,* éd. Toubkal, L'Harmattan.

Ilmane, M. (1988) *Note de travail sur l'opportunité de dévaluer le dinar algérien*, Éditions ENAL.

IMF (1987) "Theoretical aspects of the design of fund-supported adjustment programs, occasional paper" 55 Washington.

Kaldor, N. (1983) « Dévaluation et ajustement dans les pays en développement », *Finances et Développement*, juin.

Kamin, S. B. (1993) "Devaluation exchange controls, and black markets for foreign exchange in developing countries" *Journal of development economics* 40, North Holland.

Khan, M. et Knight, M. D. (1981) "Stabilization programs in developing countries: A Formal Framework", *IMF Staff Papers*, 28(1), 1–53.

Khan, M. S. (1990) "The macroeconomic effects of Fund-Supported Adjustment Programs", in *Staff papers, International Monetary Fund* (Washington).

Killic, T. (1984) "The quest for economic stabilization: the IMF and the Third World", New York.

Kindleberger, Ch. (1978) “Manias, Panics and Crachs. A history of financial crises”, Macmillan.

Krueger A. O. (1985) *La Détermination des taux de change*, Paris, Economica.

Krugman, P. R. (1991) “Target Zones and Exchange Rate Dynamics” *Quarterly Journal of Economics*” August.

Krugman, P. R. (1989) *Exchange-Rate Instability*, Cambridge, Massachusetts London, England, MIT Press.

Krugman, R. (1989) “Differences in income elasticities and trends in real exchange rates”, *European economic review*, n° 33.

Krugman, P. R. et Obstfeld, M. (1994) “Internal Economics”, 3rd edition, by Harper-Collins.

Lafay, G. (1985 a) « Taux de change réels et dynamique de l’échange international », dans Lassudrie-Duchêne et Reiffers, *Le Protectionnisme*, Economica, Paris.

Lafay, G. (1985b) « Croissances relatives et taux de change réels : États-Unis, CEE, Japon », document de travail, *CEPII*, n° 85-06, décembre.

Lafay, G. (1985c) « Une référence pour les taux de change à moyen terme », *Économie prospective internationale*, n° 24, 4e trimestre.

Lafay, G. (1982) « Spécialisation internationale et croissance nationale, une approche par la théorie des créneaux », *Revue économique,* vol. XXV, n° 3, mai.

Lafay, G. (1981) « La dynamique de spécialisation des Pays européens », *Revue économique*, juillet.

Lafay, G. (1976) « Compétitivité, spécialisation et demande mondiale », *Économie et statistique,* n° 80, juillet-août.

Laksaci, M. (1989) « le dinar algérien : unité de compte versus pouvoir d’achat », *Les cahiers de la réforme*, n° 5, Alger.

Lamson, J. (1976) « Réflexions sur la création monétaire et le contrôle des crédits », *Journal de la société de statistiques,* tome XI.

Larrain, F., Sachs, J. et Palmino, M. (1991) « Exchange Rate and Monetary Policy », in C. E. Paredes et J. D. Sachs (eds), *Peru’s Path to Recovery: A Plan for Economic*

Stabilisation and Growth, Washington, D.C., The Brookings Institution, ORT.

Lassudrie Duchêne, B. (1982) « Recomposition internationale des processus productifs et autonomie nationale », dans H. Bourguinat, *Internationalisation et Autonomie de décision.*

Lelly, M. R. (1982) “Fiscal adjustment and fund – supported programs”, *Staff papers,* IMF – Washington, vol. 29, December.

Lévy-Garboua, V. (1985) *La Dette, le boom, la crise*, Paris, Atlas/Economica.

Lévy-Garboua, V. (1976) « L’Intégration des facteurs monétaires dans les modèles macroéconomiques », *Revue économique*, mars.

L’Hériteau, M. F. (1990) *Le Fonds monétaire international et les pays du Tiers Monde*, Paris, PUF, IEDESPS.

Lévy-Garboua, V. (1985) *La dette, le boom, la crise*, Atlas/Economica.

Lumières d’Algérie », Publication mensuelle de la mission économique et financière de l’ambassade de France à Alger.

Martson, R. C. (1982) “Wages, relative prices and the choice between fixed and flexible exchange rates”, *Canadian Journal of Economics*, n° 1., février, Canada.

Mebtoul, A. (1985) *Réflexions sur les problèmes économiques de l’heure*, OPU.

Minsky, H. (1982) *Can It Happen Again? Essays on Instability and Finance*, M. E. Sharpe, Armonk, New York.

McKibbin, W. and Sachs, J. (1991) *Global Linkages: Macro-economic Interdependence and cooperation in the World Economy*, Washington, D.C., Brookings Institution.

McKinnon (1988) “Monetary and exchange rate policies for international financial stability: a proposal”, *Journal of Economic perspectives,* vol. 2, n° 1, pp. 83–103.

McKinnon, R. (1982) *Monnaie et finance dans l’échange international*. Paris, Bonnel.

Michalet, C. A. (1984) *L’Intégration de l’économie française dans l’économie mondiale,* Paris, Economica.

Minsky, H. (1982) *Can It Happen Again? Essays on Instability and Finance*, M. E. Sharpe, Armonk, New York.

Minsky (1977) "A theory of systematic fragility", in *Financial crises*, Altman & Samely.

Mistral, J. (1986) *La crise de l'endettement international Acte II*, Paris, Economica.

Mistry (1991) "African debt revisited, procrastination or progress?" *African development review*, December.

Mosley, P. (1987) "Conditionality as bargaining process: structural adjustment lending 1980-86", Princeton, NJ, *Princeton essays in international finance*, n° 168.

Mosley, P. Harrigan, J. and Toye, J. (1991) *Aid and Power the world band and policy-based lending in the 1980s*, London, Routledge.

Mouhoubi, S. (1998) *L'Algérie à l'épreuve des réformes économiques*, OPU.

Mucchielli, L. et Célimène, F. (1993) *Mondialisation et régionalisation un défi pour l'Europe,* Paris, Economica.

Mussa, P. (1987) "Nominal Exchange, Rate Regimes and the Behavior of Real Exchange Rates: Evidence and Implications", in Karl Brunner & Allan H. Meltzer (eds), *Real Business cycles, Real Exchange Rates and Actual Policies*, Carnegie-Rochester Conference Series on Public Policy, vol. 25, Autumn 1986, pp. 117–214.

Nsouli, Cornelius et Georgiov (1992) « Le dur passage à la convertibilité monétaire en Afrique du Nord », *Finance et Développement.*

Obstfeld, M. (1995) "International Currency Experience: New Lessons and Lessons relearned", *Brookings Papers on Economic Activity.*

Ortiz, G. (1994) "Comment on Rudiger Dornbusch: Stabilization and Monetary Reform in Latin America", in J. O. de Beaufort Wijnholds, S. C. W. Eijffinger, L. H. Hoogduin (eds) *A Framework for Monetary Stability. Financial and Monetary Policy Studies*, vol. 27, Dordrecht, Springer.

Osler, C. L. (1995) "High real interest rates and investment in the 1990's", *Federal Reserve Bank of New York Quarterly Review.*

Ourabah, M. (1982) *Les transformations économiques de l'Algérie*, Enap et Publisud.

Paredes, C. E. & Sachs, J. D. eds., *Peru's Path to Recovery: A Plan for Economic Stabilisation and growth*, Washington, D.C., The Brookings Institution.

Pastor, M. (1987) "The effects of IMF programs in the Third World: Debate and Evidence from Latin America", *World development*, vol. 15, février, *Reform in Latin America: A Framework for Monetary Stability*, edited by J. Beaufort.

Pinto, B. (1994) "Black Market for Foreign Exchange Real Exchange Rates and Inflation," *Journal of International Economics*, vol 30, mars.

Plihon, D. (1994) « Mouvement de capitaux et instabilité monétaire », Banque de France, *Cahiers économiques et monétaires*, n° 43.

PNUD, Algérie 1990 : Sixième programme de pays, 1992-96.

Roustoumi, N. A. (1989) « Le Pouvoir d'achat du dinar », *Les cahiers de la Réforme : économie générale du taux de change. Le dinar algérien*, Alger, ENAG, n° 5.

Sachs, J. (1990a) *Developing Country Debt and Economic Performance*, vol. 2: *Country Studies: Argentina, Bolivia,* Brazil, Mexico, Chicago: University of Chicago Press.

Sachs, J. (1990b) *Global Linkages: Macro-economic Interdependence and Cooperation in the World Economy*, Washington, D.C.: Brookings Institution.

Sachs J. (1989) *Developing Country Debt and Economic Performance*, Vol. 1: *The International Financial System Volume*, University of Chicago Press.

Sachs, J. (1988) "Developing Country Debt", in M. Feldstein (ed.), *International Economic Cooperation*, Chicago, University of Chicago Press.

Sachs J. (1987) "The Bolivian Hyperinflation and Stabilisation", *American Economic Review*, May.

Sachs, J. (1986) "The Bolivian Hyperinflation and stabilization", NBER discussion paper, November.

Sachs, J. (1981) "The Current Account and macroeconomics Adjustment", *Brookings Papers on Economic Activity*, 1, pp. 201–268.

Sachs, J. (1981) "The Current Account and Macroeconomic adjustment in 1970," *Brookings Papers on Economic activity*, 1.

Sachs J. (1980) "Wages, flexible Exchange Rates and Macroeconomics Policy", *Quarterly Journal of Economics*, vol. 94(4), pp. 731–747.

Sachs, J. (1979) "Wages, Profit and macroeconomic Adjustment: A comparative Study", *Brookings Papers on Economic Activity*, 2, pp. 269–332.

Salama, P. (1989) *La dollarisation*, Paris, La Découverte.

Salama, P. et Valier, J. (1990) *L'Économie gangrenée*, Paris, La Découverte/textes à l'appui.

Salama, P. (1991) *La dollarisation*, Paris, La Découverte.

Sebastian, E. (1989) "Exchange Controls, Devaluations, and Real Exchange Rates: The Latin American Experience", *Economic Development and Cultural change*, vol. 37 (April).

Sedillot, R. (1959) *Du franc Bonaparte au franc de Gaulle*, Paris, Calmann-Lévy.

Sedillot, R. (1996) *Further Consideration, concerning Raising the Value of Money*, London.

Sidney, D. (1982) "Stabilisation: the political economy of overkill" *World Development*, vol. 10, August.

Solow, R. M. (1982) *On the lender of last resort. Financial crises: theory, history and policy*, Cambridge University Press.

Stemitsiotis, L. (1986) « Les niveaux de prix en Europe de 1970 à 1985 », *Économie prospective internationale*, n° 27, 3e trimestre.

Stemitsiotis, L. (1992) *Taux de change de référence et SMI*, Paris, Economica.

Streeten, P. (1996), "Governance", in M. G. Quibria and J. Malcolm Dowling (eds), *Current Issues in Economic Development: an Asian perspective*, Hong Kong; New York: Published for the Asian Development Bank by Oxford University Press.

Zulu, Justin B. and M. Nsouli, S. (1985) "Adjustment programs in Africa: the recent experience", Occasional Paper 34, Washington, IMF.

Taylor (1995) "The Economic of Exchange Rates", *The Journal of Economic Literature,* March.

Thabet, M. N. (1989) *Le secteur des hydrocarbures et le développement économique de l'Algérie*, Alger, OPU.

Thorvaldur, G. (1987) "Credit policy and economic activity in developing countries with IMF stabilisation programs", *Princeton Studies in international Finance*, n° 60, Princeton University, New Jersey.

Walter, G. (1990) "Restructuring for Import Competition from Developing countries II: The Case of the Federal Republic of Germany" *Journal for Policy Modelling*, vol. 11, n° 2 May.

Wijnholds, J. Onno de Beaufort, S. C. W. Eijffinger, & H. Lex Hoogduin (eds) (1994) *A Framework for Monetary Stability, Financial and monetary policy studies* (27). Kluwer Academic Publishers, Boston, USA.

Williamson, J. (1985) *The Exchange Rate System. Policy Analyses in International Economics*, 5. Washington, Institute for International Economics. (Original edition 1983, Cambridge, MA, MIT Press for the Institute for International Economics).

Williamson, J. (1983) *IMF conditionality*, Institute for International Economics, Washington, D.C.

Williamson, J. (1987) "A comment on adjustment and economic growth: their fundamental complementary", in B. Corbo M. Goldstein and M. Khan (eds), *Growth-Oriented Adjustment Programs,* Proceedings of a symposium, IMF World Bank, Washington, D.C.

Yahyaoui, M. (1989) « Le Système des prix », intervention au CENEAP les 24 et 25 février.

Références

Boughton, J (2002) "On the origins of the Fleming-Mundell model," IMF Working Paper 02/107.

De Grauwe, P (2011) "Managing a Fragile Eurozone", VoxEU.org, May.

Deming, C. (2010, 31 mars), « Le surplus de promesses ». Extrait le 11 octobre 2010 du China Daily : http://www.chinadaily.com.cn/opinion/2010-03/31/content_9665632.htm

Dornbusch, R. (1976) “Expectations and Exchange Rate Dynamics”, *Journal of Political Economy* 84, 1161–76.

Fleming, M. (1962) “Domestic financial policies under fixed and floating exchange rates”, *IMF Staff Papers* 9, 369–379.

Friedman, M. (1953) The Case for Flexible Exchange Rates”, in *Essays in Positive Economics,* University of Chicago Press.

Kenen, P (1969) “The Theory of Optimum Currency Areas: An Eclectic View”, in R. Mundell and A. Swoboda (eds), *Monetary Problems of the International Economy*, University of Chicago Press.

Keynes, J. M. (1936). *La théorie générale de l’emploi, de l’intérêt et de l’argent* (Macmillan 1983), Londres, Macmillan.

Krugman, P. (1999) “O Canada”, *Slate*.

Krugman, P. (2012) “Revenge of the optimum currency area”, *NBER Macroeconomics Annual*, Vol. 27.

McKinnon, R. I. (1963) “Optimum currency areas”, *The American Economic Review*, 53(4), 717–725.

Mundell, R. (1957) “International trade and factor mobility”, *American Economic Review*, 47(3), 321–335.

Mundell, R. (1961) “A Theory of Optimum Currency Areas”, *American Economic Review*, 51 (4), 657-65.

Mundell, R. (1962) “The appropriate use of monetary and fiscal policy for internal and external” stability”, *Documents des services du FMI*, 9, 70-79.

Mundell, R. (1963) “Capital Mobility and Stabilization Policy under Fixed and Flexible Exchange Rates”, *Canadian Journal of Economics,* 29, 475–485.

Mundell, R. (1971) “The dollar and the policy mix”, *Essays in International Finance*, n° 85.

Mundell, R. (2000) “A Reconsideration of the Twentieth Century”, *American Economic Review*, 90(3), 327–340.

Mussa, M. (1986) “Nominal exchange rate regimes and the behavior of real exchange rates: Evidence and implications”, *Carnegie Rochester Series on Public Policy* 25:117 – 214.

Ross, J. (2010, 15 juin) « Les conséquences réelles pour l’économie internationale d’une augmentation précoce du taux de change du RMB ». Extrait le 11 octobre 2010 de *Key Trends in Globalisation.*

Stiglitz, J. (2010, 9 octobre). *Le point de vue de l'économiste Joseph Stiglitz sur la Chine.* Extrait le 10 octobre 2010 du Wall Street Journal : http://professional.wsj.com/video/economist-joseph-stiglitz-take-on-china/C3577DCF-EA87-4F29-883E-471C27AB65BE.html?mg=reno-wsj.

Wanniski, J. (1975) « L'hypothèse de Mundell-Laffer, une nouvelle vision de l'économie mondiale », *The Public Interest*, No. 47.

http://ablog.typepad.com/keytrendsinglobalisation/2010/06/the-real-consequences-for-the-international-economy-of-an-early-increase-in-the-rmbs-exchange-rate.html.

JOURNALDUNET.COM : Les ex-pays socialistes : faillite d'un modèle et échec de la transition vers l'économie de marché (journaldunet.com).

Table des matières

Table des illustrations

Revue « Marché et Organisations »

Promouvoir la recherche originale sur les relations de plus en plus étroites entre le marché et les organisations. Les acteurs économiques de taille, de puissance et de pouvoir différents dont les intérêts peuvent être convergents, complémentaires ou, le plus souvent, antagoniques, ont tendance à organiser les marchés. La raison du marché, pourtant, est la référence stratégique pour l'entreprise ainsi que pour les institutions publiques de décision économique.

N°6 : Entrepreneuriat et accompagnement. Outils, actions et paradigmes nouveaux, 2008
N°7 : Développement durable des territoires. Economie sociale, environnement et innovations, 2008
N°8 : Développement durable et responsabilité sociale des acteurs, 2009
N°9 : Gouvernance : exercices de pouvoir, 2009
N°10 : Le travail collaboratif. Une innovation générique, 2009
N°11 : Economie sociale et solidaire. Nouvelles trajectoires d'innovations, 2010
N°12 : Relations à la marque et marques de la relation. Regards croisés sur le management relationnel de la marque, 2010
N°13 : Les contrats au service de la recherche ?, 2011
N°14 : Le potentiel économique de l'Afrique subsaharienne, 2011
N°15 : Management de la distribution, 2012
N°16 : Territoire Vert. Entreprises, Institutions, Innovations, 2012
N°17 : Eco-conception, conception et innovation. Les nouveaux défis de l'entreprise, 2013
N°18 : Intelligence économique : entreprises et territoires, 2013
N°19 : La finance globale. Un monde fini, 2013
N°20 : La crise du « développement », 2014
N°21 : La Chine innove. Politiques publiques et stratégies d'entreprise, 2014
N°22 : Go East! Nouvelles Economies de Marché, 2015
N°23 : L'économie du changement, 2015
N°24 : Le temps des artisans. Permanences et mutations, 2015
N°25 : Innovations de proximité et esprit d'entreprise, 2016
N°26 : L'avenir des économies du Maghreb : entre inertie structurelle et envie de rupture, 2016/3 (n° 27)
N°27 : Le sport aux frontières du marché du travail, 2016
N°28 : Dynamiques internationales des entreprises, 2017
N°29 : L'univers du risque, 2017
N°30 : Les petites entreprises dans l'histoire industrielle, 2017
N°31 : Economie sociale et *social business* ? Au défi d'entreprendre et se financer, 2018
N°32 : Éducation et fertilisation des économies africaines, 2018
N°33 : L'entrepreneuriat innovant dans les pays du Maghreb, 2018
N°34 : L'entrepreneuriat scientifique : institutions et innovation, 2019
N°35 : Le champ économique de la culture, 2019
N°36 : Economie sociale et solidaire ? Modèles d'innovation et modes de gouvernance, 2019
N°37 : Rethinking Luxury Business, 2020
N°38 : La santé connectée. Nouvelles technologies et réorganisation des soins, 2020
N°39 : Options stratégiques et systèmes complexes d'innovation, 2020
N°40 : Les services : intégration des systèmes productifs et lien social, 2021
N°41 : Crise pandémique, crise globale. Réalité et controverses théoriques, 2021
N°42 : La crise de la covid-19. Le marché et les organisations en perspective, 2021
N°43 : (Re)faire système. *Bug & reset*, 2022
N°44 : Aléas du marché et management du risque, 2022
N°45 : Le renouveau du transport et de la logistique : les systèmes d'information, 2022
N°46 : Entrepreneuriat et innovation dans l'enseignement supérieur, 2023
N°47 : Le tourisme créatif. Culture, créativité, patrimoine, management, 2023

https://www.cairn.info/revue-marche-et-organisations.htm

Collection « L'esprit économique »

fondée par Sophie Boutillier et Dimitri Uzunidis en 1996

Dernières parutions

► ***Série Economie et Innovation***

T. MICHAUD, *Le projet spatial européen, entre pragmatisme et imagination*, 2020.
J.-P. SCHMITT, N. RAVIDAT, *Management conjoint de la technologie et de la personne. Pour performer et croitre*, 2020.
Y. EL YAHYAOUI, *Economie des plateformes numériques. Captation de la valeur, pouvoir de marché et communs collaboratifs*, 2021.
G. DUTHIL, *Handicap et insertion professionnelle*, 2022.
T. MICHAUD, *La science-fiction institutionnelle*, 2023.

► ***Série Le Monde en Questions***

A. AMINE, C. GALLOUJ, *Consommateurs et pratiques de consommation au Maroc*, 2021.
T. MARINOVA, *Economie sociale et solidaire dans les pays des Balkans. Bulgarie, Roumanie, Serbie : quels enseignements ?* 2021.
T. GARCENOT, *La finance contre le dérèglement climatique. Politiques monétaires et enjeux géopolitiques de la finance verte*, 2021.
A. VALLERAY, *Mondialisation mon amour. Avatars d'une utopie*, 2021.
I. BEN ABDELKADER, *La microfinance dans la région du Moyen-Orient et de l'Afrique du nord (MENA). Aperçu global et enjeux actuels*, 2022.
C. GALLOUJ, *Grande distribution alimentaire au Maroc. Acteurs et stratégies*, 2022.
J. PIERRE-JUSTIN VIRAPATIRIN, *La petite économie insulaire de la Guadeloupe. Bilan, enjeux et perspectives*, 2022.
K. ESSAF, *Les Sukuk : aspects théoriques, rendement et risques*, 2022.
C. GALLOUJ, S. GALLOUJ, *Grande distribution non alimentaire au Maroc. GSS, grands magasins, malls, franchises et e-commerce*, 2023.

► ***Série Krisis***

A. RODRIGUEZ-HERRERA, Travail, valeur et prix. Reprise et clôture d'un débat centenaire (1885-1985) a la lumière des textes marxiens, 2021.
R. DELORME, *La complexité autrement. Une réponse nouvelle à la pandémie et à d'autres phénomènes sociaux complexes*, 2022.
V. YEFIMOV, *L'ordre social monétaire. L'économie discursive défit le courant dominant et l'économie narrative*, 2022.
M. WIELEZYNSKI, *La loi du marché post-esclavagiste. Une approche critique*, 2023.
G. MINART, *Condorcet économiste : un libéralisme économique au service du bien public*, 2023.

► **Série *Clichés***

S. BOUTILLIER, D. UZUNIDIS (dir.), *La Russie européenne. Du passé composé au futur antérieur*, 2008.
R. VOLPI, *La négociation. Pain, paix, liberté*, 2009.

► ***Série Cours Principaux***

R. SANTENAC, *Le cycle des crises financières. Une étude approfondie des causes, des impacts et de la fréquence*, 2020.
B. LANDAIS, *Macroéconomie efficace. Croissance et crises*, 2020.
A. MBULI LANDU, *Le memo d'un comptable. Approche par le SYSCOHADA révisé*, 2021.
M. EL KARRIM, *Introduction à l'économétrie appliquée*, 2022.
Z. FIRANO, *Fondements de la finance de marché. Théories et applications*, 2022.

► ***Série L'économie formelle***

H. AMAAZOUL, *Responsabilité sociétale des entreprises et performance financière. Étude appliquée aux entreprises marocaines*, 2021.
M. BERTONECHE, *Chroniques économiques de notre temps*, 2021.
E. CARREY, H. LANDIER, *Après la guerre contre la Covid : de l'économie financière a l'entrepreneuriat social*, 2021.
J. LATREILLE, *Sale temps pour l'économie marchande*, 2021.
J. LATREILLE, *Escronomistes ! Ces théories qui abîment le monde*, 2022.
M. FOUQUIN, *Dettes publiques à long terme et souveraineté nationale : enseignements des crises du XIIe au XXIe siècle*, 2023.

Structures éditoriales du groupe L'Harmattan

L'Harmattan Italie
Via degli Artisti, 15
10124 Torino
harmattan.italia@gmail.com

L'Harmattan Hongrie
Kossuth l. u. 14-16.
1053 Budapest
harmattan@harmattan.hu

L'Harmattan Sénégal
10 VDN en face Mermoz
BP 45034 Dakar-Fann
senharmattan@gmail.com

L'Harmattan Cameroun
TSINGA/FECAFOOT
BP 11486 Yaoundé
inkoukam@gmail.com

L'Harmattan Burkina Faso
Achille Somé – tengnule@hotmail.fr

L'Harmattan Guinée
Almamya, rue KA 028 OKB Agency
BP 3470 Conakry
harmattanguinee@yahoo.fr

L'Harmattan RDC
185, avenue Nyangwe
Commune de Lingwala – Kinshasa
matangilamusadila@yahoo.fr

L'Harmattan Congo
219, avenue Nelson Mandela
BP 2874 Brazzaville
harmattan.congo@yahoo.fr

L'Harmattan Mali
ACI 2000 - Immeuble Mgr Jean Marie Cisse
Bureau 10
BP 145 Bamako-Mali
mali@harmattan.fr

L'Harmattan Togo
Djidjole – Lomé
Maison Amela
face EPP BATOME
ddamela@aol.com

L'Harmattan Côte d'Ivoire
Résidence Karl – Cité des Arts
Abidjan-Cocody
03 BP 1588 Abidjan
espace_harmattan.ci@hotmail.fr

Nos librairies en France

Librairie internationale
16, rue des Écoles
75005 Paris
librairie.internationale@harmattan.fr
01 40 46 79 11
www.librairieharmattan.com

Librairie des savoirs
21, rue des Écoles
75005 Paris
librairie.sh@harmattan.fr
01 46 34 13 71
www.librairieharmattansh.com

Librairie Le Lucernaire
53, rue Notre-Dame-des-Champs
75006 Paris
librairie@lucernaire.fr
01 42 22 67 13

www.ingramcontent.com/pod-product-compliance
Lightning Source LLC
LaVergne TN
LVHW011316061026
849535LV00005B/1580
* 9 7 8 2 1 4 0 4 9 4 5 3 6 *